ロシア反体制派の人々

Мы слышим биение ваших сердец

藤崎蒼平
セルゲイ・ペトロフ

未知谷
Publisher Michitani

ロシア反体制派の人々　目次

ロシア反体制派の人々　Мы слышим биение ваших сердец

反体制派のアクション

年	政治活動	詳細
一九九一	政治運動「民主主義ロシア」	一九九〇年代初頭の国内最大の民主主義的政治組織
二〇〇四	「二〇〇八 自由な選択」委員会	強権的政治体制を批判し自由主義と民主主義を志向した政治団体
二〇〇六	「もうひとつのロシア」連合	合法的な手段によって体制の変革を試みた野党系社会団体
	「同意しない者たちの行進」	ロシアの主要都市で行われた野党勢の非暴力街頭アクションの通称
二〇〇八	統一民主主義運動「連帯」	政権に批判的な市民の団結を目的とした社会政治運動
二〇一〇	「プーチンは去れ」	首相であったプーチンの辞任を求めるオンライン署名キャンペーン
二〇一一	都市開発振興基金「都市プロジェクト」	都市環境を改善することを目的とした非営利団体。都市改善策を政策に反映させるために、選挙運動にも積極的に携わっている
	「一二月五日」党	リベラル派の未登録政党。二〇一一年一二月の反政府デモに由来
	「人民連合」→「進歩党」→「未来のロシア」党	ナヴァリヌイとその支持者たちが続けて登録を試みた政党名。最終的に司法省は無関係の党が「未来のロシア」党と名称変更するのを許可
二〇一六	「自由ロシア・フォーラム」	リトアニアで年二回開催されている、ロシア反体制派の会
二〇一七	「ナヴァリヌイ本部」	ナヴァリヌイによってロシア全国に設立されたネットワーク組織
二〇一八	「彼は我々の皇帝じゃない！」	ナヴァリヌイによって組織された全国規模の抗議集会
二〇二二	「ロシア反戦委員会」	主に国外にいるロシアの公人を中心に設立された反戦組織
	「ロシア行動委員会」	反戦・反独裁勢力の団結を求めるロシア社会の代表者らの運動

さまざまなメディア

媒体	名称（あいうえお順）	詳細
新聞	『イズヴェスチヤ』	反プーチンの主要新聞だったが、「ガスプロム」によって買収
	『ヴェドモスチ』紙	ロシアの日刊ビジネス新聞
	『コメルサント』紙	政治や経済記事を中心とする、ソ連およびロシアの日刊全国新聞
	『モスコフスキエ・ノーヴォスチ』紙	社会政治新聞。二〇二〇年からはオンライン出版物として再スタート
	『新時代』誌→『The New Times』誌	リベラル派の社会政治系週刊誌。二〇一七年からはウェブサイトのみだが、国内ではロスコムナゾールによってブロック
	『フォーブス』誌ロシア版	アメリカの経済雑誌『フォーブス』誌のロシア語版
オンライン出版物	「OVD-Info」	政治的迫害と闘う非政府系人権メディア・プロジェクト。ロシア最大の人権擁護団体の一つ
	「ガゼータ・ルー」	社会政治的なオンライン出版物。現在はプロパガンダメディア
	「ザ・インサイダー」	調査報道やフェイクニュースの暴露を専門とする非政府系出版物
	「Slon」➡「Republic」	「Rain」メディア持株会社の傘下にある出版物
	「ポリト・ルー」	ロシアで最初の社会政治系オンライン出版物の一つ
	「メディアゾーナ」	非政府系のオンライン出版物
	「メドゥーザ」	非政府系のオンライン出版物
テレビ局	「第一チャンネル」	「チャンネル1」ともいう。全国ネットの連邦テレビ局

	「NTV」	ロシア最大の民間テレビ局だったが、国家の統制下に置かれた
	「ロシア1」	全ロシア国営テレビ・ラジオ放送会社の旗艦チャンネル
ラジオ局	「灯台」	全ロシア国営テレビ・ラジオ放送会社の支局
	「Finam FM」	モスクワのラジオ局。二〇一四年より「首都FM」に名称変更
	「ラジオ・フリー・ヨーロッパ」	アメリカ政府出資のメディア組織。二三カ国に二七言語で放送
マルチメディア	RTVI	ロシア語の国際的なマルチプラットフォームメディア
	RBCグループ	ロシア最大のメディアグループ
YouTubeチャンネル	「誰にでもわかる政治」	反汚職基金によって開始されたYouTubeチャンネル

メディアの賞

媒体	詳細
TEFI賞	テレビ業界における最高の功績に贈られる賞。アメリカのエミー賞のロシア版
「編集部」賞	ボリス・ジミンの「環境」基金が創設した、職業ジャーナリズム分野における月間賞

国の機関（ソ連時代）

名称（あいうえお順）	詳細
KGB《カーゲーベー》（ソ連国家保安委員会）	ソ連体制下において情報収集および国家保安活動を担当した。反革命・サボタージュ取締全ロシア非常委員会（チェーカー）の流れを汲む秘密警察・情報機関
ソ連テレビ・ラジオ国家委員会	ソ連のすべてのテレビ・ラジオ放送を管理・監督した国家機関

国の機関（現在のロシア連邦）

FSB《エフエスベー》（保安庁）	KGBの主たる法的後継機関。ロシア連邦の安全保障、テロとの闘い、国境の防衛といった分野で働き、諜報活動に携わっている
金融監視庁	国内外のマネーロンダリングや他の金融犯罪に対抗するための組織
シゾ	公判前の裁判待ちの被告人、移送待ち、もしくは移送中の受刑者が収容される拘置所
司法省	法制度と刑罰制度を管轄する中央省庁。各種組織の登録や市民権登録なども管轄
全ロシア国営テレビ・ラジオ放送会社	テレビ、ラジオ、インターネット放送を手がけるロシアの国営放送会社
捜査委員会	警察の査察、地方自治体や政府機関に対する調査、刑事訴追を行う権限を持つ
内務省	ロシアの内政を管掌し、警察機構を持つ中央省庁
ロシア連邦議会	ロシアの国会。上院と下院から構成される両院制議会。下院議員は選挙で選出
ロスコムナゾール	マスメディアの監視、統制、検閲などを任務とする機関

教育機関

国立研究大学高等経済学院	ロシアの改革を推進する教育機関であったが、政治的理由による講師解雇が相次いだ
モスクワ国立大学	ロシアで最も古く、最も大きな大学の一つであり、ロシアの名門大学
モスクワ国立国際関係大学	国際関係および外交の専門家など国家エリートを養成するための高等教育機関
ロシア大統領府附属ロシア国民経済行政学アカデミー	ロシア連邦政府附属国民経済アカデミーを他の一二の国家教育機関と合併する形で再編成、設立された、ロシアで最も大きな大学の一つ

人物

ボリス・エリツィン	一九三一年生、二〇〇七年没。初代ロシア連邦大統領
ミハイル・ゴルバチョフ	一九三一年生、二〇二二年没。ソビエト連邦最後の最高指導者
ミハイル・ホドルコフスキー	一九六三年生。大手石油会社ユコス社の元社長。プーチンと対立し、一〇年以上を獄中で過ごした後、恩赦によって釈放。現在は国外で積極的な反体制活動を行っている
ドミートリー・ブィコフ	一九六七年生。作家、詩人。現ロシア政権に対して批判的姿勢を取っている

＊ ウクライナの地名は、ソ連時代はロシア語表記、ソ連邦崩壊以後はウクライナ語表記としている。また、ロシア人の言葉内ではロシア語表記としている。

＊ 本文中の人名横の数字は本書収録人名番号を示し、本書を立体的に読むことを容易にするかと添えました。

第一章　政治活動家たち

ロシア連邦の選挙システム

現今のロシアにおける選挙システムは、実に複雑で不安定なものとなっている。あらゆる層で常に変化が生じており、その狙いは、政権側の立場を強化しつつ、反体制派をすべての層の意思決定機関から締め出すことにある。

ロシア連邦憲法において保障されている選挙権は以下のものであるが、それらの多くが今や骨抜きとなっている。

●無記名投票による平等・直接・普通選挙
●国政機関および地方行政機関において国民が選び選ばれる権利（選挙権と被選挙権）
●候補者の年齢制限：下院議員に立候補する場合は21歳以上、大統領に立候補する場合は35歳以上

1　選挙の区分と管理組織

ロシアの選挙システムの全体的な区分は次の通りである。

選挙レベル	連邦（全国）	地域［連邦構成主体］*	地方自治体［市町村］
選出される者	・大統領 ・下院議員	・連邦構成主体の首長 ・連邦構成主体の議会議員	・市町村の首長 ・市町村の議会議員
選挙管理組織	選挙管理委員会		

＊ 連邦構成主体とはロシアの第一級行政区画であり、共和国21、自治州1、自治管区4、地方9、州46、連邦直属のモスクワ市とペテルブルグ市、の全83の構成主体が存在する。ただし、ロシア連邦憲法上では、二〇二二年九月以降連邦構成主体の数は89となっている（クリミア併合によるセヴァストポリとクリミア共和国の2地域、さらに二〇二二年に併合したウクライナ4州を含むため）。

次に、選挙管理委員会の組織系統表は以下の通りである。

名称	委員会構成者	委員会の役割	雇用形態
ロシア連邦 中央選挙管理委員会	全一五名。大統領、下院、上院によってそれぞれ五名ずつ、五年任期で任命される。	連邦レベル（大統領、下院議員）の選挙を管理執行する	正職員
ロシア連邦 構成主体選挙管理委員会	中央選挙管理委員会の提案を考慮に入れて、連邦構成主体の立法機関、行政機関が決定	連邦構成主体の各地域における連邦レベルの選挙の管理執行へ加わる。地域レベルの選挙も管理執行	正職員
地域選挙管理委員会	市当局や地区当局が上位の委員会の意向を受けて決定	それぞれの地域における連邦レベルと地域レベルの選挙の管理執行へ加わる	正職員

名称	委員会構成者	委員会の役割	雇用形態
市町村選挙管理委員会	市当局や地区当局が上位の委員会の意向を受けて決定	地方自治体の市町村レベルの選挙を管理執行する	正職員
管区選挙管理委員会	市当局や地区当局が上位の委員会の意向を受けて決定	州や市町村レベルの議員選挙の実行に加わる	選挙運動期間中
地区選挙管理委員会	五年任期。下院に議席を持つ政党が委員の推薦書を出す	あらゆるレベルの選挙における投開票を管理する	正職員

これは、ある程度は政治的に恣意的な理由で多分に複雑で分かりづらいものになっている。選挙管理委員会自体が六層ものレベルに分かれており、それぞれの組織間の線引きは不明瞭な感も否めず、ほぼすべての委員が正職員として国か地方自治体に雇用されているのも特徴的である。加えて、選挙の投開票を管理する地区選挙管理委員会に関しては、ロシア連邦議会下院に議席を持つ政党のみがこの委員会で働く委員の推薦書を出すことが可能となっている。そして後述の通り、現在のロシア連邦議会に議席を持つ政党には、真の野党は存在しない。すなわち、民主主義体制の根幹となる選挙のチェック機能そのものが、与党の手中に完全に取り込まれている。

各選挙管理委員会の委員長は、組織系統のより上位の委員会が任命するか、上位の委員会の推薦に沿って委員会の委員の中から委員会自体が選出する。そのため、一つ一つの選挙管理委員会はまったく独立性を有しておらず、委員の選出から運営まで上位組織に限りなく隷属する形となっている。

2　数回にわたる大統領任期の変更

一九九一年、ボリス・エリツィンは、一九七八年に採択されたロシア・ソビエト連邦社会主義共和国憲法にしたがって初代ロシア連邦大統領に五年の任期で選出され、一九九六年までその権限を行使した（エリツィン一期目）。一九九三年に制定された新しいロシア連邦憲法では、大統領の任期が四年間に縮められ「連続二期」までとされた。

一九九六～一九九九年　ボリス・エリツィン二期目*
二〇〇〇～二〇〇四～二〇〇八年　ウラジーミル・プーチン一、二期目
二〇〇八～二〇一二年　ドミートリー・メドヴェージェフ一期目（プーチンは首相を務めた）

＊　エリツィン時代の末期には、汚職に関与していたエリツィン・ファミリーに追及の手が伸びており、エリツィンは一族の立場を守るために、KGB出身のプーチンを後継者に指名して自らの大統領任期が切れる前に辞職した。プーチンの最初の大統領令は、エリツィンを生涯にわたって刑事訴追から免責するというものだった。

ただし、これはあくまで「連続三期」が許されないだけであって、間に別の者の任期が挟まれば、再び大統領職に就くことができた。

二〇〇八年、プーチンは一度首相に退き、メドヴェージェフが大統領となったが、メドヴェージェフが最初に行ったことは、憲法を改正して次期の大統領からその任期を六年間に引き延ばすことであ

った。その後、プーチンが再び国の頂点に返り咲き、今度は六年を二期務めることとなった。

二〇一二〜二〇一八〜二〇二四年　ウラジーミル・プーチン三、四期目

二〇二〇年、大幅に憲法が改正され、新憲法では大統領の任期上限が「連続二期」から「通算二期」とされる一方で、現職大統領と大統領経験者の任期数をゼロとみなす条項が追加された。これによって、プーチンは、通算四期大統領を務めた後も、二〇二四年からさらに二回、選挙で大統領に選ばれることを妨げられないこととなった。すなわち、この憲法改正は、ロシアが民主主義国家の顔を保ちながらも、一人の人間が全三二年もの間国のトップに君臨することを可能とする道を開いたのである。さらに言えば、プーチンは大統領を退任した場合でも、刑事・行政上の責任を一生涯問われない免責特権を保障する法律をすでに整えている。*

＊　従来は大統領在職中の行為のみが免責対象だったが、プーチンは二〇二〇年、大統領経験者が生涯にわたって訴追されない権利を保障する改正法案に署名した。この改正により、大統領経験者は当局による捜索も免れ、国家反逆罪等の重大犯罪に問われた場合も、免責特権の剝奪には最高裁の承認や上下両院の三分の二以上の賛成などが必要となった。

二〇二四年三月一七日、プーチンは通算五期目をめざす大統領選挙に勝利した。しかしながら、ロシアにおける健全な民主主義の樹立を訴えて大統領選に立候補したジャーナリストのエカテリーナ・ドゥンツォヴァも、明確な反戦姿勢を示して立候補した政治家ボリス・ナデジュジンも、中央選挙管理委員会によって立候補者登録を拒まれ、事実上プーチンの対立候補は一人もいない中での出来レー

スに近い選挙であった。野党政治家のアレクセイ・ナヴァリヌイによって創設された反汚職基金が、反プーチンの意志を表明する手段として「正午に投票する」活動しか打ち出せなかったほど、ロシア人にはもはや選択肢が残されていなかったともいえる。[13]

ちなみに、非政府系のオンライン出版物「ノーヴァヤ・ガゼータ　ヨーロッパ」は、物理学者であり選挙統計の専門家であるセルゲイ・シュピルキンの手法に基づいて大統領選を統括、プーチン票の半分は不正投票という調査結果を発表している。*

＊ https://novayagazeta.eu/articles/2024/03/19/a-prezident-to-risovannyi

3　ロシア連邦議会下院選挙に関する法律の度重なる改正

二〇〇八年末の憲法改正により、下院議員の任期も四年間から五年間に延長された。

下院議員選挙に関する法律は度重なる修正が加えられており、それらすべての改正の狙いは、野党政党および野党政治家を下院から締め出すことにある。二〇〇三年以降、下院議席の絶対多数は与党である統一ロシア党によって占められている。プーチン政権が必要とするいかなる決定も、統一ロシア党の議員のみで可決されうる。

二〇一八年、アレクセイ・ナヴァリヌイは、あらゆるレベルの選挙における統一ロシア党の議席独占に対抗するために、「スマート投票」プロジェクトを立ち上げた。選挙では、与党の統一ロシア党以外に、共産党やエル・デー・ペー・エル、公正ロシア党などから出馬する候補者がいるため、野党を支持する有権者の票は分散されてしまう。そこでナヴァリヌイは、「賢い方法で投票する」ことを有権者に提案、すなわち「次席に来る候補者、つまり野党の中で最も有力な候補者に票を入れる」ことを持ちかけた。彼はこの戦略を、配信した動画内で次のように説明した。

「統一ロシア党に対抗して、野党勢が候補者を一本化して擁立するという合意に達することはできません。その代わり、［視聴者を指して］私たちは次のことに関して合意に達することが可能です。すなわち、私たちはそれぞれ異なりますが、統一ロシア党の独占に反対する、という同じ立場を共有しています。……私たち全員が賢明に行動し、候補者の中でも最も有力な者に投票すれば、その者が選挙に勝ち、統一ロシア党は負けるでしょう」*

＊ https://www.youtube.com/watch?v=Mu-vW9TM-jI

この「スマート投票」はプーチン政権に抗議する有権者をターゲットとして、二〇一八年の秋に打ち出された。小選挙区制では勝つ可能性が最も高い野党候補を支持することが、比例制では議席を獲得できる可能性のある政党を選ぶことが*、知事選挙では政府が推す候補者以外の者に投票することが推奨されたのである。同プロジェクトチームは有権者らに対して、「スマート投票」のウェブサイトやTelegramボット、モバイルアプリ「ナヴァリヌイ」にアクセスして、それぞれの選挙区の推奨候補者を見つけるよう提案した。

＊ 下院議員選挙における比例制では、得票率が5～7％を超えなければ議席は獲得できない。

二〇二一年の下院選挙の前夜、ロスコムナゾールは「スマート投票」のウェブサイトを禁止リストに入れてブロックした。これを受けて、検索エンジンYandexは「スマート投票」のウェブサイトへのリンクを検索から削除、GoogleとAppleはロシアのGoogle PlayとApp Storeから「ナヴァリヌイ」

のモバイルアプリを削除し、Telegramは選挙期間中「スマート投票」ボットをブロックした。

それでも選挙結果は、統一ロシア党は憲法改正に必要な三分の二の議席を維持したものの、改選前からは10議席減らし、共産党と公正ロシア党が議席増、新党の「新しい人々」が13議席を獲得することとなった。これらを踏まえ、政治学者らは「スマート投票」戦略が一定の効果を上げていることを認めた。

いうまでもなく、「意見を同じくする人ではなく、選挙に勝てそうな人に投票する」という選挙参加方法には、ロシア国内にも支持派と不支持派がいる。「スマート投票」に反対する最たる説得力ある意見としては、共産党も公正ロシア党もエル・デー・ペー・エルも真の「野党」ではない、というものであろう。これら政党は結局のところ、クレムリンに指図された通りに下院にて議決権を行使している「体制内野党」だからである。現今のロシア連邦議会には、上院にも下院にも本当の野党は存在していない。

とはいえ、こういった手法を打ち出さなければならないほどロシア国内の反体制派が追い詰められていたことをまず鑑みるべきであろう。彼らが決して暴力に訴えることなく法を遵守しようとし続けたこと、そして彼らの恐るべき根気と忍耐力、努力、決して諦めることのない精神に、深い敬意を表さずにはいられない。彼らが身を置いていたのと同等な過酷で絶望的な条件下で、自由と民主主義を追い求め続けることができる政治家は他の国にどれほどいるだろうか。逮捕、罰金、拷問などの暴力行為、軽い処分で数年、少し前のめりに行動すれば終身刑並みの何十年もの懲役刑を食らうことになるその現実が、目の前に厳然と待ち受けていることを知っていて、それでも前に足を踏み出す勇気がある者はどれだけいるだろうか。

4　選挙候補者の登録

現今のロシアの選挙システムには、野党政治家が決して選挙に勝てないようになっているいくつかのからくりがある。その一つとして、候補者登録の手続きがある。

投票の際に有権者が手にする候補者名簿*上に名前が記載されるためには、出馬希望者は選挙管理委員会によって「候補者として正式に登録」されなければならない。

＊　ロシアでは、候補者や政党のリストが投票用紙上に最初から記載されており、有権者はマーク方式で投票する。

まず出馬を宣言し、選挙資金管理用口座を用意し、政党の選挙管理団体あるいは候補者本人（自薦の場合）は、候補者を支持する市民の署名を集めて選挙管理委員会に提出しなければならない（候補者が集めなければならない署名数は、通常は有権者数の1～2％とされる）。またはもう一つの選択肢として、候補者が選挙保証金を納めなければならない。しかし、選挙保証金を納めることによって野党候補者が署名を集めないことが可能となるため、二〇〇九年にこの選挙保証金制度そのものが廃止された。

その一方で、前回の下院選挙で好結果に終わった政党は、すでに社会の中でかなりの支持を獲得しているとみなされ、署名集めも選挙保証金の納付も免除されている。統一ロシア党、共産党、エル・デー・ペー・エル、公正ロシア党の候補者は署名を集める必要がない。

選挙管理委員会は、規定の期間内（通常は投票日の35～45日前）に、提出されたすべての書類と署名をチェックし、出馬希望者を候補者として登録するかしないかの決定を下す。このチェックは驚くほど厳しいものとなっており、登録が拒まれる法的理由の一つに、以下のようなものがある。

●法的に有効で信頼できる有権者の署名数が足りない場合。あるいは、チェックした署名の10％以上が法的に無効か信頼できない署名であった場合。

この署名を理由とした登録拒否が、野党政治家らに対して最も頻繁に発動されているものである。二〇〇九年、ウラジーミル・ミロフ[11]がモスクワ市議会選挙に立候補した際、彼自身の署名が選挙管理委員会によって無効とされた事実は、ロシア社会に広く知れ渡ることとなった。

選挙管理委員会は、ミロフの陣営が集めた署名の30％近くを欠陥と認め、彼自身の署名も偽物とみなした。ミロフ自身はこの件に関して「各署名用紙の最下部にも同じ（私の）署名が記されており、その署名が本物であるという事実は、（私の署名を偽物と断定した）彼らを動揺させなかった」と述べている。ミロフ以外にもロマン・ドブロホトフ[55]の陣営が集めた署名は、署名者がオストロフスキー通りの頭文字「N.」を省略して記載したという理由で20％の署名が拒否され、イリヤー・ヤシン[20]の陣営が集めた署名は、署名用紙のヘッダーに添え書き（例えば、「日付、苗字、名前」など空欄個所に書くべきことを指示している言葉）がなかったため、やはり拒否された。

この一〇年後の二〇一九年、モスクワ市議会選挙が行われた際、モスクワの有権者たちの当局に対する怒りは頂点に達した。ほぼすべての独立系の野党候補者は、提出した署名数の10％以上が法的に有効でないという理由で候補者登録を拒まれ、その数はなんと六〇名弱にも上った。野党候補者らは

「野党を選挙に参加させないために高い確率で署名を無効としているのであり、署名検証のプロセスで不正が行われている」として、モスクワ市選挙管理委員会および管区選挙管理委員会を訴えた。同年夏にはモスクワで大規模な抗議行動が引き起こされ、登録を許されなかった候補者らがそこで多く逮捕された。それらは二〇一一年以降最大の政治アクションとなり、一連の事件は「モスクワ事件」として知られている。

以上を俯瞰すれば分かるように、現今のロシアの選挙においては、選挙に参加する以前の候補者としての登録段階でかなり恣意的で政治的な人材の切り捨てが行われている。さらに踏み込んで指摘するならば、候補者登録を拒むことを可能にする選挙制度自体が、プーチン政権を根底から支える維持システムの一つとして機能しており、実に巧妙に、民主主義国家の外観の下に独裁政権の生命装置を滑り込ませているといえよう。

5 「地方自治体フィルター」とは

それでは、国政選挙とは異なり、地方選挙はロシアではどうなっているのだろうか。二〇一三年、地方自治体フィルターの制度が適用されるようになると、地方選挙は国政選挙よりもより一層野党政治家らに対して扉が固く閉ざされるようになった。

市長や知事候補者は、選挙に打って出るためには「地方自治体フィルターを通過」しなければならなくなったが、それは、地域の長として自分が立候補するのを支持してくれる、市町村の議員らの署名を集めることを指す。地方の首長候補は、その地の地方議員総数の5～10％の署名を集めなければならず、署名議員はその地の自治体総数の75％以上を代表していなければならない。*

＊　これは例えば、その地に地区が一〇ほどあったとしたら、その75％以上にあたる8つの地区の議員から署名を集めなければならないことを意味する。

この「地方自治体フィルター」制度は、ロシアのあらゆる政党（与党の統一ロシア党、一部の地域では共産党も除く）から、地方の首長ポストに自分たちの候補者を独自に推薦する可能性を奪ってしまった。二〇一八年九月、ロシアの22の地方で市長選挙と知事選挙が行われたが、自らの候補者に「自治体フィルターを通過させる」ことができたのは、たった2党——統一ロシア党（全22地方で通過させた）と共産党（3地方で通過）——だけであった。市町村の議員らの大部分が統一ロシア党のメンバーであるのだから、当然の話である。

有権者権利運動「声」*による報告書では、「地方自治体フィルター」は「何らかの理由で地方当局にとって望ましくないライバルを政治的にふるい落とす手段」であると評されている。

＊　有権者権利運動「声」。有権者の権利擁護のための非営利組織「声」協会が「外国エージェント」指定を受けて二〇一六年に裁判所命令により清算された後、法人格を取らない運動として再興したもの。同運動はいかなる政党にも属さず、選挙手続きそのものを評価する。

6　インターネット投票

二〇一九年三月、モスクワ市議会議員選挙で電子投票の実験が行われることが発表され、二〇二一年下院選挙では一部地域で電子投票が導入された。

しかしながら、一部の選挙区では不可解な票の動きが判明し、*不正や詐欺が指摘され、ロシア社会の大規模な抗議行動を引き起こした。政治学者らは、電子投票を「ブラックボックス」と呼び、そこから当局側が何でもお望みの結果を引き出すことができると皮肉った。

＊　モスクワの小選挙区では、統一ロシア党の候補が電子投票の集計で票を一気に上積みして共産党候補に逆転し、当選を決めた選挙区が複数あった。

非政府系オンライン出版物「メドゥーザ」は、直接投票とインターネット投票が併用された二〇二二年のモスクワの市町村議会選挙においても、オブザーバーがインターネット投票数の正確さを確認できなかった旨を伝えている。

7　まとめとして

選挙管理委員会の縦割り構図は、ロシア社会の縮図でもある。国のあらゆる公的組織は、どんなレベルにおいてもほぼ独立性や権限を有しておらず、上位組織に100％従属しており、それは地方自治体の首長でさえ例外ではない。彼らも上位組織（クレムリン）の後押しがなければその役職に就けないような仕組みとなっているのであり、実質的には何の権限も有していない。

ロシアの公的機関で求められているのは、何よりも上位組織への忠誠心であり、そこで働く人間は、体制への適応度が高くなればなるほど、人間としての残酷さも増していくように思われる。なぜならば、体制が所属する人間に求めるものが、自発性や優れた人間性ではなく、非合理的なものを無条件に受け入れ、実行することだからである。

したがって、プーチンを頂点とする縦割り構図は、下方から人の力で支えられることが決してない。トップから流れ落ちる、あるいはトップが目をつぶって横から流れてくる腐敗臭漂うお金が、縦割り構図を支える養分となる。二〇二三年に大統領報道官のドミートリー・ペスコフ[*1]は、二〇二四年のロシアの大統領選挙について言及し、「本当の民主主義ではなく、金のかかる官僚主義[*2]」と述べたが、それは大統領選のみならず、ロシアの国家機構そのものに対する、十分的を得た言い回しであろう。

＊1　一九六七年十月十七日生、モスクワ出身。外交官。二〇〇〇年四月からプーチン大統領の報道官を務める。

＊2　https://www.nytimes.com/2023/08/06/world/europe/putins-forever-war.html
ただしペスコフは後日、ニューヨークタイムズ紙に掲載されたこの自身の言葉について、「ニューヨークタイムズ側が自分の発言を捻じ曲げて報道している」と反論した。

より自立的にものを考えず、上位組織に隷属するしか能がない者が上に昇っていく国家システムにあっては、人の劣化と腐敗が既定路線となる。したがって、ロシア国内の公的機関その他さまざまなところで、組織と人材の一種の「逆行現象」が起き続けているのが、現今のロシアの実情である。

しかし、そのような状況にあって、その「逆行化」の流れに身をゆだねず、少しでも抗おうとする数多くの人々がいるのも事実である。

1　レフ・ポノマリョフ　Лев Александрович Пономарёв

一九四一年九月二日生
トムスク出身
「外国エージェント」二〇二〇年十二月指定
政治家および社会活動家。また、物理・数学の博士号を持つ物理学者

ポノマリョフはソ連時代から人権活動に参加し、政治的弾圧の犠牲者の記憶を朽ちさせないための人権団体である「メモリアル」設立のイニシアチブを取った一人であった。一九九〇年に、政治運動「民主主義ロシア」を立ち上げる担い手の一人ともなった。

ソ連崩壊前の一九九〇年、ロシア・ソビエト連邦社会主義共和国人民代議員選挙で勝利し、一九九三年までロシア人民代議員として働いた。

一九九四年十月、政治運動「民主主義ロシア」を基として同名の連邦政党が設立され、同党はポノマリョフを含む三名の下院議員によって率いられた。同年にチェチェンで軍事作戦が開始されると、民主主義ロシア党は当局の行動に異を唱え、野党へ下った。九七年、彼はロシアの人権団体の代表者を集結させた「共同の行動」発起人会を組織した。二〇〇一年三月、ポノマリョフは全ロシア民族委員会「チェチェン共和国における停戦と平和確立」を率先して設立、〇二年にはこのテーマに関する国際会議を開始した。*

＊　二〇〇二年十一月、国際会議「チェチェン共和国における停戦と平和確立のために」がモスクワにて開催され、ロシアとチェチェンの人権団体の代表が会議に参加した。

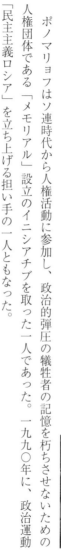

ポノマリョフはロシアにおける民主主義的自由の侵害、政治的弾圧に関する円卓会議の主催者であり、国内の刑務所制度の状況、囚人の権利がひどく損なわれている事実に繰り返し言及している。また、国内の人権運動を強化することを目的として組織された、「人権擁護のための全ロシア会議」に積極的に参加してきた。二〇〇六年、彼は「囚人の権利擁護」基金を設立、ここでは自由を剝奪された人々の求めに応じて、医療サポートおよび法的支援を行っている。同年以降、彼は無許可のピケや行進を組織したり参加したりしたことで繰り返し拘禁され、国際人権団体のアムネスティ・インターナショナルによって「良心の囚人」と認定された。

二〇一四年一月、ポノマリョフは、ウクライナ危機を解決し流血の事態を未然に防ぐ仲立ちとなるよう、アメリカとロシアの大統領に宛てた公開書簡を、アメリカ大使館とロシア大統領府へ送付。同年三月、同じく彼の主導により、インテリゲンチヤ会議「戦争に反対し、ロシアの閉鎖性に反対し、全体主義への復帰に反対する」が創立された。同会議の最初の公式声明は、ロシア連邦政府とウクライナ政権に、ウクライナの領土の平和を回復するための措置を提案したものであった（二〇一四年五月六日）。

司法省は「外国エージェント」として個人を指定した最初のリストに、ポノマリョフの名を含めた。二〇二二年二月、ロシアによるウクライナ侵略開始後、彼は change.org で戦争反対を訴えるオンライン署名を開始、最初の数日間で一〇〇万人以上の署名が集まった。二二年四月、彼はロシア国外へ去ったが、彼の声は今も国外から響いている。

2　グリゴーリー・ヤヴリンスキー　Григорий Алексеевич Явлинский

一九五二年四月十日生
ウクライナ・ソビエト社会主義共和国、リヴォフ出身
政治家、経済学者

ヤヴリンスキーは一九九〇年代初頭に人気を博した。九〇年七月、彼はロシア・ソビエト連邦社会主義共和国最高会議によって、ロシア・ソビエト連邦社会主義共和国閣僚会議副議長、国家経済改革委員会の委員長に承認され、ソ連の経済を改革するプロジェクトに着手した。その後、彼は自分のチームメンバーと共に、経済政治研究センター*を設立し、そこのセンター長を務めた。また、彼とそのチームは、ニージニー・ノヴゴロド州のための経済開発プログラムを練り上げ、結果として大きな成果を上げた。

＊　ロシアのマクロ経済や地方の経済問題の研究を専門とする。

一九九二年、ヤヴリンスキーは政治家としてのキャリアを開始、九三年の秋には政治政党ヤブロコ党を結成した。彼が率いるヤブロコ党は常に社会的リベラリズムの立場を取ってきており、同党は下院で三回議席を獲得した。彼自身はロシア大統領選挙に四回出馬、エリツィンとプーチン双方と闘った。

一九九四年に第一次チェチェン紛争が勃発すると、彼はチェチェンに対する武力行使に強硬な反対を示し、チェチェンから軍隊を撤退させるよう求めた。彼は、捕虜の代わりに自身が人質になること

を申し出て、ヤブロコ党の同僚らと共に交渉するためにチェチェンへ赴いた。その結果、捕虜の半分が解放されることとなった。第一次チェチェン紛争は一九九六年に終結、九九年に第二次チェチェン紛争が始まると、彼はこの軍事作戦を「まやかし」と呼び、同作戦の中止を訴えた。

二〇〇二年十月二十三日の夜、武装勢力がモスクワにある劇場「ドブロフカ・ミュージアム」を占拠、ロシア連邦軍のチェチェンからの撤退を要求して九〇〇人以上を人質に取り、これが受け入れられない場合は劇場ごと自爆すると警告した。翌二十四日の朝、テロリストらは、ヤヴリンスキーがチェチェンでの軍事作戦に反対していたことから、交渉の場に必ず彼が参加するよう求めた。彼は武器も携帯せず護衛も付けない状態で劇場センターへ入り、そこで五〇分間交渉を行い、八名の子供たちを建物内から自分と共に連れ出すことに成功した。

二〇一四年三月十六日、クリミアでロシア連邦への編入の是非が問われた住民投票が実施された日に、ヤヴリンスキーは『ノーヴァヤ・ガゼータ』紙に「平和と戦争。いかに前者を勝ち取り後者を許さないべきか」という記事を発表した。ウクライナとの国境情勢が緊迫していった二〇二二年一月二十四日、彼とヤブロコ党は「ロシアにとって、戦争は取り返しのつかない壊滅的な結果をもたらし」「その政治的結果として、ロシアの国家体制の転覆と国家的大惨事が起こるだろう」と警告する声明を発表した。その後、彼は、即時の戦闘停止、ロシアとウクライナの間の和平交渉の開始に関する合意を訴え、捕虜と遺体の交換に関する交渉へ自ら参加することを申し出ている。

3　ボリス・ヴィシュネフスキー　Борис Лазаревич Вишневский

一九五五年十月十五日生
レニングラード州出身
「外国エージェント」二〇二四年三月指定
政治学者、政治家、ジャーナリスト

一九七八年にレニングラード電子工学大学を卒業後、しばらく「レニネッツ」*に勤務。八八年、工学の博士号を取得。多数の学術論文を執筆し、六つの発明を行った。二〇〇二年には二つ目のキャリアとして、ペテルブルグ経営経済研究所を卒業、専門は「国政と地方行政」であった。二〇〇八年〜一二年にかけて、テレビ・ビジネス・デザイン研究所のジャーナリズム学部の准教授、一三年からはロシア国立ゲルツェン教育大学の教授。選挙プロセスや地方自治、国家権力組織に関する研究書の著者でもある。

＊　かつては電子機器の研究・工場などから成る連合体であったが、現在は高性能レーダー、通信システムなどの開発・製造を行う関連会社を傘下に持つ持株会社となっている。

一九九八年以降、彼はレニングラード州の民主運動に積極的に参加し、レニングラード民族戦線*1や政治運動「民主主義ロシア」のメンバーであった。一九九〇年から九三年は、モスクワ地区評議会の代議員、自治権問題に関する常任委員会の議長、地区評議会の議長団メンバーを務めた。一九九五年から二〇〇七年は、サンクト・ペテルブルク市立法議会*2の議長補佐として、ペテルブルグ副知事イーゴリ・アルテミエフ*3の顧問として、立法議会における民主派のリーダーとして働いた。二〇〇六年〜

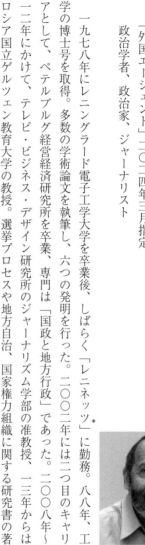

一一年にかけて、ペテルブルクのガスプロムタワー（オフタセンター）建設をめぐる反対運動に積極的に参加し、建設に反対する一五〇本以上の記事を執筆した。最終的にガスプロムタワーの建設は中止となっている。

＊1　一九八九年～一九九〇年代にかけて活動した非公式政治組織。民主主義を目指すべての人々を結集させたるために、広範なイデオロギー的基盤の上に構築された

＊2　サンクト・ペテルブルク市における最高位の立法機関。

＊3　一九六一年十一月二十七日生。政治家。元ロシア連邦独占禁止局長官。二〇二〇年～二三年十一月までロシア連邦首相補佐官。ヤブロコ党政治委員会メンバー。

二〇一一年十二月四日、ヴィシュネフスキーは、ヤブロコ党からサンクト・ペテルブルク市立法議会議員へ選出された。一四年、クリミアのロシア編入を違法と呼び、ウクライナへの無条件の返還を訴えた。一九年、地域共同体の権益保護の活動に対してモスクワ・ヘルシンキ・グループ＊の賞を受賞した。

＊　一九七六年にソ連の反体制派科学者らが創設した、ロシアで最も古い人権団体。

二〇二一年のサンクト・ペテルブルク市立法議会選挙でのヴィシュネフスキー外しは凄まじいものがあった。彼のライバルだったヴィクトル・ブィコフとアレクセイ・シメリョフは選挙前に姓名を変更し、前者はボリス・イヴァノヴィチ・ヴィシュネフスキーと、後者はボリス・ゲンナジエヴィチ・ヴィシュネフスキーと名乗った。加えて、彼らはヴィシュネフスキー本人と酷似する髪型やひげを生やして撮影した写真を選挙管理委員会に提出したため、選挙広告には名前と苗字が同一で顔も極めて似通った三人の候補者が並ぶこととなった。ヴィシュネフスキーは、この二人の改名前の姓名を投票

用紙に掲載することを求めたが、ペテルブルクの市選挙管理委員会は彼の要望を拒否。モスクワの中央選挙管理委員会委員長のエラ・パンフィロヴァ*は、起こった出来事を「恥ずべきこと」と呼び、選挙後の法改正を約束したが、選挙管理委員会はそういった権限は有していない。

＊ 一九五三年九月十二日生。政治家。二〇一六年よりロシア連邦中央選挙管理委員会委員長。

同年、ヴィシュネフスキーは、オンライン新聞『Fontanka.ru』紙の「パーソン・オブ・ザ・イヤー」賞を受賞した。

4　ゲンナージー・グドコフ　Геннадий Владимирович Гудков

一九五六年八月十五日生
モスクワ州コロムナ市出身
「外国エージェント」二〇二三年三月指定
実業家、政治家、ロシア連邦保安庁の退役大佐

グドコフは一九七八年にコロムナ国立教育大学を卒業すると二年間軍務に就き、その兵役の間にソビエト連邦共産党に入党した。軍隊からコロムナに戻ると、一九八二年～九三年までKGBに勤務、[*]防諜養成校、対外情報アカデミーを修了した。さらに九〇年代には、警備関係の持株会社「オスコルド」を設立した。

＊　ソ連崩壊後、KGBは一九九一年から一九九五年にかけて名称が6回ほど変わった。

二〇〇一年、グドコフはコロムナ管区からロシア連邦下院議員に選出された。[*1]下院では代議員グループ「民衆の議員」[*2]に属したが、二〇〇一年に同グループがロシア連邦人民党として再出発すると、彼はロシア連邦人民党の副議長に就任した。二〇〇三年の下院選挙にて再び議員に選出、この時ロシア連邦人民党は選挙で負けたため、彼は統一ロシア党の派閥に加わった。この時期、彼は積極的な統一ロシア党支持者であり、当初はプーチンを肯定的に評価していた。

＊1　二〇〇〇年にコロムナの現職議員が亡くなったため、その欠員を埋める形で選出された。
＊2　一九九九年十二月に設立され、二〇〇一年に政党「ロシア連邦人民党」となった。二〇〇七年に解散して公正ロシア党に合流した。

二〇〇七年、ロシア連邦人民党が解散して公正ロシア党に合流。グドコフは統一ロシア党を離れ、公正ロシア党の政治局のメンバーに選出された。その後、二〇一一年十二月に行われた下院議員選挙で、彼は公正ロシア党の議員として選出された。しかしながら、この時、統一ロシア党の圧勝に終わった不自然な選挙結果が発表されると、彼は多くの不正があったと述べて、自分が所属する公正ロシア党以外にも、共産党とエル・デー・ペー・エルに議席を放棄して再選挙を強行することを提案した。だが、誰も議席を放棄する者はいなかった。これ以降、グドコフは政権に対する抗議集会に参加するようになり、彼の議会での演説も統一ロシア党に対する批判的傾向が強く出るようになった。一二年、下院議会はグドコフの議員資格を剥奪、表向きは下院議員を務めながら会社運営に従事したことが非難されたわけだが、実際は彼の反政府的見解が問題視されたのであった。

同年、彼はロシア野党調整評議会の議員に選出された。一三年一月、「悪党に反対する行進」に参加、これはディマ・ヤコヴレフ法（解説参照）に賛成した国会議員らに抗議を表するものであった。この直後、公正ロシア党指導部は彼に、野党調整評議会を去るか党を去るかのどちらかだと最後通告を突きつけたが、グドコフは野党調整評議会から離脱することを拒否、その後同党から除名された。

二〇二二年二月、彼はプーチンがウクライナ侵略を決断した理由を次のように説明した。

「これは権力維持の問題です。彼は二〇一四年にクリミアを占領し……彼の評価は急上昇しました。そういった評価は五年の間はそれで十分でした。過半数の支持を失い、支持を取り戻すために何をすべきかを考え始めたのは一九年になってからです。さらにウクライナは……生活の質、収入の面でロシアに追いつき、追い越し始めていました。これはプーチンにとって危険なことでした」*

＊ https://www.youtube.com/watch?v=LgHnNiHr-iU

ソビエト時代の大粛清や政治弾圧の研究を目的として設立された非政府系組織。ソビエト連邦がまだ存在していた一九八七～九〇年にかけて、23の支部が設立され活動を開始した。その後活動の幅が広がり、主に「メモリアル・インターナショナル」と「メモリアル人権センター」の二つのロシア法人から構成されている。「メモリアル・インターナショナル」は、20世紀の全体主義体制下（特にスターリン時代）で行われた人道に対する罪の特定と普及、抑圧された人々の社会復帰とその家族への援助を目的としている。「メモリアル人権センター」は、教育プログラム、人権侵害事件の監視と記録、難民や政治犯の法律相談を行っている。

「メモリアル」は基本的には一元的な組織というよりはむしろ運動であり、ロシア各地の他にヨーロッパ諸国にも関連組織の支部がある。各地に散らばる支部の活動の焦点は地域によって異なるが、人権、過去の記録、政治弾圧の犠牲者への追悼など、共通の関心事項を持つ。

二〇一四年七月、「メモリアル人権センター」はロシア司法省によって「外国エージェント」に指定され、この認定は、一五年十一月にはペテルブルク・メモリアルの研究情報センターに、一六年十月には「メモリアル・インターナショナル」自体にまで拡大された。二〇二一年十二月、「メモリアル・インターナショナル」と「メモリアル人権センター」に対して「外国エージェント」規制違反のかどによりモスクワ市裁判所から清算・閉鎖の命令が下され、翌二二年四月の控訴審で閉鎖が確定された。両団体の代表は、それでも活動を継続すると報告している。

二〇二二年十月、人権団体「メモリアル」にノーベル平和賞が授与された。

ロシア野党調整評議会

プーチン政権に反対する非政府系の共闘組織。プーチン政権に対抗する野党間の意見の食い違いを調整するために創設された。

二〇一二年六月十二日に開催された第二回目の「百万人の行進」（メドヴェージェフに代わって再び大統領に就任したプーチンに抗議するため、モスクワで一二年五月に開催されたデモ行進に続くもの）の場で、四五名から成る同評議会が立ち上げられることが発表された。同年十月二十日から二十二日にかけて第一回目の選挙が行われ、インターネットを通して支持者約八万人が投票、初代の調整評議会メンバーが選出されて十月二十七日にモスクワで初会合が開かれた。得票数の順では、トップがアレクセイ・ナヴァリヌイ[13]、次いでドミートリー・ブィコフ、ガルリ・カスパロフ[8]、クセーニア・サプチャク*、イリヤー・ヤシン[20]と続いた。

＊　一九八一年十一月五日生。ジャーナリスト、ラジオ・テレビキャスター。ペテルブルク初代市長アナトーリー・サプチャクと上院議員リュドミラ・ナルソヴァの娘。数多くのテレビ番組の司会を務めた。二〇一八年、ロシア連邦大統領候補として出馬した。

同評議会メンバーは一年の任期で選出され、その後新たな選挙が行われる予定であった。しかしながら、二回目の選挙は行われず、二〇一三年十月十九日に解散した。

統一民主主義運動「連帯」のリーダーの一人であるウラジーミル・ブコフスキー*は、調整評議会メンバーの選出を反体制派の失策、とみなした。彼は次のように述べている。

＊　一九四二年十二月三十日生、二〇一九年十月二十七日イギリスのケンブリッジにて没。人権活動家、

作家。ソ連における反体制運動の創始者の一人。

「四五名の人間から成る組織は、何か仕事を成し遂げることもできず、決定を下すこともできない。……調整評議会はさまざまな政治潮流から広く代表者を選出する道を模索したが、これはさらなる対立を引き起こすだろう。その上、当局はこの組織を分裂させようとするだろう」*

* https://www.rusolidarnost.ru/bukovskii-2013-01-06-vladimir-bukovskii-krakh-sistemy-mozhet-proizoiti-dostatochno-skoro/

5　ミハイル・カシヤノフ　Михаил Михайлович Касьянов

一九五七年十二月八日生
モスクワ州ソルンツェヴォ出身
「外国エージェント」二〇二三年十一月指定
政治家、社会政治活動家。二〇〇〇年五月〜〇四年二月ロシア連邦首相

一九七四年〜七六年までモスクワ自動車・道路研究所で学び、七六年〜七八年までは軍に所属。七八年〜八一年まではソ連国家建設委員会の全ソ連産業輸送設計研究所で働いた。その間、自動車・道路研究所の夜間学部で研究も続け、八一年、同研究所を卒業した。

一九八一年、ロシア・ソビエト連邦国家計画委員会*に採用され九年間勤務、九〇年から九一年にかけては、ロシア・ソビエト連邦経済国家委員会の対外経済関係局の課長を務めた。九一年八月末、ロシア・ソビエト連邦経済国家委員会は廃止され、代わりにロシア連邦経済省が設立、新省においてカシヤノフは対外経済活動部の副部長となった。九三年、彼は対外融資・対外債務部の部長として財務省に入省、九五年には財務副大臣に任命された。

＊　ロシア・ソ連における生産計画を決定する国家組織。

一九九四年からカシヤノフは、旧ソ連の債務の処理をめぐってパリクラブ*1およびロンドンクラブ*2のメンバーである債権者らと交渉し、九六年には債務返済繰延や経済改革に関する包括的な合意に達し、その結果、ロシアには国際資本市場への道が開かれることとなった。九八年、ロシアは経済危機に陥りデフォルトに陥った。彼は国際通貨基金（ＩＭＦ）との間で二二六億ドルの融資を含む合意に成功、

その結果、ルーブルは安定し、インフレ率は低下し、実体経済は活性化した。一九九九年、エリツィン大統領はカシヤノフを財務大臣に任命した。二〇〇〇年彼は第一副首相に就任、同時に財務省のトップも引き続き務めた。

＊1　フランスが主導した先進債権国の非公式な政府間組織。
＊2　外国の債務者の借金に関する諸問題を処理するために設立された、貸出銀行の非公式組織。パリクラブが債権国を束ねるのに対し、同クラブは非政府の商業銀行を束ねる。

二〇〇〇年五月にプーチンが正式に第二代ロシア連邦大統領に就任すると、カシヤノフは同年五月より第六代ロシア連邦首相を務めた。彼は経済を体系的に変革するための施策を実施し、一連の構造改革を導入した。さらに〇三年には、国家機能と国家機関の大幅な縮小を目指した行政改革を開始した。専門家らは、彼の在任期間を、ロシア近現代史の中で最も生産的な経済期間のひとつとして評価している。

一方、彼とプーチンの関係は二〇〇三年頃には緊迫したものとなっていた。〇二年十月にチェチェンの武装集団によるドブロフカ・ミュージアム人質占拠事件*が起こった際、国連安保理の会議の場で、カシヤノフは即時攻撃に反対し、襲撃犯たちとの交渉を主張した。会議終了後、プーチンは自分の代わりに首相の彼をメキシコでのAPECサミットに送り出した。翌〇三年、ガス部門の改革についてもカシヤノフはプーチンと意見が対立した。彼は、経済における競争を促進するために、ガス市場を自由化し、輸送部門をガスプロムから切り離し、独立したガス輸送会社を設立しようと試みていたが、これはガス部門を掌握しようとしていたプーチンの意向とまったく相反するものだった。さらにカシヤノフは、石油会社ユコス社の社長であったミハイル・ホドルコフスキーが逮捕された時に思い切って反対意見を表明した二人の高官の一人であり、ロシアの対ウクライナ、対ベラルーシ政策をめぐってもプーチンとの意見の相違は深まっていた。二〇〇四年二月、大統領選の二週間前に、プーチン大統領によって彼は首相から解任された。

＊ 二〇〇二年十月に、モスクワのドブロフカ地区にある劇場でチェチェン人武装勢力が起こした人質事件。

二〇〇五年、彼は大統領選出馬の意向を表明、翌〇六年には新しい運動である「人民民主連合」を率いた。この運動は全ロシア的な運動である「ロシア人民民主連合*」となった。さらに、翌〇七年には、ロシア人民民主連合を基に創設された「民主主義と正義の側に立つ人々」党の議長に選出された。

＊ 二〇〇六年に「民主主義と正義の側に立つ人々」の組織として設立されたロシアの社会政治運動。二〇一二年六月、人民自由党に合流。

二〇〇八年一月、彼は大統領候補としての登録を正式に拒否された。拒否の理由は、中央選挙管理委員会に提出した署名の質の低さである。当時のロシアの法律によれば、彼の立場からの大統領選挙出馬（自薦）には、少なくとも二〇〇万人の有権者の支持署名を集める必要があり（二〇一二年に三〇万人に引き下げられた）、「欠陥」署名の数は署名総数の5％を越えてはならず、そうでなければ候補者登録はなされない。この時点で、元首相といえども与党に属していなかった彼の出馬には高いハードルが課されていた。なお、彼自身は、自陣営の関係者による署名集め活動が政府機関によってしつこく妨害されていると不満をもらしていた。彼が候補者登録を拒まれてから二四時間も経たない内に、連邦登録局は彼の政党であった「民主主義と正義の側に立つ人々」党の登録を拒否した。中央選挙管理委員会によるカシヤノフ排除によって、〇八年のロシア大統領選挙における実質上の野党側候補者はいなくなり、「伝統的な『システマチックな』」野党代表者のみが出馬することになったが、例の如く、彼らは与党候補者であったドミートリー・メドヴェージェフよりも評価が著しく低かった。オンライン出版物「ガゼータ・ルー」は、このカシヤノフ排除事件に際して「連邦登録局は過去二年間、新党を一つも登録していないことにも注目すべきである」と述べ、ロシアの政治が硬直化していることに苦言を呈している。

二〇一〇年九月、彼は、ボリス・ネムツォフ[解11]やウラジーミル・ミロフらと共に「専制と腐敗のないロシアのために」連合の共同代表に就任、この連合は同年十二月に人民自由党に改編された。一一年六月、下院選挙を目前にして同党は登録を拒否された（選挙戦終了後のみ登録が可能だった）。一五年二月にネムツォフが暗殺されると、カシヤノフはネムツォフに対する嫌がらせに参加したジャーナリストやメディア職員が多数含まれる、いわゆる「ネムツォフ・リスト」を作成、マグニツキー法に基づく制裁リストに加えるよう、同年四月にアメリカ議会指導部に提出した。

ネムツォフ死後、カシヤノフは野党である人民自由党を率いてプーチン政権を厳しく批判したが、下院選挙前の一六年四月、テレビ局「ＮＴＶ」が、カシヤノフらしき全裸の男性が人民自由党の女性幹部とベッドを共にしている様子を収めた盗撮映像を放映、他の野党指導者の悪口を言っている音声も流された。このスキャンダルにより、人民自由党を基盤として他の野党五党が加わって結成された「民主連合」は崩壊、同年九月の下院選で人民自由党は惨敗した。

カシヤノフは、二〇一五年末から一六年初頭にかけて複数の死の脅迫メッセージを受け取ったと語っている。二〇二二年二月より、彼はロシア反戦委員会のメンバーとなっている。

統一ロシア

ロシア連邦最大の政党であり「権力の党」。二〇〇七年、一六年、二一年の選挙では、統一ロシア党一党で下院議席の三分の二を占めた。大統領の政治方針を支持。

ロシア連邦共産党

左派政党。同党は自らを「ロシア・ソビエト連邦社会主義共和国共産党」および「ソビエト連邦共産党」の後継者として位置付けている。同党から出馬する候補者は、署名を集めて提出することなしに選挙に参加する権利を有している。同党の不動のリーダーは、ゲンナージー・ジュガノフ。* 野党としてのスタンスは中立的であり、プーチン政権に従順な「体制内野党」である。

＊ 一九四四年六月二十六日生。政治家、ロシア連邦共産党党首。

エル・デー・ペー・エル（ロシア自由民主党）

極右政党であり、一九八九年に設立されたソビエト連邦自由民主党の直接の後継政党である。同党から出馬する候補者は、署名を集めて提出することなしに選挙に参加することができる。創設者であり党首であったウラジーミル・ジリノフスキーは、二〇二二年四月に死去するまで約三〇年間同党を率いた。ジリノフスキーはポピュリスト、ナショナリスト、人種差別主義者的暴言で知られ、同党全体が彼の物議を醸す人格を中心に動いていた。伝統的にクレムリンに忠実である「体制内野党」。ジリノフスキー死去後は、レオニード・スルツキー*が同党を率いている。

＊　一九六八年一月四日生。政治家。二〇二二年五月よりエル・デー・ペー・エルの党首。

人民自由党（通称　パルナス）

二〇一二年に旧ロシア共和党と合併し、「ロシア共和国党－人民自由党」となる。親欧米路線の中道右派、保守・リベラル政党。同党は、一一年十二月の「公正な選挙のために」集会の決議を実施することを公式の政治綱領とした唯一の政党であり、人権と自由の優先を言明し、プーチンとは反対の立場を取ることを強調していた。二三年五月、最高裁判所は司法省からの行政告発を受けて同党を清算・解党した。必要な数の支部を持たず、連邦税務局と司法省が同党の既存支部に対して申し立てた苦情が告発の理由であったが、実際の理由は政治的なものとみられている。

社会主義政党「公正ロシア―愛国者―正義のために」（通称　公正ロシア）

二〇〇六年に設立。政策は貧困の撲滅、汚職の追放、環境および天然資源の保護を訴えている。自らを野党と位置づけているが、その実態はプーチン政権に従順な「体制内野党」に過ぎない。

ヤブロコ党

ロシア統一民主党「ヤブロコ」のメインスローガンは「自由と正義のために！」であり、民主主義制度の強化、法の支配、市民による権力監視を政策として掲げている。二〇〇四年以降は下院議会に議席を持っていない。

6　アレクセイ・ゴリノフ　Алексей Александрович Горинов

一九六一年七月二十六日生
モスクワ市出身
政治家

一九八四年にモスクワ測地学・航空写真測量・地図製作技術研究所、二〇〇四年にモスクワ国立法律アカデミーを卒業。一九九〇年～九三年までジェルジンスキー地区の代議員を務め、二〇一七年以降はクラスノセルスキー地区の代議員を務めていた。統一民主主義運動「連帯」、「12月5日」党のメンバー。

ロシアによるウクライナ侵略開始直後の二〇二二年三月十五日、クラスノセルスキー地方管区の第五回代議員評議会で二二年第二四半期における諸活動が調整され、その際に子供の絵画コンテストの開催について議論された。ゴリノフはその場で、ウクライナとの戦争中にそのようなコンテストを行うのは「ペストが流行っている時に饗宴を行うようなものだ」と述べ、彼の意見をクラスノセルスキー地方管区長のエレーナ・コチョノチキナも支持した。* 評議会の間、彼はロシアによるウクライナ侵略を「特別軍事作戦」ではなく「戦争」と呼び、ウクライナでは子供たちが不慮の死を遂げていると述べた。これらの反戦発言のために、翌二三年四月に拘束され、刑事訴追された。検察は、彼とコチョノチキナが評議会中にロシア軍の「信用を失墜させる」ことを狙って意図的に陰謀を図ったと主張、同年七月、地区裁判所は彼に、矯正収容所での七年間の禁固刑の判決を下した。これによってゴリノフは、ウクライナ侵略後に新たに制定された「ロシア軍に関する偽情報拡散」罪で実刑判決を受けた最初の人物となった。法廷で彼は、公然とロシアのウクライナ侵略を批判した。

＊　エレーナ・コチョノチキナはこのために起訴され、その後ロシアを離れた。

続く九月の控訴審で、彼の刑期は一カ月だけ減刑され、彼はその非公開の法廷で、戦争を止めることができなかったことをウクライナの人々に謝罪し、自分のようなケースが刑事事件となりうること自体が「我が国にとって恥ずべきこと」と語った。

ゴリノフは体が弱く、拘留される数年前には肺の手術を受けている。投獄された後は本格的な医療を受けることができず、彼の健康状態は悪化し続けている。

二〇二三年の新年、三四名の欧州議会議員が連名で、ゴリノフ宛に次のような手紙を書き送った。

「あなたは忘れられていないし、ロシアや大陸の他の国々の人々を戦争の恐怖から解放するための正当な闘いにおいて、あなたは独りではありません。あなたのエネルギーによって我々は奮い立たせられ、ウクライナの子供たちに危険がなくなりロシアの地が自由で平和になるまで、あなたが行った抗議を、一致団結して支持します」*

＊　https://t.me/alexei_gorinov_2022/398

7 エヴゲニー・ロイズマン　Евгений Вадимович Ройзман

一九六二年九月十四日生
スヴェルドロフスク出身
「外国エージェント」二〇二二年十一月指定
社会政治活動家、詩人、実業家、歴史家、慈善活動家

ロシア芸術アカデミー名誉会員、ロシア作家連合会員。イコンや絵画のコレクター。ネヴャンスク・イコン博物館、ナイーブ・アート美術館（エカテリンブルク市に寄贈された）創設者。「薬物のない町づくり」基金、ロイズマン基金の創設者。

ロイズマンのこれまでの生涯は決して平坦なものではなく、若い頃窃盗の罪で二年間の禁固刑に服している。彼は初めに機械工専門学校で学び、その後自動車専門学校に移ったが、卒業はしていない。一九八五年、ウラル国立大学の歴史学部に入学したが、幾度か学業を中断した。二〇〇三年になってようやく学位論文の公開審査にパスし、ウラルの工場史と古儀式派のイコン画の専門家となった。

一九八八年以降、ロイズマンはジュエリー製造と骨董品を扱う仕事をしてきた。九二年、仲間と共に装飾品制作会社「ジュエリーハウス」を設立、大成功を収めた。

九〇年代末、エカテリンブルクとその周辺では薬物が蔓延し、ヘロインが路上で簡単に売買されていた。法執行機関が地元の麻薬王と結託していたのである。九九年八月、ロイズマンは志を同じくする者たちと「薬物のない町づくり」基金を立ち上げ、地域の麻薬密売人との闘いを開始した。基金の全業務はビデオに記録され、その模様は地元のテレビ局で放送された。二〇〇一年、彼は同基金の会長となった。麻薬犯罪の撲滅に取り組む中、彼の組織は何度も政府機関から監視の目を向けられることとなった。麻薬密売人のアパートに不法に突入したり、売人や麻薬中毒患者に対して肉体的な暴力を加えたり、法的な許可を得ていないリハビリセンターを作ったりするなど、薬物との闘いで厳しい措置を取っていることが非難された。

この薬物との闘いによってロイズマンは名声を博し、二〇〇三年～〇七年までスヴェルドロフスク州オルジョニキゼフスキー管区選出の下院議員を務め、政府の麻薬対策委員会のメンバーとしても活躍した。彼は、麻薬生産地域とのビザ対策の導入、薬物・アルコール依存症者の裁判所命令による強制治療制度の導入などを提唱した。二〇一一年、ロイズマンは「薬物のない町づくり」基金の経験を生かし、全国規模の薬物依存症対策として「薬物のない国づくり」プロジェクトを始動させた。

彼のエカテリンブルクでの人気は、二〇一三年の市長選挙での勝利につながった。エカテリンブルク市長に就任後、彼は執務室に従来からあった大統領肖像画の代わりに詩人ヨシフ・ブロツキー*の肖像画を飾った。

＊　一九四〇年五月二十四日生、九六年一月二十八日没。ロシアの詩人。ソ連時代、彼の作品の多くは西側および地下出版にて発表された。一九八七年ノーベル文学賞を受賞。

彼は、市に住む誰もが問題を抱えて訪れることができるオープン相談窓口*を開設した。二〇一五年以降、慈善活動を目的として設立されたロイズマン基金は、スヴェルドロフスク州の非営利のプロジェクトを積極的に支援し、困難な生活状況にある人々を対象に援助している。同基金は、全国からの個人寄付金のみで運営されているウラル地方最大の組織である。

＊　ロイズマンや彼のスタッフが常駐しており、ロイズマン自身は週1回ほど居ることが多かった。

二〇一八年五月、スヴェルドロフスク州のクイヴァシェフ知事がエカテリンブルク市長の直接選挙制廃止と市議会議員による選出を要請すると、ロイズマンは自発的に市長職から退いた。この要請によって、最終的にエカテリンブルク市長は地方議会議員による選挙で決定することとなったのだが、それは当然、議会で多数派を占める統一ロシア党議員が市長となることを意味した。この一連の出来事に対し、彼は、「市長の直接選挙廃止に関連するエカテリンブルク憲章改正は、住民を直接騙すものであり、市の利益に対する裏切り行為である。私はそれに参加しない。辞表を提出した」と自分のX（旧Twitter）に書き込んだ。彼は自らの市政について、「この町には決して賄賂を受け取らない市長がいたことを誰もが知っている。そして町の誰もがいつでも面会できる市長がいたことを知っている」と語っている。

二〇一七年より彼はYouTubeチャンネル「エヴゲニー・ロイズマン Евгений Ройзман」を開設、そこで、反体制派や抗議集会への弾圧、当局による犯罪など、現在の焦眉の問題に対する自分の見解を述べた。そして彼自身も抗議行動に参加し、警察に拘留され、罰金を課されてきた。『ヴェチェルニィエ・ヴェドモスチ』紙は二一年〜二二年にロイズマンが課された行政処分全件を、次のように公開している。

二〇二一年三月　罰金二万ルーブル（無許可の公共イベントへ参加）／同年同月　罰金二万ルーブル（同前）／同年五月　一昼夜拘留（無許可の公共イベントを組織）／同年同月　一昼夜拘留（同前）／同年同月　罰金二万ルーブル（無許可の公共イベントへ参加）／同年同月　罰金五千ルーブル（外国の「望ましくない組織」の活動に参加）

二〇二二年三月　罰金五万ルーブル（国外のロシア軍の信用を失墜させた）／同年四月　罰金五万

ルーブル（国外のロシア軍の信用を失墜させた）／同年同月　罰金五万ルーブル（同前）／同年五月　罰金五千ルーブル（小さな暴力行為［当局に対する不敬］）

二〇二二年八月、彼は、「ロシア軍の信用を失墜させた」罪で逮捕された。その後釈放されて自宅に戻ったが、〇時〜二三時五九分の間に自分のアパートから外に出ること（すなわち、一日二四時間の内アパートの外に出られるのは一分間のみであり、実質上の自宅軟禁状態）、弁護士と親族以外と連絡を取ること、公共のイベントを訪れること、郵便物を受け取ったり送ったりすること、インターネットを利用することなどが一切禁止された。この事件で彼は、翌二三年五月に二六万ルーブルの罰金を言い渡された。

ジャーナリストのカテリーナ・ゴルデーヴァ[50]とのインタビュー動画（二〇二二年八月）で、「（弾圧を逃れて）なぜロシアを離れなかったのか」という問いに対し、ロイズマンは次のように答えている。「なぜ私が離れなければいけない？　私はこの地に愛着を感じている。私はここで生まれて育ったんだ。私は一ミリも動きはしない。なぜ、いきなり私がここから逃げ出さなければならない？　私は自分の国を愛しているし、あらゆる危険も承知している。逃げるようにここから離れるわけにはいかない。…私が急に自分の国から逃げ出すとでも？　そんなことは絶対にありえない」[*]。

＊　https://www.youtube.com/watch?v=iRJfQ-YEcdU&t=2s

8　ガルリ・カスパロフ　Гарри Кимович Каспаров

一九六三年四月十三日生
アゼルバイジャン・ソビエト社会主義共和国、バクー出身
「外国エージェント」二〇二二年五月指定
世界屈指のチェス選手、政治家、社会活動家

ガルリの両親はチェス愛好家で、新聞に掲載されているチェス問題をよく解いていた。彼は父親からチェスを教わり、七歳になるとチェスのレッスンを受けるようになった。この頃、彼の父親がリンパ肉腫で亡くなった。母親のクララは夫の死後、息子のチェス選手としての将来性にすべてを捧げ、一九七五年、彼が十二歳の時に彼の苗字を、父親姓でユダヤ系の苗字であるヴァインシュテインから母親姓のカスパロフへと変更した。ソ連社会に根強く存在していた反ユダヤ主義が、彼のチェスキャリアを妨げることがないよう考慮した結果だった。八〇年には世界ジュニアチェス選手権で優勝、八五年には二十二歳六カ月の若さで世界チェス選手権にて優勝、当時の史上最年少世界チャンピオンとなり、その後一五年間チャンピオンのタイトルを守り続けた。チェスオスカー（その年の最高のチェスプレーヤーに贈られる国際的な賞）を一一回受賞している。

ロシアの大統領に選ばれたプーチンについて、カスパロフは当初、ロシアの民主主義確立に貢献できる「若くて現実主義的なリーダー」だと考えていたが、すぐに彼に幻滅するようになった。二〇〇一年、プーチンが大統領に就任した直後から政権によって激しい攻撃を受けていたテレビ局「NTV」を擁護する書簡に署名。〇三年、カスパロフは、チェチェンでの戦争をやめて交渉プロセスに切

り替えるよう、ロシア当局に訴えた文化人・学識者の一人であった。〇四年、彼は「二〇〇八 自由な選択」委員会を設立、その議長となった。同様に、他の著名な人権活動家とともに、全ロシア市民会議「民主主義を擁護し独裁に反対するロシア」*の組織委員会の共同議長にもなった。

＊ 二〇〇四年にモスクワで同会議が開かれ、ヤブロコ党をはじめとする様々な政党、人権団体の代表者など一〇〇〇人以上が参加。

二〇〇五年三月、カスパロフはチェス選手としてのキャリアに終止符を打ち、新たな人生の目標としてロシア政界への参加を言明。彼はこの時すでにプーチンの批判者として知られ、〇八年の大統領選の候補者にもなりうる存在であった。

二〇〇五年六月、彼は市民運動「統一市民戦線」*を創設し、同運動を率いた。〇六年、モスクワで「もうひとつのロシア」連合の設立が発表されると、「統一市民戦線」もそこに参入した。この連合は、たとえ政治的信条が異なったとしても、プーチンと統一ロシア党の政策に反対する覚悟がある者であれば、あらゆるメンバーを団結させるとした。〇六年からカスパロフは、「もうひとつのロシア」連合が催す「同意しない者たちの行進」の組織者の一人となった。

＊ 「もうひとつのロシア」連合に加わり、「同意しない者たちの行進」の組織化にも携わった。五〇以上の地域に支部があったが、二〇〇九年にはメンバー内に政権側のスパイがいると指摘され、一一年にはスクワの組織内で対立があり、議長や地域評議会の権限が早々に打ち切られる事態となった。

二〇〇七年九月、カスパロフを〇八年三月のロシア大統領選挙の候補者に推薦するキャンペーンが開始された。「もうひとつのロシア」連合は、彼を単独候補として選出した。しかし、二〇〇七年十二月、彼は、無所属候補者の立候補に必要な有権者集会を開催していないため、出馬を取りやめると発表した。彼の代理人らの言によると、彼らが接触したすべての不動産オーナーはそのような集会のために建物を提供することを拒んだという。いずれにしても、野党政治家に会場を提供するリスクを負いたくないというのが、家主の本音だったかもしれない。カスパロフはプーチン体制に反対するリーダーの一人とみなされていたが、彼の政治活動は中央メディアで報道されることがなかったため、広く支持されることはなかった。

二〇〇八年、カスパロフは統一民主主義運動「連帯」の創設者の一人となった。

二〇一〇年三月、当時首相であったプーチンの辞任を求めるオンライン署名キャンペーン「プーチンは去れ」に参加、彼はプーチンの辞任を求める公開文書の執筆者メンバーとして文章の作成に参画し、またそこに署名した。この署名キャンペーンはロシアの反体制派の活動家らや有名な文化人たちによって始められ、二〇一〇年の春から夏にかけてロシア市民の署名が活発に集められた。

二〇一一年十月、その二カ月後に迫っていた下院選挙に向けて市民フォーラム「最後の秋」が開かれ、選挙に対する三つの立場の代表者による討論会が行われた。これは選挙前にロシア市民社会の団結を促すことを狙いとしたものであった。彼は下院選挙のボイコットを呼びかけ、ボリス・ネムツォフ[解]は投票用紙に正確に書き込まずにぐちゃぐちゃに記入することを提案、ナヴァリヌイ[13]は与党の統一ロシア党以外に投票することを呼びかけたが、討論を経て多くの人はナヴァリヌイの案を支持した。しかしながら、十二月四日に実施された下院選挙で、与党統一ロシア党がまたもや過半数を獲得、監視員を派遣したＯＳＣＥ（欧州安全保障協力機構）から大規模な選挙不正があったことが発表されたり、ネット上で多数の不正行為の告発がなされたりすると、翌五日にはソ連崩壊後で最大級の反政府デモが起こり、これはプーチンが首相から大統領に再び返り咲いた一二年まで断続的に続いた。

一二年八月十七日、プッシー・ライオット事件*の判決が出た日、カスパロフは裁判所の建物の外で拘束された。警察官は、彼を逮捕した時に彼が自分の指を噛んだと主張したが、彼自身は警察官に殴られたものの、指を噛んだことは否定している。

＊ 二〇一二年二月、フェミニスト・パンク・ロック集団である「プッシー・ライオット」のメンバーが、プーチンが大統領へ再選された大統領選挙に対する抗議として、モスクワの救世主ハリストス大聖堂を訪れ、至聖所前のスペースで「聖母様、プーチンを追い出して」と歌い、メンバー三人が二年の禁固刑を言い渡された事件。

一二年十月、カスパロフはロシア野党調整評議会の選挙で、アレクセイ・ナヴァリヌイ、ドミートリー・ブィコフに次いで三位となった。

一三年六月、彼はスイスのジュネーブで、国外からロシアに戻る予定はなく、国際舞台の場で「クレムリンの犯罪者」と戦い続けるときっぱり表明した。彼によれば、ロシア国内では反政府活動のために刑事訴追され、拘束されるか自宅軟禁となることを恐れていたという。

一四年、彼はロシアによるクリミアの併合、ウクライナ東部での武力衝突におけるロシアの行動を非難し、欧米の指導者たちにプーチンへの圧力を強めるよう呼びかけた。

一六年三月、彼はイヴァン・チュトリンと共に、ロシア野党会議「自由ロシア・フォーラム」を設立した。これは一六年以降、年二回リトアニアのヴィリニュスで開催されている。

二二年二月二十四日、ロシアによるウクライナ侵略が始まると、国外にいる反体制派のロシアの公人を中心にロシア反戦委員会が設立され、その後、同じく亡命ロシア人の連立運動であるロシア行動委員会が結成されたが、カスパロフは両委員会で主要な役割を果たしている。

9　レフ・シュロスベルク　Лев Маркович Шлосберг

一九六三年七月三十日生
プスコフ出身
「外国エージェント」二〇二三年六月指定
社会政治活動家、人権活動家、ジャーナリスト

一九八五年にプスコフ国立キーロフ教育大学歴史学部を卒業。九八年にはモスクワ政治学研究所[*]を卒業、欧州評議会の「民主主義の学校」の修了証書を取得。研究所を卒業するとすぐにシュロスベルクは、プスコフ州の青年犯罪者のための特別職業技術学校で教師として働き始めた。その後軍隊に徴兵されたために、彼はその仕事を中断する羽目になったが、八七年に軍隊から戻り、学校での仕事を続けた（九〇年まで）。

＊　一九九二年に欧州評議会の支援を受けて設立された非政府系非営利教育組織。二〇一四年に司法省は同研究所を「外国エージェント」に指定。

シュロスベルクは、多くの社会的に意義あるプロジェクトの組織者であり、一九九一年に「ソビエト連邦の社会革新者」の称号を授与されている。

一九九〇年、社会プロジェクトセンター「復興」を立ち上げ、二〇一四年末までセンター長を務めた。同センターは啓蒙活動や学術活動、また人権活動に従事していたが、二〇一四年十二月に「外国エージェント」に指定され、一七年に裁判所の命令により閉鎖された。

一九九二年、非国立高等教育機関プスコフ自由研究所設立の考案者となる。同研究所は、高等教育

および補助教育プログラムを提供していたが、二〇一〇年に閉鎖された。一九九三年、プスコフ市メンタルヘルスヘルプライン（電話支援サービス）が彼によって開始された。

一九九四年、シュロスベルクはプスコフ州社会政治連合「ヤブロコ」に入り、翌九五年からは全ロシア社会政治連合「ヤブロコ」（現在のヤブロコ党）のメンバーとなり、政治家としてのキャリアを積んでいく。九六年以降、連合「ヤブロコ」のプスコフ地域支部の議長を務めている。一九九八年～二〇〇〇年まで、彼はプスコフ市公共議会の議長[*1]であった。一九九〇年代半ばからは、彼は常に地域レベルや全国レベルの様々な選挙に出馬しており、九五年以降はすべての選挙でヤブロコ党から立候補している。二〇一一年、彼はプスコフ州代議員会議の議員[*2]に就任し、立法・経済政策・地方自治委員会の副委員長、反汚職委員会の委員を務めた。

＊1　市のために働くが、ボランティアの役職。
＊2　給与が支払われ、ある程度の権限を持つ。

彼が全国的に有名になったのは、二〇一二年十二月にディマ・ヤコヴレフ法（アメリカ市民がロシアの孤児を養子にすることを禁止する）が議論されたプスコフ州代議員会議でのスピーチがきっかけだった。彼は議員らに、この法案を支持しないように訴えた。彼の生き生きとした情熱的なスピーチはYouTubeに配信され、多くの人に視聴された。しかしながら、プスコフ州議員の大多数は、この悪法に賛成票を投じた。

シュロスベルクは優れたジャーナリスト、出版者としても知られている。

二〇〇〇年、彼は地方新聞『プスコフスカヤ・グベルニヤ』紙[*1]を発刊し、二〇〇一年～一三年まで編集長を務めた[*2]。また彼は、ロシアや外国の出版物に学術的な記事や大衆的なもの、ジャーナリズム関係の記事も含めて二〇〇以上の記事を発表している。

＊1　プスコフ州で発行されている週刊の地方新聞。二〇二〇年からはオンライン刊行物となった。二〇一五年に「フリー・メディア・アワード」を受賞。

＊2　シュロスベルクは優れたジャーナリストであり、二〇一〇年にロシア・ジャーナリスト同盟の「ロシアの黄金のペン」賞を受賞、二〇一一年には全ロシア・ジャーナリストコンクール「黄金のゴング」の特別部門受賞者となっている。

『プスコフスカヤ・グベルニヤ』紙は、政府による検閲や嫌がらせのターゲットとされてきた。二〇一四年八月、同紙にウクライナ南東部におけるロシア兵の死亡に関する調査記事が掲載された。当時、ロシア軍司令官はドンバスにロシア兵はいないと主張していたのであり、これはウクライナ南東部の軍事作戦へのロシアの干渉を示す直接的な証拠であった。数日後の同月末にシュロスベルクは襲撃に遭い、頭部に外傷を負い、鼻を骨折し、一時的に記憶喪失となった。

シュロスベルクは汚職に対して公然と戦い、法的な問題を鋭く提起していたため、結果的に二〇一五年に代議員の資格を剥奪された。しかしながら、そのようなことがなされる法的根拠はなく、彼は『プスコフスカヤ・グベルニヤ』紙上の訴えの中で、「私の職務権限を剥奪することを欲したのは、プスコフ州知事のアンドレイ・トゥルチャク＊とそのグループである。私の議会での仕事、議員としての質問、汚職との闘い、予算消費の管理、彼らが公の場に持ち込みたくなかった事柄に対する干渉、こういったことに彼らはもう辟易したのだ」と語った。

＊　一九七五年十二月二十日生。政治家。二〇〇九年二月から一七年十月までプスコフ州知事。同年十一月よりロシア連邦上院議員。

二〇一六年、プスコフの住民たちは再び彼に票を投じ、彼は再度州代議員議会の議員に選ばれた。シュロスベルクはこれまで沈黙したことがない。大部分の人々が「沈黙」を選ぶロシア社会にあって、それはまさに英雄的行為である。

二〇二〇年十二月、『プスコフスカヤ・グベルニヤ』紙の編集長デニス・カマリャギン*は、司法省によって「外国エージェント」指定を受けた最初の人物の一人となった。翌二一年、同紙はメディアライセンスを剥奪された。二二年三月、同紙編集部が立ち入り捜査を受けた後、同紙のウェブサイトはロスコムナゾールによってブロックされた。その後、カマリャギンと他の数名のスタッフはロシアを出国、同年五月に国外から仕事を再開すると発表した。

＊　一九八五年二月二十二日生。ジャーナリスト、地方新聞『プスコフスカヤ・グベルニヤ』紙の編集長。

二〇二二年四月、プスコフ市裁判所はシュロスベルクと彼の妻に「ロシア軍の信用を失墜させた」罪でそれぞれ三万二千ルーブルと三万ルーブルの罰金を科した。これは彼が、ロシア第一チャンネルのテレビプロデューサーであったマリーナ・オフシャンニコヴァが同局のテレビニュースに乱入し、ロシアのウクライナ侵略への反対を訴えた映像を、再投稿したためであった。彼の妻は、ウクライナの民族衣装ヴィシヴァンカを着て「戦争反対」のプラカードを持った自分の写真を公開したことのために、警察に調書を取られた。さらに、シュロスベルクの九十三歳の父親のところに警察が家宅捜索にやって来たという。

二〇二三年六月に司法省により「外国エージェント」指定を受けたシュロスベルクは、その直後に次のようなメッセージを自身の Telegram チャンネルに公開した。

「ロシア国家は憎しみによって重篤な病気にかかっており、この病気は国家の正常な基盤を奪い去り国家そのものを破壊しています。それは、実に悲しい病気です。……私たちが物事に対する正常な理解力を保持し続け、いつの日か我が国をきちんと整え、そこに自由をもたらすことができるよう、願っています。私の公的姿勢にはまったく何の変更もないし、変更する理由は何もありません。悪を善と呼び、黒を白と呼ぶことで、ロシア当局は自分たちの考え方に沿う形で世界を変化させようとしました。これは、はっきり言って、愚かなことです。誰も歴史と時間を欺くことはできません、ロシアの現在の束の間の支配者も例外ではない」*

＊ https://t.me/shlosberg/7546

10 イブラギム・ヤガノフ Ибрагим Хасанбиевич Яганов

一九六三年十月十六日生
カバルダ・バルカル共和国、チェゲム地区ナルタン村出身
「外国エージェント」二〇二三年一月指定
チェルケスの社会政治活動家、北コーカサス連邦管区社会評議会メンバー

一九八六年バクー警察学校を卒業、その後しばらくの間カバルダ・バルカルの内務機関に勤務した。一九九〇年代初頭のアブハジアでの紛争中[*1]、ヤガノフはカバルダ・バルカルの住民から編成された志願大隊を指揮し、すべての主要な軍事作戦に参加した。[*2]〝アブハジアの英雄〟の称号を獲得。九〇年代、彼はチェンチェン過激派の指導者と緊密に連絡を取り合っていた。また、馬の繁殖やビジネスにも携わり、カバルダ・バルカル共和国の馬術スポーツの発展に貢献した。

＊1　アブハジアがジョージアから独立を求めた武力闘争。一九九二年にアブハジア戦争とも呼ばれる大規模な衝突が始まったが、九四年には停戦合意が成立。

＊2　ヤガノフはアブハジア側に立ってこの紛争に参加したが、その後自身の見解を変え、アブハジアにジョージアへの帰還を呼びかけた元ジョージア大統領サアカシュヴィリを支持する発言をした。

ヤガノフはチェルケス民族運動の指導者の一人である。初めは、ロシア連邦の公的な登録組織である「アディゲ・カセ」[*1]のメンバーだったが、同組織の参加者は、治安組織からの圧力や分離主義に対する非難に不満を漏らすようになった。彼はオンライン地方新聞『コーカサスの結び目』[*2]紙の特派員に、「組織委員会のメンバーは内務省やロシア連邦保安庁カバルダ・バルカル共和国支局に何度も呼

び出され、政府の人間と非公式な対談をし、私たちの電話は盗聴され、私たちは監視下に置かれ、分離主義に対抗する特別委員会が設置された」と語っている。

＊1 ヤガノフは、同組織の参加者は民族主義者を支援する気がないとして非難した。

＊2 コーカサス地方を主にカバーするオンライン出版物。特に政治や人権問題に焦点が当てられている。二〇二一年十月に司法省により「外国エージェント」に指定。

ヤガノフは「アディゲ・カセ」の元活動家ら数名と共に、二〇〇九年に「カセ」運動を設立、同運動のリーダーとなった。「カセ」運動は、ロシア人によるチェルケス人の大量虐殺とされる歴史的問題を論証されるべきものとして広めたり、独立したチェルケス人国家の建設を支持したりしている。彼はまた、多くの不正が告発された二〇一一年の下院選挙と、それに続く一二年のロシア連邦大統領選挙の結果に対する抗議活動にも、積極的に参加した。

二〇一一年、ジョージア議会は、コーカサス戦争中のロシア帝国によるチェルケス人に対するジェノサイドを認める決議を採択。ヤガノフは「ジョージア議会のこうした歩みはウクライナの議会が同じような決議を採択するための法的根拠を提供し得る」と語った。一二年三月、彼は「多国籍ロシア」運動[*]の発起人および共同議長の一人となった。一三年、『コーカサスの結び目』紙が主催する「コーカサスの英雄」コンテストにノミネートされた。

＊ 二〇一二年三月、ナリチクで最初の集会が開催され「国の運命に無関心でない人が団結する」ことが呼びかけられた。

二〇〇九、二〇一〇、二〇一一年にヤガノフは見知らぬ者からの襲撃を受け、脳震盪その他の怪我を負った。二〇一三年十二月、彼と北コーカサスの民族運動の代表者数名は身体を拘束され、クラスノダールに連行された。翌日彼は釈放された。

二〇一四年二月、ジェームズタウン財団がワシントンで開催した会議「ソチオリンピック後のロシアと北コーカサス」に、元ジョージア大統領ミハイル・サアカシュヴィリと共に出席した。

二〇二二年二月にロシアによるウクライナ侵略が始まり、同年九月に部分的動員令が発されると、ヤガノフは動員令に抵抗しロシア軍で軍務に就くことを回避するようチェルケス人に呼びかけた。

二〇二三年一月、ヤガノフは司法省によって「外国エージェント」に指定された。

11 ウラジーミル・ミロフ Владимир Станиславович Милов

一九七二年六月十八日生
ケメロヴォ州ケメロヴォ出身
「外国エージェント」二〇二二年五月指定
政治家、社会活動家、経済学者

ソ連時代末期の一九八〇年代にミロフは多感な青年期を過ごした。八九年三月にはソ連史上初めての自由選挙が行われ、五月に第一回ソビエト連邦人民代議員大会[*1]が開かれたが、テレビで生中継された同大会は、若い彼の内に政治的関心が芽生えるきっかけとなった。彼は当時高校の卒業試験の対策をしなければならなかったが、それを放ってテレビ内の政治家らの発言に耳を傾けた。この第一回人民代議員大会では、ゴルバチョフが初代ソ連最高会議議長に選出された。会議の模様がテレビで放送されたことによって、多くのソ連市民は初めて、ソ連の政治システムを批判するアンドレイ・サハロフ博士[*2]の演説を聞くことができた。彼は、「現憲法下では、ソ連最高会議議長が絶対的に何によっても制限されていない個人的な権力を有している。このような権力が一人の手に握られていることは極めて危険なことだ」と述べた。この時、ソ連市民は、ゴルバチョフとサハロフの論争を、リガチョフ（当時の共産党保守派の筆頭格）とエリツィンの論争を初めて耳にすることになったのである。ミロフはその後、一般大衆の政治運動であった「民主主義ロシア」のすべての集会に参加するようになった。

*1　ソビエト連邦末期にゴルバチョフによって設立された、ソ連最高会議に代わる最高国家権力機関。
*2　一九二一年生、一九八九年没。物理学者、人権活動家。ノーベル平和賞受賞。ソ連軍のアフガニス

タン進駐を非難してゴーリキー市へ流刑されたが、晩年はモスクワへ戻り、ペレストロイカを支持した。

一九九四年、ミロフはモスクワ国立鉱山大学を卒業した。卒業後のキャリアは極めて順調で、九七年から二〇〇一年にかけて彼は、独占電力会社「統一エネルギーシステム」、ガスプロム、トランスネフチなどの独占企業を規制するロシア連邦エネルギー委員会に勤務していた。

彼は、プーチンの台頭について次のように述べている。

「当初、プーチンが四半世紀に渡って独裁者となり、血まみれの死刑執行人になるとは、誰もが思っていませんでした。彼はまったく目立たない、取るに足りない男でした。……世間では、彼が長い間権力の座に座っていることはないと思われていました。それは大きな間違いでした」*

＊ https://www.youtube.com/watch?v=L2oQA_TlaTc&t=27s

二〇〇一年、ミロフは、ロシア政府の経済改革を策定している戦略開発センターの専門家グループのリーダーを務めるようになった。同年十二月、彼はロシア・エネルギー大臣の顧問に任命され、〇二年五月にはロシア・エネルギー省次官に就任。エネルギー戦略や改革を統括し、さらに「二〇二〇年までのロシアのエネルギー戦略」草案の練り上げを主導した。〇二年十月、次官に就任してわずか五カ月後であったが、ミロフは辞任を願い出てエネルギー省から去った。彼自身の言葉によれば、彼のエネルギー省での仕事の目的は「独占の代わりに、競争力のあるエネルギー市場を作ること」であったという。だが、プーチンが「ガスプロムをどんなにしても手放したがらず、彼がすでに強奪して自分のものにしてしまった」と悟った時、彼はエネルギー省を辞めることを決意した。

〇二年十一月、彼は研究財団「燃料・エネルギー複合体の戦略的開発研究所」を設立し、代表を務めた。同研究所は国内有数の経済専門家集団となった。

ミロフは、ロシアにおけるエネルギー政策の諸問題やインフラ整備に関する数多くの分析、構想レポート、出版物の著者である。また彼は、ロシアのガス部門、電力供給体制、鉄道運輸を改革するための国家プログラムの共同執筆者であり、電力供給体制や、エネルギー部門の規制と課税、さらに地下資源に関する法整備にも参加した。彼は自身の著作物や公の場で、国を発展させる民主的な道から逸脱し重要な経済改革を放棄しているとして、プーチン政権を精力的に批判した。〇七年には『ヴェドモスチ』紙に、プーチン大統領就任後の成果を否定的に評価づける記事を連載した。

〇八年、彼は政治家としてのキャリアをスタートさせた。同年末に統一民主主義運動「連帯」を他のメンバーと共同設立。政治プログラム「自由への三〇〇歩」を起草するにあたってその先頭に立った。〇九年、モスクワ市議会選挙に立候補したが、当局による「こじつけの理由」によって出馬が許されなかった。彼自身の署名が選挙管理委員会によって無効とされた事件は、ロシア社会でも大きなニュースとなった。

彼はボリス・ネムツォフ[解]と共に、プーチンの腐敗した政策を暴露する多くの報告書を作成した。主なものに『プーチン 決算10年』（二〇一〇年）[*1]『プーチン 腐敗』（二〇一一年）[*2]がある。

*1 二〇〇〇年から二〇一〇年までの期間を対象とし、汚職、人口減少、社会的不平等、経済状況、コーカサス情勢をテーマとしている。公開されているロシアの公式統計と国際統計、および政府寄りメディアと独立系メディア双方の出版物に基づいて報告されている。

*2 プーチンとメドヴェージェフが使用する26の宮殿や5隻のヨットのことなど、プーチンの周囲の者たちの極度の富裕ぶりを概説したもの。

一二年二月より、ミロフは市民運動「民主的選択」のリーダーとなり、一二年五月に政党「民主的選択*」の議長に選出された。一六年から彼はナヴァリヌイ[13]の盟友となり、YouTubeチャンネル「ナヴァリヌイLIVE」に出演、一九年には自身のYouTubeチャンネル「ウラジーミル・ミロフ Владимир Милов」を立ち上げている。

＊ 国の民主的発展の原則を擁護、標榜する政党。二〇一二年九月に司法省によって政党として正式に登録されたが、一七年に最高裁は同党の活動を一時停止した。

二一年四月、逮捕されることを恐れたミロフはリトアニアへ去った。彼は、野党が現政権の本質を十分に理解していなかったことを認めており、二二年二月に次のように語っている。

「私たちは、もう少し力を振り絞り、もう少し有権者と上手に協力する必要があるのであり、次の選挙ではプーチンを倒すことができるはずと、ずっと考え続けていました。私たちは、最も残忍で、有り余る富と高度な技術を持ち、社会心理学に精通した独裁者を相手にしていることを、確かに過小評価していました……。私たちはこれがどれほどのスケールのものであるかを理解しておらず、プーチンは常に私たちの先をいっていたのです。彼は、組織犯罪、マフィア、殺人者らによる残忍な独裁政権を築きました。超リッチで素晴らしく武装した独裁政権を……」

さらに、彼は自分の今日の目標について次のように語っている。

「私は、どのような行動がプーチンとそのマフィア独裁政権に損害を与え、彼らに苦痛を与えるかを非常によく知っています……。自分の時間を最大限活用しています……。私が生きている限り、プーチンにとって何らかの問題が発生し続けるように*」

＊ https://www.youtube.com/watch?v=L2oQA_TlaTc&t=27s

12 ユリア・ガリャミナ　Юлия Евгеньевна Галямина

一九七三年一月二十三日生
モスクワ市出身
「外国エージェント」二〇二一年九月指定
政治家、ジャーナリスト、文学博士

モスクワの元地区代議員、モスクワの地域新聞『我ら北部』紙の創刊者、「12月5日」党の連邦調整評議会のメンバー。

一九九七年にロシア国立人文大学を優等の成績で卒業、二〇〇六年には博士号を取得。モスクワ国立大学の研究協力者、国立研究大学高等経済学院の講師であり、言語学とジャーナリズム学を教えた。また、非政府系のオンライン出版物のジャーナリストおよび編集長としても働いた。*

* ガリャミナはオンライン出版物「カスパロフ・ルー」などの編集長として働いた後、地域新聞『我ら北部』紙を創刊、現在この出版物のディレクターを務めている。

二〇一四年、ガリャミナはヤブロコ党の支援を受けてモスクワ市議会議員に立候補したが、統一ロシア党の候補者に敗北。彼女は、統一ロシア党の候補者が選挙運動の際に許可されている額以上のお金を用いたと主張している。選挙後、彼女は野党である「12月5日」党の指導部に入った。一五年、彼女は、地方自治体の中で活動家らを訓練することを志すボランティア・プロジェクト「地方自治体の学校」の共同創始者となった。一七年、リノベーション法*採択に反対する集会を他の人々と主催、その後、リノベーション法に同意しない人々を法的に支援する「モスクワっ子保護本部」計画を発表した。

＊　老朽化した住宅を取り壊し、そこに暮らす住民に新しい住居へ移ってもらう法令。住民の住宅条件改善を目的とした法令だったが、モスクワの中心地にある住宅が老朽化住宅と認定され、そこに暮らす人々が遠方の住宅へ移らなければならないことになると、反対者が続出した。

一七年九月の選挙で、ガリャミナはモスクワのチミリャゼフスキー地区の代議員となった。一九年の夏、彼女はモスクワ市議会選挙に立候補しようとしたが、立候補の登録自体ができず、選挙に参加できなかった。その他の野党候補者も同様で、結果的に野党候補者不在の選挙となり、これはモスクワで抗議行動を誘発することとなった（モスクワ事件）。

二〇年一月、大統領のプーチンは、議会教書演説で憲法改正を提案した。プーチンが二〇三六年まで大統領を務める可能性をもたらすこの改正法案はすぐに議会に提出され、急ピッチで審議されて三月に公布されることとなったが、地方自治体や地域議会の代議員ら一九二名が憲法改正に反対する公開書簡に署名。また、ガリャミナを含む野党政治家や社会活動家らが、「ＮＯ！」運動を立ち上げた。全ロシアに展開されたこの運動は、憲法改正に対する抗議投票を求めたものだった。

一九年以降、彼女はその抗議行動のために複数回に渡って刑事事件で逮捕、起訴されている。二一年、ロシアのＳＮＳ「フコンタクテ」の管理者が、ガリャミナのページにコメントを残したり〝いいね〟ボタンを押したりしているユーザーの個人データを、当局に転送していることが明らかになった。

二二年三月、戦争に抗議して行動を起こすよう呼びかけたという理由で、ガリャミナは30日間拘留された。同年十二月には「外国エージェント」に指定されたことを理由に、ロシア国民経済行政学アカデミーの教職から解雇された。

13
アレクセイ・ナヴァリヌイ　Алексей Анатольевич Навальный

一九七六年六月四日生、二〇二四年二月十六日没
モスクワ州オジンツォフスキー地区ブティン村出身
政治家であり野党指導者の一人、弁護士、ブロガー

YouTubeチャンネル「アレクセイ ナヴァリヌイ Алексей Навальный」「ナヴァリヌイ LIVE」「ナヴァリヌイ本部 Штаб Навального」の開設者。

一九九八年にロシア諸民族友好大学の法学部を卒業。翌年、通信教育でロシア連邦政府附属財政大学の金融・融資学部へ入学し、二〇〇一年に卒業。〇九年、弁護士資格試験に合格。一〇年、イェール大学のワールドフェロー・プログラムに六カ月間参加した。大学に在学中の一九九七年、金融機関で仕事を始めた。その後、ナヴァリヌイは企業法務を取り扱う弁護士としても働いた。* ただし、後に述べるキーロフレス事件で有罪判決を受けたことで、彼の弁護士資格は剥奪されている。

＊　ロシアには弁護士に相当する資格はあるが、刑事手続関係の法律事務のみを独占しており、民事に関する法律サービスについては資格の制限はなく、弁護士以外の法律家が存在する。弁護士資格取得前にもナヴァリヌイは、そのような法律家として働いていたと思われる。

二〇〇〇年、ヤブロコ党に入党、その後六年間で政治的キャリアを積み、〇六年から〇七年にかけてはすでに同党の連邦政治評議会のメンバーであった。

その頃、彼は、モスクワの建設業界の汚職と違法建設に反対する市中運動「モスクワっ子保護委員

会」を立ち上げ、そのリーダーの一人となった。〇七年、国民民主主義運動「ナロード」*の共同発起人の一人となり、〇八年には個人投資家の権利保護を目的とした社会団体「少数株主同盟」を設立。〇九年、キーロフ州知事の嘱託顧問に就任した。

＊ 二〇〇七年に同運動の創立大会と政治評議会の初会合が開かれた。後になって同運動は「もうひとつのロシア」連合に合流する予定だったが、実現しなかった。

ナヴァリヌイは〇六年と〇八年に行われた「ロシアの行進」*に、二〇〇六年はヤブロコ党のオブザーバーとして、〇八年は国民民主主義運動「ナロード」の代表者として参加した。彼自身は自らを「普通のロシア・ナショナリスト」とみなしている。だが、彼がナショナリズムを支持していることを不満に思い、彼を批判する民主的な野党メンバーがいたことも事実である。というのも、共産主義イデオロギーで多民族国家を維持してきたソ連では、表面的には諸民族の友好や平等が公然と謳われてきたからである。しかし、実際にはロシア語には他民族に対する多くの蔑称が存在し、特に旧ソ連邦構成共和国に住む人々を一段下に見ているロシア人は多いように思われる。ソ連という国が、標榜してきたイデオロギーとは真逆のものを物理的にも精神的にも国内で構築していったのは実に興味深い。さらに言えば、長年に渡って言及されているように、ロシア人自身が多くの民族の混血とすでになっており、今や純粋なロシア民族はどこにも存在しない。

＊ 例年の祝日「民族統一の日」である十一月四日に、ナショナリズムを標榜する運動団体が行う行進、集会。

〇七年十二月、ナヴァリヌイは「主に彼の民族主義的活動が党に政治的損害を与えたため」（党の公式発表）、ヤブロコ党から除名された。彼によれば、除名の本当の理由は、党創設者であるグリゴーリー・ヤヴリンスキー[2]が離党を要求したためだという。

一一年二月、ラジオ局「Finam FM」の放送でナヴァリヌイは初めて、統一ロシア党をペテン師と泥棒の党と呼び、その後自身のブログで「『統一ロシア』はペテン師と泥棒の党か」という質問に有権者に答えてもらう投票を実施した。この投票には四万人近くが参加し、その内の96・6%が「そうだ」と答えた。何千人もの人々がこの投稿について議論する中で、「ペテン師と泥棒の党」というフレーズはインターネット・ミームとなり、GoogleやYandexでの人気検索語句となった。

一一年十二月、下院選挙が実施されたが、この選挙は数多くの不正行為と広範な改竄《かいざん》によって特徴づけられ、選挙後にソビエト崩壊後最大級の政府に対する抗議行動を引き起こした。ナヴァリヌイはそれらすべての集会に参加した。同年、彼は反汚職基金を設立した。同基金と彼は、政府高官の汚職に関する数々の調査結果を発表している。

一三年四月、彼は「国の生活を変えたい」、天然資源が豊かにあるロシアの人々が「赤貧とお先真っ暗のみすぼらしさの中で」暮らすのではなく、「ヨーロッパ諸国のように普通に」暮らせるようにするため、将来的にロシアの大統領になるつもりだと言明した。同年、彼はモスクワ市長選に出馬、彼の得票率は27・24%で、51・37%を獲得した現職のモスクワ市長セルゲイ・ソビャニン*1に次ぐ得票率であった。ナヴァリヌイは不正が見逃されたことを理由に選挙結果の見直しをモスクワ市裁判所に申し立てたが*2、彼の主張は認められなかった。

*1　一九五八年六月二十一日生。統一ロシア党の指導者の一人。二〇一〇年十月よりモスクワ市長、現在四期目。
*2　レオニード・ヴォルコフ[17]の九六頁参照。

一二年以降、ナヴァリヌイとその仲間たちは、初めは「人民連合」、次は「進歩党」、そしてさらに「未来のロシア」という政党を登録しようとしたが、ほぼすべてが徒労に帰した。司法省はさまざまな口実をもうけて彼の政党の登録を拒んだ。

一四年十月、彼はラジオの番組内で、「クリミアは行ったり来たりさせるソーセージサンドではない」と発言し、さらにクリミア併合に関する住民投票を違法として、「新しいノーマルで正直な住民投票」を行うことを提唱した。ロシアやウクライナの多くのメディアは、彼のこれら発言をクリミアにおけるプーチンの政策を支持するものとして受け止めた。

一六年十二月、ナヴァリヌイは一八年の大統領選挙に出馬する意向を表明した。その当時、キーロフレス事件をめぐる不当な判決が欧州人権裁判所*によって覆ったため、彼には出馬資格があったのである。

＊ 一九五九年に設置された人権救済機関。欧州評議会加盟国を対象とし、国家対国家だけでなく、個人や団体の国家に対する提訴も受け付ける。加盟国の人権侵害事件に対する判決を下し、加盟国は判決を履行する義務がある。ロシアは二〇二二年三月に欧州評議会を脱退した。

キーロフレス事件とは、彼がキーロフ州知事の嘱託顧問であった時に、国営企業「キーロフレス」が保有する木材を横領したとして、彼と実業家ピョートル・オフィツェロフが訴えられた刑事裁判のことである。二〇一三年七月、キーロフ市の裁判所は両名を有罪とし、それぞれ五年と四年の禁固刑を言い渡した。同年十月にキーロフ州裁判所は、この判決を執行猶予付きの禁固刑に減刑した。しかしながら、一六年、欧州人権裁判所は、通常の事業活動と区別できない行為によって彼とオフツェロフが裁かれたとして、この事件がまったくのでっち上げであることを認め、裁判無効の判決を下した。ところが、ロシアの最高裁は再審を指示、翌一七年二月に、一回目の判決とほぼ変わらない執行猶予付き禁固五年の刑が言い渡された。これによって、ナヴァリヌイは大統領選へ参加することが困難となった。彼はこの二回目の判決を不服とし、上訴を試みるが、裁判所は却下。その間にも、彼の周囲では選挙への準備が進められ、実にロシアの八〇以上の町に「ナヴァリヌイ本部」が設置され、二億四二〇〇万ルーブルの寄付金と一九万人のボランティアが集まった。また、大統領の候補者として登録されるためには三〇万人の有権者の署名を集める必要があったが、彼の陣営では一七年十二月末までに七〇万四〇〇〇人が彼に署名する準備を整えていた。*

* ロシアの大統領選に正式に出馬し候補者として認められるためには（自薦の場合）三〇万人の有権者の署名を提出する必要があるが、大統領選の間の二ヶ月間で集めるのは非常に困難であり、ナヴァリヌイ陣営は選挙戦が始まる前に署名してくれる有権者の段取りをつけておいた。

一七年、ナヴァリヌイは「本部」システムを通じて、汚職に反対し自由な選挙を求める大規模な抗議行動を組織してゆく。同年三月には、彼の呼びかけで、ロシアの多くの都市でロシア政府の上層部の腐敗に反対する集会が開かれた。これは、主催者によれば、反汚職基金の調査動画「彼はデーモンではない」（同年三月二日YouTube配信）*に対する当局の回答を要求するものだった。続いて六月、やはり彼の呼びかけで、国内の一五〇以上の町で集会が開催された。さらに十月、拘留中であった彼は、自身及び三〇万人の署名を集めることが可能な他の候補者が選挙に加わり、正々堂々と政治競争を行うことを求めて、プーチンの誕生日である十月七日に全国規模の抗議行動を行うことを発表、七九の町で集会が開かれた。十二月二十四日、彼を大統領候補として推薦する発起人集会が二〇の町で開かれ、彼は立候補届を提出。しかしながら、中央選挙管理委員会は、刑事事件で有罪判決を受けている者には出馬する資格がないという見解を示しており、翌二十五日には全会一致で彼の立候補は無効との判断を下した。これに対して彼は、大統領選挙は「プーチンと……プーチンにとって少しも脅威とならない候補者だけが選挙戦に加わっている」ため、選挙をボイコットし、その結果を受け入れないよう呼びかけた。

＊ この動画は当時の首相メドヴェージェフの資産疑惑に焦点を当てたものであり、彼が親族などの腹心に合法的に登録された組織を通じて、多層的な汚職構造を操っていると主張されている。

ナヴァリヌイは大統領選挙運動期間中多くの困難と妨害に直面し、彼に対しては拘留と釈放が何度も繰り返された。また、一七年四月には正体不明の者が彼の顔に酸液を吹きかけ、その結果、彼は右目に化学熱傷を負い、視力が一部失われた。

一七年十二月、『ヴェドモスチ』紙編集部は、ナヴァリヌイをその年の政治家に選出。一七年に本格的な選挙運動を行った政治家は事実上彼だけであったと指摘した。

二〇年八月、彼は西シベリアのトムスクからモスクワに向かう飛行機内で体調が急変、緊急着陸したオムスクの病院へ運び込まれた。その後、彼はドイツのベルリンにある医科大学へ飛行機で輸送された。同年九月、ドイツ連邦政府は彼が神経剤「ノヴィチョク」によって暗殺が図られた「明確な証拠」があると発表、その後ドイツはフランスとスウェーデンにも検証を依頼し、両国共に「ノヴィチョク」系の物質を確認している。国連の特別報告者は「第三者がこのような毒物をロシア当局の目をすり抜けて使用できる見込みはない」と指摘し、ナヴァリヌイ毒殺未遂事件にロシア政府高官が「高確率で関与した」との見解を示した。

同年十二月二十八日、ロシア連邦刑務所局は、ナヴァリヌイに対し帰国とモスクワにある当局事務所への出頭を命令、帰国しない場合は収監すると警告した。また、翌二一年一月十二日には、彼がイブロシェ事件における執行猶予の条件を破ったとして、ロシア当局は裁判所に彼の収監許可を要求した。彼は翌十三日、同月十七日にロシアへ帰国すると発表した。

このイブロシェ事件とは、彼と弟のオレーグ*がフランスの化粧品会社イブロシェから二七〇〇万ルーブル近くをだまし取ったとする詐欺などで起訴された、二〇一二年に始まった刑事事件である。イブロシェ側は何の被害も受けていないと発表していたが、一四年にモスクワの裁判所は兄弟に横領での有罪と禁固三年半の刑を言い渡した。その際、ナヴァリヌイには執行猶予が認められたのに対し、政治活動に関与していない弟のオレーグには実刑が科され、この判決にナヴァリヌイは激怒、判決当日は、ロシアや海外の各地で彼を支持する集会が開かれ、イブロシェ製品のボイコットも呼びかけられた。ナヴァリヌイ兄弟は有罪判決を不服として欧州人権裁判所へ申し立て、一七年十月、同裁判所は、モスクワの裁判所が下した判決は恣意的で根拠がなく無効とする判決を下した。欧米やロシアの非政府系メディアは、この事件は政治的な動機によるもので、ロシア当局によるナヴァリヌイ中傷キャンペーンの一環であると述べている。

＊　一九八三年生。アレクセイ・ナヴァリヌイの七歳下の弟。

二〇二一年一月十七日、ドイツからロシアに帰国したナヴァリヌイは、モスクワのシェレメーチエヴォ国際空港に到着するや否や拘束され、イブロシェ事件の執行猶予条件に違反したかどで告訴された。翌月の二月二日、裁判所は彼の執行猶予付判決を実刑に変更、彼は二年六カ月二週間を矯正収容所にて過ごさねばならなくなった。なお、同年六月九日には、彼が設立した反汚職基金が「過激派組織」と認定され、裁判所命令により清算・解散させられた。

翌二二年三月二十二日、新たに詐欺罪[*]および法廷侮辱罪で刑事告発された彼は、警備が厳重な矯正収容所での九年の刑を言い渡された。

＊ ナヴァリヌイの基金に対して寄付された資金を、彼が不正使い込みした、とされている罪。

二三年二月二十日、ロシアがウクライナ侵略を始めてから一年を迎えるにあたり、ナヴァリヌイは「自国のために善を願うロシア市民の15のポイント」という声明を発表した。[*] 彼によれば「戦争の本当の原因はロシア国内の政治的および経済的問題にあり、どんな代償を払っても権力を持ち続けたいというプーチンの欲求」であり、一九九一年に国際的に認められたロシアとウクライナの国境線まで戻る必要がある、という。彼は、将来のロシアで最も有望な政治形態は「公正な選挙による権力の交代、独立した裁判所、連邦制、地方自治、完全な経済的自由と社会正義、これらに基づく議会制共和国である」と述べている。

＊ https://t.me/navalny/3368

同年八月、「過激派組織」を設立した罪などで、彼に新たに特別体制（最高警備）の矯正収容所での一九年の懲役刑が言い渡された。これを受けて、ナヴァリヌイは次のように語った。

「特別に厳重な矯正収容所での一九年。この数字に意味はない。多くの政治犯と同様、自分が終身刑に服していることはよく理解している。終身刑とは、私の命が尽きるまでか、あるいは、この（プーチン）体制が尽きるまでか、ということだ。

この一九年という判決の数字は、私に向けられたものではない。あなたたちに向けられたものだ。私ではなく、あなたたちを脅し、抵抗する意志を奪いたいのだ。あなたたちが、権力を掌握した泥棒、悪党、裏切り者の一味と闘わずして、自分たちの国ロシアを明け渡すよう、強要しているのだ。プーチンにその目的を達成させてはならない。抵抗の意志を失ってはならない」*

＊ https://t.me/navalny/3480

同年一二月、ナヴァリヌイは収容されていた矯正収容所から移送され、数週間行方が分からなくなったが、その後北極圏に近いヤマロ・ネネツ自治管区にある特別体制下の収容所に移されたことが判明した。

翌二〇二四年二月一六日、同地のロシア連邦刑務執行庁はウェブサイトでナヴァリヌイの死を報告した。彼は散歩の後に気分が悪くなって意識喪失、救急医師が蘇生を行うも死亡したというのが、公式の報告である。

ヤマロ・ネネツ自治管区の病院の遺体安置所で息子の遺体と対面したナヴァリヌイの母親リュドミラは、二月二二日、当局が息子の遺体を彼女に引き渡すことを拒み、公開の葬儀を許可したがらず密葬することを要求、従わなければ遺体に「何かする」と脅したと動画にて訴えた。しかしながら、数多くのロシアの公人（俳優や音楽家、作家など）がナヴァリヌイの遺体を母親に渡すよう、ネット上でそれぞれ要求を表明、遺体は母親に引き渡された。

三月一日、モスクワのマリーノ地区にある聖母イコン教会でナヴァリヌイの葬儀が執り行われ（わずか二〇分足らず）、隣接するボリソフスコエ墓地に彼の遺体は埋葬された。当局の警告にもかかわらず、葬儀当日は何千人もの人々が別れを告げに教会へやって来、墓へ花を手向けにくる人の来訪はその後数日間続いた。また、彼の死は世界中の主要メディアによっても大きく報道され、ロシア国外の数多くの都市で追悼集会が開かれた。

通称ФБК（英語ではFBKあるいはACF）。アレクセイ・ナヴァリヌイ[13]によって二〇一一年に設立されたロシアの非営利団体であり、その主な活動は調査報道、汚職の摘発、ロシア政府最高機関における汚職の阻止などである。

二〇一三年以降、反汚職基金は八〇本以上の汚職調査動画を発表しており、そのいくつかは社会の大きな反響を呼んだ。

二〇一九年十月、ロシア司法省は反汚職基金を「外国エージェント」に指定した。

二〇二一年六月、反汚職基金は「過激派組織」と認定され、裁判所命令により清算・解散させられた。しかしながら、翌二二年三月、法廷侮辱と横領の罪でさらに九年の刑を言い渡されたナヴァリヌイは、法廷でひと言許された際に「これで反汚職活動が終わると思っている者たちは間違っている。我々は新たに国際的な反汚職基金を設立する」と述べた。同年七月、ナヴァリヌイはソーシャルメディアを通じて反汚職基金（Anti-Corruption Foundation）が国際的非営利団体として設立され、活動を再開することを発表した。組織の活動内容と目的は以前の反汚職基金とほぼ同じであるが、さらに汚職をした者に対する国際的な制裁の推進などを行っている。

二〇二三年三月、レオニード・ヴォルコフ[17]が反汚職基金の理事長を辞任したため、マリア・ペフチフ[25]が新理事長に就任した。

二〇二一年一月十七日にドイツからロシアへ帰国したアレクセイ・ナヴァリヌイ[13]はすぐさま逮捕・拘束されたが、同時に彼は支持者に抗議行動を呼びかける声明を発表、さらに十九日には反汚職基金が汚職調査動画「プーチン宮殿 最大の賄賂の物語」をYouTubeにて公開、賄賂で建造されたプーチンの豪華な私邸の実態を暴いた。この動画はまた、抗議デモへの参加を人々に呼びかけた。こうしてナヴァリヌイを支持する大規模な抗議行動がロシア全土で起こったのであるが、「宮殿事件」とはそれら抗議行動の後に生じた一連の刑事事件を指す。抗議行動が起こった一月三十一日には五五〇〇人以上が拘束された。その上、国内の33地域で少なくとも一五七名が起訴された。

ロシア国内のメディアは「宮殿事件」における捜査矛盾を指摘しており、例えば、拘束された者たちを取り調べる際に警察は何について捜査しているのかを拘束者に伝えないことが多く、弁護士なしで取り調べが行われることもあった。さらに一月末までだけでも、デモ参加者に対する拷問、暴力、殴打について五九件の報告が上がっており、二月には人権団体がそのような事例を一四〇件も数え上げた。これらの弾圧に加え、当局はデモに関する情報拡散を防ごうとし、反汚職基金のスタッフなどを暴力的な捜査によって事前に拘束、その後当局は、コロナ感染の疑いがあるため自己隔離しなければならない者たちが集まる非統制的な集会に参加するよう人々を奨励したという罪で、刑事事件の被告人として彼らを起訴した（「衛生事件」）。

14　エヴゲーニヤ・チリコヴァ　Евгения Сергеевна Чирикова

一九七六年十一月十二日生
モスクワ市出身
「外国エージェント」二〇二四年一月指定
政治家、環境保護活動家

二〇〇〇年、モスクワ航空大学を卒業。〇五年、ロシア大統領府附属ロシア国民経済行政学アカデミーを修了、経営管理学の博士号を取得した。

九〇年代の末に、チリコヴァはきれいな空気を吸えるよう家族と共にモスクワ市内から郊外の町ヒムキに移り住んでいた。二〇〇六年、彼女はヒムキの森に新しい道を敷設するというモスクワ州知事の政令を知ると、森を守るために動き出した。その後、メディアは彼女のことをヒムキの森を守る未登録運動のリーダーとして取り上げるようになる。

〇九年、当時首相であったプーチンは、ヒムキ森林公園内の土地を輸送と工業用地に転換する行政命令に署名。チリコヴァは、メドヴェージェフ大統領に公開書簡とビデオメッセージを送付、内閣を総辞職させることとプーチンの行政命令を無効とすることを求めた。

一〇年七月、ヒムキの森で木の伐採が開始された。森林保護者らはキャンプを張りバリケードを築いたが、彼女を含む「モスクワ州の環境防衛」活動家らはオモン*に拘束され、伐採作業は続行された。数日後、違法な集会を主催し警察官に従わなかったとして、彼女は罰金を科された。環境保護団体グリーンピースや世界自然保護基金は、メドヴェージェフにヒムキの森の破壊を中断するよう求め、ヒムキの森の保護者らを支援した。しかしながら、同年十二月、内閣はモスクワ－ペテルブルク間の高速道路がヒムキの森を通ることを最終決定し、この決定はメドヴェージェフ大統領によって支持された。これを受けて彼女は、次のように述べた。

＊ 機動特殊部隊の略称。ロシア内務省直属の特殊部隊で、国内のデモ・暴動の鎮圧を主な任務とした。二〇一六年にロシア内務省から切り離され、大統領直属の国家親衛隊に移管した。

「私たちは政治的闘争を開始し、既存の体制を変えるよう主張していきます」[*]

＊ https://web.archive.org/web/20101221165252/http://kommersant.ru/doc.aspx?DocsID=1557347

その後、ロシア当局は圧力をかけ始め、二〇一一年二月、地区保護当局は、チリコヴァ夫婦が子どもたちを絶えず虐待し飢えさせ、また怪しげな人物らと関係を築いていると主張し、彼女のもとから子どもたちを連れ去ろうと試みた。

二〇一一年三月、ロシアを訪問した当時のアメリカ副大統領バイデンは、チリコヴァにアメリカの「勇気ある女性賞」を授与した。

五年にわたる森のための闘いは徒労に終わり、二〇一四年にヒムキの森を通過する有料道路が建設された。しかし、その新道路は法外な利用料にもかかわらずサービスはお粗末なもので、大部分の自動車利用者は交通渋滞の激しい無料のレニングラード街道を利用せざるをえなかった。それでも新道路の方に極力顧客を流すために、レニングラード街道の拡張や改築は禁じられた。

二〇一五年、チリコヴァとその家族はエストニアへ移住した。彼女はそこで「アクチヴァチカ」というポータルサイトを立ち上げ、市民活動の輪を広げようと今も奮闘している。

15　アナスタシア・シェフチェンコ　Анастасия Нукзариевна Шевченко

一九七九年十月二十三日生
ブリヤート自治ソビエト社会主義共和国出身
社会政治活動家。ボリス・ネムツォフ賞[解*]受賞（二〇一九年）

＊　表現の自由のために戦い、政治的、人種的、宗教的迫害を受けている人々を助けるために尽力している者に贈られる。

シェフチェンコは若い頃に結婚している。イルクーツク言語大学を優秀な成績で卒業、長女の誕生後に家族でロストフ州へ引っ越し、そこで次女と長男が生まれた。二〇〇六年、シェフチェンコは脳性麻痺で病弱だった長女に必要なケアができないと判断し、その五歳の娘を施設に預けた。家庭生活では長男誕生後に夫と別れ、さらに社会活動に従事するようになった。

二〇一四年、ウクライナの女性軍人ナディア・サフチェンコ*がウクライナ東部で拘束されロシアへ移送される事件が起きた。シェフチェンコはこの頃、ロストフ・ナ・ドヌにおける統一民主主義運動「連帯」の共同議長を務めていたが、サフチェンコの解放を求めてピケ隊に参加した。一七年、彼女はロシアのネットワーク運動「オープン・ロシア」の地域コーディネーターとなり、政治団体の会合に参加したり、討論会を主催したりした。

＊　一九八一年五月十一日生、キエフ出身。ウクライナの元陸軍航空パイロット。二〇一四年、ウクライナ東部で親ロシア派に捕らえられ、殺人とロシア国境を不法に越えた罪によりロシア国内で起訴、有罪判決を受けた。ロシアで二年近く収監された後、二〇一六年に捕虜交換の一環として釈放されてウクライナへ帰国。

一九年初頭、国家解放運動[*1]のメンバーが法執行当局に、シェフチェンコはロシア領土内では活動を禁止されている組織に参加していると訴えた。[*2]地元警察は彼女の自宅を捜索し監視カメラを設置、またパスポートを押収して監視下に置いた。その後、裁判所はシェフチェンコに対して自宅軟禁の判決を下し、最終的な刑が確定するまでの間、あらゆる通信手段（手紙や電話、インターネットなど）の使用と屋外への外出を一切禁止した。同年一月末、施設に預けられていた長女が病院で亡くなるが、彼女には亡くなる数時間前に面会が許可されただけであった。翌二月、モスクワとロストフ・ナ・ドヌで、彼女を支援する集会が開かれ、人々は彼女の釈放と刑事手続きの終了を求めた。

＊1　極右政治団体。ロシアの主権の回復を目標として宣言している。
＊2　ネットワーク運動「オープン・ロシア」は「望ましくない組織」として認定されてはいなかったが、「望ましくない組織」に指定されていたイギリスの同名組織ＯＲ（Otkrytaya Rossia）の存在により、同運動は「望ましくない組織と関係がある」というでたらめの理由で、ロシア当局から迫害を受け続けた。

二〇年六月になってようやく裁判所は彼女に対する刑事事件の手続きを開始、翌二一年八月、執行猶予付き懲役三年の判決が下された。この時点で、彼女はすでに二年以上もの間厳しい自宅軟禁に処せられ、さながら牢獄にいるのと変わらない状況下で過ごしていた。彼女は後に「（自宅軟禁の間）気が狂わないためにできることは何でもやった」と述懐している。「好ましくない組織」を禁じる法規（次頁「オープン・ロシア」参照）のもとで初めて刑事罰で起訴された彼女のケースは、裁判までの過酷な処遇とその判決において、いわば見せしめ効果を狙ったものであった。二〇二二年八月、シェフチェンコは子供と共にロシアを離れた。追跡されないよう携帯を持たずに、夜中に車で出国したという。同年十二月に彼女の執行猶予は取り消され、ロシアへ戻れば、即逮捕される身となっている。

解説　現代ロシアにおける政治的弾圧とは　「オープン・ロシア」の苦難の歩みを振り返る

ロシアの非政府系組織「オープン・ロシア」は、二〇〇一年十二月にミハイル・ホドルコフスキーのイニシアチブによりモスクワで設立され、その初代理事長にはやはりホドルコフスキーが就任した。大手石油会社ユコス社の社長でありロシア一の富豪であった彼は、ロシア社会を民主的に啓蒙していこうと、このオープン・ロシアを通じて慈善活動にかなりの資金を注ぎ込んだ。しかしながら、二〇二四年現在、ロシア国内でこの組織はすでに消失している。オープン・ロシアは、次に述べるように四つの法的名称と三つの活動期を持つ。

1　二〇〇一～二〇〇六年

地域社会団体「オープン・ロシア」（二〇〇一～〇四）

地域間社会団体「オープン・ロシア」（二〇〇五～〇六）

理事長　ミハイル・ホドルコフスキー（二〇〇一～〇三）

レオニード・ネヴズリン*（二〇〇三～〇六）

＊　一九五九年九月二十一日生。ロシア系イスラエル人の実業家、社会活動家、石油会社ユコスの元幹部の一人。

この時期、オープン・ロシアは国内の50以上の地域に支部を構えていた。ホドルコフスキーはこの組織を通じて、独自の啓蒙運動プロジェクトを展開、自身がモスクワ郊外に設立した学校やユースキャンプで青少年に民主主義の原則を教えたり、文化やメディア開発の分野におけるさまざまなイニシアチブを助成金で支援したりした。

　しかしながら、民主主義と市場経済の力強い支持者であり、ビジネス的には西側との統合を目指していたホドルコフスキーは、次第に大統領であったプーチンへの批判を公言するようになる。その結果、二〇〇三年十月、彼は大規模詐欺と脱税の容疑で逮捕された。そして彼が立ち上げたオープン・ロシアも、その迫害の一環として公然と当局から攻撃されるようになる。ホドルコフスキー自身は逮捕後に理事長を辞任、ネヴズリンが新理事長に就任しており、ホドルコフスキーとオープン・ロシアは法的には何の関係もなかったが、そういったことはお構いなしだった。二〇〇五年の秋に、ロシアの最高検察庁はオープン・ロシアのオフィスに対する一連の家宅捜索を実行した。さらに翌〇六年三月には、同団体の口座は差し押さえられてしまう。その時点で口座には、国内47地域53の支部が行う啓蒙プロジェクトやその他の資金としておよそ六〇〇〇万ドルが入っていた。オープン・ロシアは口座の差し押さえに対して法廷で異議を申し立てようとしたが、裁判官はその訴えを検討することなく放置、同年七月にオープン・ロシアは正式に閉鎖された。

2　二〇一四～二〇一九年
ロシア・ネットワーク運動「オープン・ロシア」(二〇一四～一九)
　理事長　ミハイル・ホドルコフスキー[*1]（二〇一四～一七）
　　　　　アレクサンドル・ソロヴィヨフ[*2]（二〇一七～一八）
　　　　　アンドレイ・ピヴォヴァロフ（二〇一八～一九）

＊1　一九八七年十一月二十三日生。社会政治活動家。

＊2　一九八一年九月二十三日生。政治家、実業家。野党調整評議会元メンバー。二〇一八年にロシア・ネットワーク運動「オープン・ロシア」の理事長に選出された後、一九年にはその事務局長に就任。二一年五月には「オープン・ロシア」が活動停止を表明したにもかかわらず、「望ましくない組織の活動に取り組んでいる」という理由で彼に対して刑事事件が起こされた。翌二二年七月、裁判所によって彼に四年間の懲役刑の判決が下され、さらに八年間政治活動が禁じられた。

二〇〇三年に逮捕されたホドルコフスキーは、裁判期間も含めて一〇年以上を刑務所の中で過ごした後、恩赦により一三年に釈放、飛行機で監獄からそのままドイツへ移送され、その後ロンドンへ渡った。一四年九月、ホドルコフスキーは「オープン・ロシア」の復活を宣言、ただし、正式名を「ロシア・ネットワーク運動 オープン・ロシア」として、過去の組織とは法的には異なる新しい組織を立ち上げた。そして、同運動の目的には次のようなものが加えられ、プーチン政権によるロシア社会への抑圧が強まっていくのと比例して、より先鋭化されていった。

●プロパガンダの摘発

●非政府系メディアや市民による組織、また人権擁護組織の発展を支援する

また、ホドルコフスキーの息子パーヴェルが会長を務める現代ロシア研究所[＊]によって設立され、アメリカのニュージャージー州で登記された有限責任会社「Otkrytaya Rossia」（略してOR。オープン・ロシア［Otkrytaya Rossia］とロシア語の響き的には同名）が、一五年十一月からイギリスで事業を展開するようになった。同会社の立ち上げには、「ロシアにおける人権の促進」「政治犯の支援」「透明で独立した選挙の促進」などが目的として掲げられた。

＊　ニューヨークに本部を置く非営利の超党派公共政策組織（シンクタンク）。

ところが一七年四月、ロシアの最高検察庁は、イギリスで活動していたこのOR（Otkrytaya Rossia）と、さらに同じくイギリスのOpen Russia Civic Movement[*]という組織を「望ましくない組織」のリストに追加した。

＊ Open Russia Civic Movementは、イギリスの法人登記簿には掲載されていない。しかし、二〇〇二年にOpen Russia Foundationという会社がイギリスで登記され、現在はFuture Of Russia Foundationと呼ばれている。

イギリスの組織ORは、ロシア・ネットワーク運動「オープン・ロシア」とは法的には何のつながりもなかった。当初ロシアの最高検察庁は、イギリスの組織であるORとロシアの運動「オープン・ロシア」は別物なので、ORを「望ましくない組織」と認定しても、その決定がオープン・ロシアの組織に影響を及ぼすことはないと請け負った。しかしながら、結局のところ、その後オープン・ロシアは同名組織であるイギリスのORと自動的に常に関連づけられることとなり、それは政治的弾圧を新たな段階に引き上げることとなった。なぜならば、ロシア刑法には新しい条文が追加され、「望ましくない組織」として認定された「外国又は国際的な非政府組織の活動に従事すること」も、刑事罰の対象とされるようになったからである（第二八四条第一項）。

さらに、望ましくない組織へ協力した罪で有罪判決を受けた者が、引き続き望ましくない組織に協力した場合（二度目に逮捕された場合）、処罰は以下のようにより重いものとされた。

- 罰金三〇万～五〇万ルーブル
- または三六〇時間～四年の強制労働
- または一～四年の懲役

●または特定の活動や地位に就くことが禁止されるしばらくして「望ましくない組織」（イギリスの組織ＯＲ）と結びつきがあるということで、オープン・ロシアの各種ウェブサイトはロスコムナゾールによってブロックされることとなった。同組織のスタッフらも、まったく同じ荒唐無稽の理由で迫害を受けることとなった。

こうした中、二〇一九年一月、この新刑法第二八四条第一項に基づくロシア初の刑事事件が、オープン・ロシアで積極的な働きをしていた活動家シェフチェンコ[15]に対して開始された。彼女は何年もの間厳しい自宅軟禁下に置かれた末に、執行猶予付懲役三年の判決を下された。

同年三月、オープン・ロシアは、スタッフを保護するために同運動を清算して閉鎖することを発表した。

3　二〇一九〜二一年

ロシア社会団体「オープン・ロシア」（二〇一九〜二一）

理事長　アナスタシア・ブラコヴァ*（二〇一九〜二一）

＊　言論や集会の自由、労働者の権利に関する事件を扱う弁護士。

二〇一九年、オープン・ロシアは今度は、ロシア社会団体「オープン・ロシア」とし、活動期としては三度目となる新しい組織として司法省への登録を試みたが、「登録申請書に誤ったフォントサイズや引用符を使用している」「類似した名称の他の組織が存在する」などの理由で、何度も登録を拒否された。

同団体は法的には、ロシア・ネットワーク運動「オープン・ロシア」とのつながりはないが、同運動のプロジェクトは引き継いでいた。

ロシア社会団体「オープン・ロシア」の活動家や、同団体が主催したイベントへの参加者は、法執行機関から繰り返し圧力を受け続け、刑事事件扱いになった場合には、彼らはほぼすべてのケースで「望ましくない組織」であるイギリスのORと協力したかどで起訴されることとなった。二〇二一年五月二十七日、ロシア社会団体「オープン・ロシア」は、政治的弾圧のために正常な運営をすることが不可能となり、自己清算し、組織を閉鎖することを発表した。しかしながら「オープン・ロシア」のこうした苦渋の決断も、当局からスタッフを守ることはできなかった。その二日後の五月二十九日、オープン・ロシアの元理事長であるアンドレイ・ピヴォヴァロフが刑法第二八四条第一項に基づいて刑事訴追され、四年の懲役刑の判決が下ったのである。


これほどの政治的迫害を受けながら、ロシアで二〇〇一年から活動してきたこのオープン・ロシアは、四つの法的名称、三つの活動期、どれを取っても、この組織自体が「望ましくない組織」と認定されたことは一度もない。言い方を変えるなら、「望ましくない組織」と認定されなくても、法の文言を切り張りして、これほどの弾圧を加えることがロシア当局には可能なのである。

外部からは目に見えづらく、複雑で分かりづらい、法に適っているようで法に則っていないのが、ロシアの政治的弾圧の実態であるといえよう。

郵 便 は が き

適宜な
切手をお貼り
下さい

〒101-0064

東京都千代田区
神田猿楽町2-5-9
青野ビル

（株）**未知谷**行

ふりがな ご芳名 E-mail	お齢 男 女
ご住所 〒 Tel. - -	
ご職業	ご購読新聞・雑誌

愛読者カード

ご購読ありがとうございます。誠にお手数とは存じますが、
アンケートにご協力下さい。貴方様の貴重なご意見ご感想を
賜わり、今後の出版活動の資料として活用させて頂きます。

●本書の書名

●お買い上げ書店名

●本書の刊行をどのようにしてお知りになりましたか?

書店で見て　広告を見て　書評を見て　知人の紹介　その他

●本書についてのご感想をお聞かせ下さい。

●ご希望の方には新刊書のご案内をさせて頂きます。　要　不要

通信欄(ご注文も承ります)

16

ドミートリー・グドコフ　Дмитрий Геннадьевич Гудков

一九八〇年一月十九日生
モスクワ州コロムナ市出身
「外国エージェント」二〇二三年二月指定
政治家、社会活動家。実業家で政治家のゲンナージー・グドコフ[4]の息子

一九九六年、ドミートリー*はモスクワ国立大学ジャーナリズム学部に入学、二〇〇一年にジャーナリズム学部を卒業後は大学院で学び、ロシア外務省外交アカデミーの世界経済学部で二つ目の学位を取得。父グドコフの後を継いで、政治家としてのキャリアを築いた。

＊父親のゲンナージー・グドコフと区別するため、息子のドミートリーはファーストネームで表記。

二〇一一年十二月、彼は公正ロシア党から下院議員に選出された。

一一年と一六年に行われた下院選挙は、不正や改竄にまみれたものだった。与党の統一ロシア党が圧倒的な議席を獲得し、人々は選挙結果を受け入れず、特に一一年から一二年にかけてはロシア国内でソ連崩壊後最大規模の抗議活動が起こった。

一一年冬から一二年春にわたって、ドミートリーは積極的に抗議活動に参加し、「公正な選挙のために」集会を共同主催。一二年五月、モスクワでプーチンの大統領就任式に反対するアクション「民衆祭り」が行われた。彼は、このアクションを合法化して逮捕者が出ることを防ぐために、有権者との面会を装おうとした。

一二年十月、ドミートリーはロシア野党調整評議会の議員に選出された。

彼は、海外の不動産や資産の所有、また所得申告における虚偽情報の提出など、様々なレベルの官僚や議員による汚職行為を調査し、それらについて三〇以上の報告を自身のＳＮＳで発表している。

下院議員の任期中、彼は憲法制定・国家建設委員会に所属し、四三の法案を発議したが、それらの法案はいずれも可決されなかった。また、彼は一二年十二月に、アメリカ市民によるロシア人孤児の養子縁組が禁止されてしまうことを理由に、ディマ・ヤコヴレフ法に反対票を投じた八人の下院議員の内の一人である。一三年三月、彼は、ロシア政府関係者の未申告不動産の捜索における協力について話をまとめることと、ロシアから養子を迎えた家族を訪問することを計画して訪米した。アメリカ人家庭を数件訪問した後、彼は、ロシア国内ではプロパガンダによって、アメリカ人が利己的な目的でロシア人の子供を養子にしておきながら縁組後はロシア当局者から子供へのアクセスを閉ざしていると盛んに吹聴されているが、訪問家庭には何の問題もなかったと語った。さらに彼は、ロシア大使館は養父母と連絡を取っておらず、ロシア人養子の運命に何の関心も払っていないと述べた。

この訪米時にドミートリーは、会議「新たなアプローチか、あるいは現状維持か？　プーチンの弾圧情勢下における米・ＥＵ・ロシア関係」に参加した。これはアメリカの上院で開催されたもので、フリーダム・ハウスと現代ロシア研究所が主催した。彼は講演で、ロシア憲法が大統領に「無限」の権力を与えており、それに基づいてプーチンは「権力の縦割り」を構築してきたと指摘、当局は抗議活動の主催者や指導者に対して締め付けを強め、刑事事件を捏造する道を歩んでいると話した。彼は、抗議行動に参加することに罰則を課す、過酷で違憲な――自由と人権保障を定めるロシア憲法に違反する――法案を可決し続ける下院を「狂乱状態になっているプリンター」と評した。彼によれば、ロシア国家のプロパガンダは常に、腐敗したシステムや政府を批判する反体制派の人間を、裏切り者、祖国を破壊するために送り込まれたスパイとして描き出し、敵のイメージを利用することによって、テレビを視聴するロシア市民を怖がらせていく。

ドミートリーのこの演説は国営メディアのジャーナリストや国会議員から激しい批判を浴び、彼は裏切り者と呼ばれ、国家反逆罪で逮捕するよう誹謗中傷を受けた。

彼は、「クリミア共和国のロシア連邦への併合と、ロシア連邦の新たな構成主体であるクリミア共和国と連邦都市セヴァストポリの形成に関する」法案に賛成票を投じなかった四人の国会議員の内の一人である。彼は、なぜ賛成票も反対票も棄権したのか、次のように説明している。

「多くの者が考えているように、これは我が国にとって巨大なリスクを生み出しており、もしかして、クリミアを得た代わりに我々はウクライナを失いつつあるのかもしれない……。愛国心の高揚はあるが、長期的には地政学的な敗北、孤立状態、経済危機を引き起こす可能性がある……。国民投票に参加しロシアへの編入を望んでいる人々の立場を尊重しつつ、私は投票を棄権する」*

* https://www.mk.ru/politics/russia/article/2014/03/19/1001011-v-gosdume-voznikli-voprosyi-k-zakonoproektu-o-prisoedinenii-kryima.html

二〇一三年一月、彼は、ディマ・ヤコヴレフ法案可決に反対して「悪党に反対する行進」に参加。これは、反孤児法とも呼ばれる同案に賛成した国会議員らに抗議を表したもので、参加者は賛成票を投じた下院議員の肖像画を掲げて行進した。

公正ロシア党の指導部は、野党調整評議会か公正ロシア党かどちらかを選ぶようドミートリーに選択を迫り、彼は野党調整評議会の方を選んだ。同年三月十三日、彼は「党に損害をもたらす行為」を理由に公正ロシア党を除名処分となった。

次の下院選挙でドミートリーは敗れたが、積極的な野党活動を継続した。一七年、彼は数百人の地方行政機関への当選を支援した。地方自治体（地区）の代議士になりたい人を支援するために、ヤブロコ党とも緊密に連携して「団結した民主主義者」連合[*1]を結成したのである。これは、モスクワ市の地区議会選挙において一定の成果を出すこととなった。[*2]翌一八年三月、彼は、ロシア大統領プーチンの退陣、制裁解除、軍事衝突の終結を求める新政党の創設を発表、この政党の主たる目的は二一年の下院議員選挙で勝利することだと述べた。しかしながら、彼の「変革の党」は登録が受けつけられなかったため、選挙の参加資格を得られなかった。

＊1　ドミートリー・グドコフとマクシム・カッツ[22]が、地方自治体（地区）の代議士になりたい人を支援するために結成した連合。

＊2　二〇一七年九月のモスクワ市地区議会選挙において、「団結した民主主義者」連合は、ヤブロコ党から出馬したモスクワ市の地区代議員一七七名の当選を手助けすることとなった。これによりヤブロコ党は11%強の議席を得て統一ロシア党に次ぐ第二党となった。しかしながら、これは地方自治体フィルターを通過できるだけの議席数ではなかった。

一九年、ドミートリーはモスクワ市議会議員の選挙に出馬するつもりだったが、登録を拒否された。彼にとって、現体制下での政権奪取の道は閉ざされてしまった。ロシアによるウクライナ侵略開始後、彼はロシアを離れた。彼はウクライナ支援プロジェクトや、自分と同じようにクレムリンの政策に反対しロシアを離れざるをえないロシア人避難者の支援に携わっている。そして、他の反体制派ロシア人らと共に、外交面や情報面でプーチンに対抗するための闘いを繰り広げている。彼はロシア反戦委員会のメンバーであり、ロシア行動委員会の創設者の一人である。

17　レオニード・ヴォルコフ　Леонид Михайлович Волков

一九八〇年十一月十日生
スヴェルドロフスク出身
「外国エージェント」二〇二一年四月指定
政治家、社会活動家、ITスペシャリスト

二〇〇二年にヴォルコフはウラル国立大学数学・機械学部を卒業した。〇五年に大学院を修了、〇六年に物理・数学の博士号を得た。

彼は大学に在学中の一九九八年から、企業や公共機関向けの電子会計・報告システムを開発する会社でプログラマーとして働き始めた。〇四年には副部長となり、〇七年、同社の連邦プロジェクト部門の責任者となった。一〇年、同社を退社した。

二〇〇九年、ヴォルコフはエカテリンブルク市議会の代議員に選出された。一一年、彼は政治学者のフョードル・クラシェニンニコフ[*1]と共に、電子技術を用いた直接民主主義の展望について『クラウド民主主義』[*2]を執筆、出版した。なお、彼は一八年には、イェール・グリーンバーグ・ワールド・フェロー・プログラムを通じてイェール大学での六ヶ月間のフェローシップも修了している。

＊1　一九七六年七月十六日生。政治学者、社会政治評論家。
＊2　同著では、代議制民主主義と直接制民主主義の要素の理論的統合の分析を目的としており、あらゆる独裁政権に代わるものとして代議制民主主義が不可避であるという考え方の論破を目指している。そし

て、未来の民主主義として「クラウド民主主義」（直接制民主主義）を提案している。[13]

二三年の夏、ヴォルコフはアレクセイ・ナヴァリヌイの選挙対策本部長となるが、これを機に彼の名はロシア全土に知れ渡ることとなった。

一三年七月十八日、ナヴァリヌイはキーロフレス事件で逮捕され、同日に彼の選挙本部はナヴァリヌイがモスクワ市長選への立候補を取りやめることを発表した。しかし、翌十九日にはナヴァリヌイは釈放され、選挙運動は再開された。この時、ヴォルコフは、ナヴァリヌイの対抗馬であった現職のモスクワ市長セルゲイ・ソビャニンが、人気はあるけれども自分にとって脅威とはなりえない野党側候補者を必要としていたために、ナヴァリヌイは釈放されたのだと考えた。実際、ソビャニンはナヴァリヌイのことを自分を脅かす人物とはみなしていなかった。世論調査では、モスクワ住民の2〜3パーセントがナヴァリヌイに投票するとみなされており、これがソビャニンに勝利に対する絶対の自信を与えていた。ソビャニン自身は、ナヴァリヌイが正式に候補者として登録されるために自治体のフィルターを通過するのを手伝ったほどだったのである。

その後の展開は、ソビャニンも世論調査会社も予想しなかったものであった。「非政府系監視団同盟」*がはじき出した数字によれば、選挙におけるソビャニンの得票率は五割を切る49・7％で、再選挙は避けられないものとなるはずであった。誰にとっても予測不可能な事態となったのである。しかしながら、モスクワ市選挙管理委員会は、異なる選挙結果を発表した。ソビャニンの得票率を五割を超える51・37％として彼の勝利、としたのである。第二位のナヴァリヌイの得票率は27・24％として報告された。他のすべての候補者の得票率は、この二人から大きく引き離されていた。

＊　選挙監視活動を行う非政府系の市民運動が団結したもの。二〇一三年に結成されたこの同盟には「声」

運動、「ロシア選挙」「市民監視団」「探知ソナー」が加わった。

ナヴァリヌイ陣営は選挙に勝利するという結末を得られなかった。しかしながら、不正や得票率の改竄が指摘されながらも、選挙管理委員会をもってして野党政治家にこれだけ他者候補を引き離した得票率があったことを発表させた事実は、ヴォルコフを中心とするナヴァリヌイチーム全体の功績でもある。そのような意味で、二〇一三年のモスクワ市長選挙は歴史的な出来事であり、ロシア当局が有力な野党政治家の存在を認めた最後の選挙でもあった。その後、クレムリンは二度とそのようなリスクを冒さず、選挙に予測不可能性の余地を残すことはなくなった。

一六年一月、ヴォルコフは政治家セルゲイ・ボイコ[21]と共に、ロシアのインターネットを検閲や過剰規制、ワンマン行政の手から守るために「インターネット保護協会」*を設立した。

＊　同協会は、ロシアにおけるインターネットに対する制限の導入とそれを防ぐ必要性を見越して設立され、過度に規制せずに発展させることを主な目的とした。

一七年から一八年にかけて、ロシア全土で汚職に反対する抗議活動が行われ、多くの人々がロシア政府内の腐敗の根絶と政権交代を求め、ピケを張ったり、集会やデモを行ったりした。ナヴァリヌイの反汚職基金は、一七年三月二日に当時の首相メドヴェージェフに関わる蓄財などの腐敗を告発する動画を公開*、三月六日にはナヴァリヌイの呼びかけで大規模なデモがモスクワで行われた。さらに三月二十六日、ヴォルコフと反汚職基金の他のメンバーは、同基金の事務所で抗議行動を生中継することを企画、出演したプレゼンターは全員警察に拘束された。モスクワの裁判所は、警察に従わなかったとして、ヴォルコフに一〇日間の拘留を言い渡した。六月十二日、彼は反汚職基金の他のスタッフと共に再び抗議行動の生中継（九時間）を実施した。ロシア国民は、国営テレビ局では放映されなかったものをインターネット配信で見ることができた。

＊「彼はデーモンではない」（二〇一七年三月二日配信）

一八年、ヴォルコフは今度はロシア大統領選のためにナヴァリヌイの選挙運動本部を率いた。彼のリーダーシップの下、各地に「ナヴァリヌイ本部」が打ち立てられ、ロシア全土に前例のないネットワークが構築されていった。ナヴァリヌイの大統領選挙運動のピーク時には81もの「ナヴァリヌイ本部」が運営され、その中の11の組織は各地の住民によって自発的に設立されたものであった。一八年の大統領選挙終了後も「ナヴァリヌイ本部」は45の主要地域で運営され続け、それら各地の「ナヴァリヌイ本部」は地域政策を支援する方へと活動の比重を移していった。これらネットワークのトップは、ヴォルコフであった。ロシア大統領選挙運動の期間、ナヴァリヌイを大統領候補者として登録しようと奔走する間に、彼は五回逮捕され、九五日間拘留された。

一九年八月、ヴォルコフに対して刑事事件が起こされ、彼はロシアを去った。＊

＊刑事事件の被疑者となると、逮捕・勾留の流れを取るが、ロシアでは基本的に保釈されることはなく、裁判が始まるまでシゾに一年以上拘禁されることも珍しくない。

二一年四月、モスクワ検察庁は検事総長の指示により、反汚職基金とネットワーク組織「ナヴァリヌイ本部」を「過激派組織」と認定することを求める訴えを起こした。これを受けて、同本部は解散することを発表した。

ヴォルコフは、自身のYouTubeチャンネル「レオニード・ヴォルコフ Леонид Волков」を運営し、重大な歴史的事件の核心を分かりやすく解説している他、反汚職基金のYouTubeチャンネルでもレギュラー司会者を務めている。

ロシア軍によるウクライナ侵略開始後、反汚職基金は彼の指導の下、ウクライナに対する戦争を可能にする行為を行った人々をリスト化した「汚職官僚と戦争屋リスト（六〇〇〇名リスト）*」を作成した。彼は世界に向けて次のように述べている。

＊ 反汚職基金がイニシアチブを取り、ウクライナに対する戦争を可能にする行為を行った汚職官僚やシロヴィキ、プロパガンディストなどをリスト化したもの。その後、反汚職基金は戦争の主要な火付け役として行動した二〇〇名の簡約版リストを作成した。

「これは、何らかの形でウクライナ侵略に関与したと思われる人々のリストです。……これらリストに含まれている人々を制裁下に置く対象として検討するよう我々は提案します*」

＊ https://www.youtube.com/watch?v=e7jzz4jA-IU

二〇二四年三月一二日、ヴォルコフはリトアニアの首都ヴィリニュスの自宅近くで何者かに襲われた。彼が車内にいるところを襲撃され、車の窓ガラスが割られ、催涙ガスを目に吹きかけられ、その後ハンマーで足や腕を殴られたという。事件直後にヴォルコフは、「これはプーチンからの、実に明白で典型的でギャング的な挨拶だ」と述べている。

二〇一一年十二月四日の下院選挙後に始まった大規模な抗議行動は、それに続く大統領選挙期間も、さらに翌年三月に大統領選挙が終了（プーチンが勝利、三期目）した後も続いた。

参加者らは、下院選挙においても大統領選挙においても広範な改竄が行われていると主張、抗議行動の場で見られた主要なスローガンは「公正な選挙のために！」であった。これらのアクションは一貫して反プーチンの方向性を持ち、白いリボンがそのシンボルの一つとなった。

モスクワとペテルブルクでの最初の大規模集会は、下院選挙の投開票終了直後の十二月四日の夜に始まった。翌五日にはモスクワで数千人規模の集会が開催され、十日にはロシア国内の99の町と国外の42の町で抗議行動が起こった。この時にモスクワのボロトナヤ広場に人々が集まって開かれた反対集会は、過去一〇年間で最大規模のものとなった。数多くの人々が政府に対して抗議の声を挙げて率直な要求を述べると共に、それらの要求は多くの著名人によって支持された。

OVD-Info の年次版報告書によれば、モスクワとその近郊の町々において、二二八件の抗議行動中に五一六九名が拘束された。それら抗議アクションのすべては、警察との不可避的な衝突に終わったボロトナヤ広場事件を別にすれば、暴力や挑発行為などに発展することなく平和的に進められた。事前に当局との調整が済んでいた20のイベントで一〇七九名が拘束され、調整されなかった、または調整の必要がなかった二〇八のイベントで四〇九〇名が拘束された。

二〇一一〜一三年の抗議行動は、その動員力、爆発力、持続力の点からいって、プーチン政権に対してロシア国民が「ノー」を突きつけた最大にして最長のアクションであった。これ以降、徹底した弾圧が広く行われていき、ロシア人の心に当局に対する恐怖心が再びよみがえっていく。

解説　**ボロトナヤ広場事件**

二〇一二年五月六日、モスクワの人々数万人がプーチンの大統領再就任（三期目）に抗議するため、市の中心部を行進してボロトナヤ広場に集結しようとした時に起きた事件。

二〇一一年の下院選挙でも不正行為の告発が相次いでおり、人々の不満と憤怒は頂点に達していた。呼びかけられた「百万人の行進」で、人々が集結地点のボロトナヤ広場へ向かってデモ行進中、警察がデモの主催者側との事前合意を無視して、広場への三つの入口の内二つを閉鎖、残る一つも制限したため、警察の非常線に対するデモ隊の圧力は強くならざるをえなかった。そして、非常線が崩れた時、警察は数時間にわたって平和的に抗議する多くの人々を過剰な武力で弾圧し、およそ四〇〇名のデモ参加者が拘束された。その大部分は起訴されることなく釈放。しかしながら、「行進」中の大規模暴動容疑および警察に対する暴力容疑の嫌疑で、三〇名以上が起訴され、被告人の大半は審理が始まる前に一年以上も拘禁された。他方、デモ参加者に対して何の理由もなく暴力をふるった警官は一人も起訴されず、人権侵害に対する責任は問われなかった。

この事件にアムネスティ・インターナショナルは公式声明を発表、「裁判が政治目的に利用され、人々が無根拠に起訴され」、「この裁判では、被告人の組織的な暴力行為ではなく、ロシア政権を牛耳る者の命令に従う刑事司法制度が暴かれている」と批判した。欧州人権裁判所は、ロシア政府に対して同事件の被告人らに補償金の支払いを命ずる判決を下した。

18　ウラジーミル・カラムルザ　Владимир Владимирович Кара-Мурза

一九八一年九月七日生
モスクワ市出身
「外国エージェント」二〇二二年四月指定
政治家、テレビ記者、社会政治評論家
ボリス・ネムツォフ[解]自由基金元理事長

ケンブリッジ大学トリニティ・カレッジで歴史学の学士号と修士号を取得。十六歳の時からジャーナリズムに携わっており、注目される政治家へのインタビューを最初に行ったり、重要な政治事件を一番に取材したことも一度や二度ではない。優秀なジャーナリストであり、二〇〇四年〜一二年にかけてはＲＴＶＩの支局長を務めた。

カラムルザの政治活動は一九九九年に始まった。〇三年十二月の下院選挙に彼は、民主主義政党である右派連合*とヤブロコ党から支持を受けて出馬したが、選挙期間中、対立候補であった統一ロシア党の候補者チームは彼を選挙運動から排斥しようと何度も試みた。具体的には、彼の広告看板を照らす照明が消されたり、テレビ討論では彼に発言を許すことが「忘れられた」り、あるいは突然「技術的な問題で」彼の発言中に音が切れたりした。こうした妨害工作の結果、彼は下院議員にはなれなかった。

＊　右派のリベラル政党で一九九九年〜二〇〇八年に存在した。創立者はボリス・ネムツォフ。

二〇一一年の二月から五月にかけて、カラムルザはロシア野党を代表して、アメリカの議会でマグニツキー・リスト拡大に関する話し合いを主導した。最終的にマグニツキー法（解説参照）には、「重大な人権侵害」の責任を担うロシア政府関係者のアメリカ入国禁止とアメリカ国内の全金融資産の凍結が盛り込まれた。マグニツキー法の準備と推進を行った彼は、次のように語っている。

「マグニツキー法は、国際的な制裁を下す中で国やその政府ではなく、特定の人物に対して制裁するという概念を導入したため、ある種の革命性を持っています。つまり、同法には個人の責任の原則が盛り込まれています。……ボリス・ネムツォフは、外国で成立した法律のうち最も親ロシア的な法律と呼びました。なぜなら、ロシア市民の権利を侵害し、ロシアの納税者のお金を盗む者たちをターゲットにした法律だからです。偽善とは、ここロシアで、我が国で、民主国家の基本的価値観や原則を侵害し抑圧している高官やオリガルヒ、現（ロシア）政権中枢にいる者たちがまさに、西側の民主国家が提供している機会や福利、特典をなぜか好んで享受したがるという事実の内にあります。というのも、現政権のトップを見ると、彼らは皆、西側に銀行口座を持ち、西側に家族がおり、家、別荘、ブドウ園などを所有しているからです。つまり、ロシアで盗みを働き、その盗んだお金を西側で使いたい人たちなのです。マグニツキー法はこうした偽善を止めるためのものです[*]」

* https://www.currenttime.tv/a/kara-murza-interview-magnitsky/30273880.html

こうした彼の活動に対し、クレムリンはすぐさま反応した。二〇一二年春、彼はＲＴＶＩテレビ会社から解雇され、同時に全メディアに彼を起用しないように警告が発された。このことに関して、当時の野党政治家であったネムツォフは、次のような文をメディアに寄稿している。

「この法律（マグニツキー法）の成立が間近に迫っているため、高官たちは攻撃的で際どい行動を取っている。……大統領府のアレクセイ・グロモフ[*1]第一副長官が自らカラムルザ氏の解雇を命じたことが分かった。……グロモフはまた一見政府系ではないメディアを含むあらゆるメディアに対し、……彼を雇わないように警告した。その結果、我々の仲間が仕事を全面的に禁止されるという史上初めてのケースに直面している。無論、これまでもジャーナリストが解雇されたことはあった。……だが、仕事を全面的に禁止されることはなかった。彼らはテレビ局では働けなかったが、出版社やラジオ局でジャーナリスト活動を続けていた。彼の場合は全く異なる。彼にはすべてのメディア、すべての出版物が閉ざされている」[*2]

＊1　一九六〇年五月三十一日生。政治家。二〇一二年五月よりロシア連邦大統領府第一副長官。

＊2　https://web.archive.org/web/20190702082402/http:/echo.msk.ru/blog/nemtsov_boris/908852-echo/

一三年八月、カラムルザはヤロスラヴリ州議会議員の候補者として登録されたが、その後二重国籍（ロシアとイギリス）を理由に選挙から外されてしまった。彼は、選挙に参加する権利が侵害されたとして欧州人権裁判所に提訴した。

一五年五月、彼はモスクワのレストランで同僚と昼食を取っている最中に体調が急変し、病院に運ばれた。彼はほとんど体を動かすことができず、翌日には、肺、心臓、腎臓、肝臓の機能が低下した。一時は八台もの生命維持装置に繋がれる状態となったが、医師たちの治療により彼の病状は安定し、七月には飛行機でアメリカに移動して六カ月間リハビリを受けられるほど元気になった。その後、ロシアへ帰国後は、彼はしばらくの間杖をついて歩いていた。

彼は、自分の反体制派活動、その中でもとりわけ、セルゲイ・マグニツキー殺害、クリミア併合、ボリス・ネムツォフ殺害に関与したロシア政府高官に対する制裁を西側に働きかけたことのために、その報復として毒を盛られたと考えている。フランスで実施された検査では、彼の体からは重金属が著しく過剰に検出された。

一七年二月、彼は再び毒殺の標的となり、体調を崩して病院に搬送、多臓器不全となり人工呼吸器に繋がれた。退院後は再び国外でリハビリを受けた。

捜査委員会は、一五年と一七年のカラムルザ毒殺未遂の件を刑事事件として起訴することを拒否した。しかしながら、二一年に発表された調査報道組織ベリングキャットによる調査では、彼の毒殺未遂事件とナヴァリヌイ[13]の毒殺未遂事件にＦＳＢ内の同一グループが関与していた可能性が示されている。

カラムルザはロシア反戦委員会のメンバーである。二二年四月、彼は再び逮捕・拘留された。ロシア軍に関する故意の虚偽情報拡散の罪で訴えられた彼は、シゾ内で急激に健康状態が悪化し、下肢の多発性神経障害と診断された。彼の弁護士によれば、これは以前に盛られた毒のせいであるという。

二三年四月、カラムルザは懲役二五年の刑を言い渡された。健康状態が悪い彼はこの刑期を生き延びることはできず、これは事実上の死刑宣告である。だが彼は、次のように語った。

「私の自己評価は高まりました。二五年は、私の行為、市民として、愛国者として、政治家としての信念に対してつけられる最高点です。つまり、私はすべて正しいことをしていたのです*」

＊ https://echofm.online/stories/ya-vsyo-delal-pravilno

マグニツキー法とディマ・ヤコヴレフ法

セルゲイ・マグニツキー。一九七二年四月八日生、二〇〇九年十一月十六日没。法律事務所ファイアストン・ダンカンのマネージング・パートナー兼税務アドバイザリー部門の責任者。

二〇〇七年六月、内務省の職員が、ロシア企業を対象とする投資ファンドであったエルミタージュ・キャピタル・マネジメントと、同ファンドを顧客としていたモスクワの法律事務所ファイアストン・ダンカンに強制捜査へ入った。そこでは、エルミタージュ・キャピタル・マネジメントが投資対象としていた会社の登記書類が押収されたとされる。この強制捜査が行われてから間もなく、エルミタージュ・キャピタル・マネジメントのCEOであるアメリカ人のビル（ウィリアム）・ブラウダーは、ファイアストン・ダンカンに勤めていた弁護士のセルゲイ・マグニツキーに、なぜこの強制捜査が行われたのかを調査するよう依頼した。それから数か月にわたってマグニツキーは調査し、ロシアの腐敗した警察機関と税務当局の職員が、押収した会社の登記書類を悪用し、不正な裁判等を通じて、〇六年にエルミタージュ・キャピタル・マネジメントがロシア政府に納めた税金二億三〇〇〇万ドル（当時のレートで約二五六億円）の不法な返還を企てたことを突き止めた。〇八年、マグニツキーは、収集した情報と資料をもとに巨額横領事件を告発、それらの詐欺的な計画がロシアの政府高官によって認可され実行されたと主張した。

ロシア国内で〇八年に逮捕されたマグニツキーは（その逮捕には横領事件に関わって告発された警

察職員も関与していた）、モスクワで拘留されながら暴力を受け続け、裁判なしで合法的に拘束できる一年の期限が切れる七日前に獄中で死亡した。当時ロシアから追放されていたブラウダーは、この事件に憤り、マグニツキーの死に関与したロシア人を制裁する法律を制定するようアメリカの政治家たちに働きかけた。こうして二〇一二年十二月、アメリカで「マグニツキー法」が成立、ロシア国内での人権侵害に関係した者のアメリカ国内への入国禁止、アメリカ国内での資産凍結等が実現されることとなった。

　一方、ロシア当局は「マグニツキー法」に対する報復措置として、通称「ディマ・ヤコヴレフ法」を打ち出した。ディマ（ドミートリー）・ヤコヴレフとはアメリカに養子として引き取られたものの、炎天下の車内に長時間放置されて死亡したロシア人幼児の名前である。同法はアメリカ人がロシア国籍の子供を養子にすることを禁じたもので、「悪党法」とも呼ばれた。ロシア側はアメリカの議会がマグニツキー法案の成立を見送ればヤコヴレフ法案も取り下げるとしていた。

　ディマ・ヤコヴレフ法はロシアにて二〇一二年十二月二十八日に制定、この法律により、ロシアで生まれた障害を持つ多くの子どもたちが家族を見つける機会を奪われたと言われている。ボリス・ネムツォフ[解]は、これまでにアメリカ人と養子縁組したロシア人の子供の内死亡したのは一九名に過ぎないのに対し、ロシア国内では数千人の孤児が死亡しているとして、同法の制定に反対していた。

　なお、プーチン政権は二〇一三年にマグニツキーとブラウダーの二人に欠席裁判で脱税の有罪判決を確定させ、さらに国際刑事警察機構を通してブラウダーの逮捕を八回も要請している。

19　リリア・チャヌィシェヴァ　Лилия Айратовна Чанышева

一九八二年二月六日生
バシキール自治ソビエト社会主義共和国、ウファ出身
社会政治活動家

二〇〇五年にモスクワにあるロシア政府金融アカデミーを卒業。選挙不正が国内外から指摘された一一年の下院選挙後、チャヌィシェヴァは野党の集会に参加するようになった。一三年、彼女は、モスクワ市長選挙運動を展開していたアレクセイ・ナヴァリヌイ[13]陣営のチームにボランティアとして参加。同年秋、ウファに戻り、国際監査法人デロイトで働き始めた。

一七年、彼女は完全に政治に集中することを決意し、高収入の仕事を捨てて、ナヴァリヌイのチームに加わった。彼女は、当初はウファにある「ナヴァリヌイ本部」を率いた。ナヴァリヌイが大統領選に出馬できなくなった後も、ウファの「ナヴァリヌイ本部」は活動を続け、地元の環境プロジェクトや当局内の汚職の調査に携わった。チャヌィシェヴァは司法制度や法執行機関の改革、汚職との闘いを提唱し、ウファの検察庁や行政機関などの違法行為に対して民事訴訟を起こし、市の予算や戦略に関する公聴会で発言した。

一九年、チャヌィシェヴァはウファ市議会選挙に出馬を表明したが、当局は提出された署名の内に違反を「見つけた」という理由で、彼女の候補者登録を拒んだ。ここで注目に値するのは、彼女が出馬することを言明した後、同じ選挙区に彼女と同一姓の立候補者が二人出たことである。彼女たちは、

チャヌィシェヴァが出馬を断念すると、自分たちも出馬をキャンセルした。

二一年二月、チャヌィシェヴァは、ナヴァリヌイが拘束されたことに対する抗議集会を組織したために一〇日間拘留された。彼女は、市民は平和的に集まる権利があることを主張、裁判所の決定に異を唱えて控訴したが、何にもならなかった。同年秋、裁判所は反対に、集会での警察の働きに対する金銭的補償として三八万三千ルーブルを、彼女と集会の他の参加者数名から取り立てた。そして、それに続く十一月、彼女は逮捕された。彼女は過激派コミュニティ設立の罪などで起訴されたのだった。

二一年の六月、裁判所は反汚職基金とロシア各地にあるナヴァリヌイ本部とを「過激派組織」と認定したが、すでにその前に、同基金と全ナヴァリヌイ本部はスタッフを逮捕・投獄といった危険にさらさないため、法的にはすべてを整理し解散していた。チャヌィシェヴァも反汚職基金とナヴァリヌイ本部の機構の中で働くことをやめていた。それでも彼女が逮捕されたという事実は、実際に為した行いによってではなく、その政治的姿勢のために法執行機関によって執拗に追撃されたことを物語っている。さらに酷いことには、彼女の裁判が始まったのは二三年三月であり、公判が始まるまでおよそ一年半もの長期にわたって彼女はシゾに収容されたのであった。同年六月、彼女に七年半の禁固刑が宣告された。

チャヌィシェヴァは法廷で、次のように訴えた。

「一般人であろうと、裁判官であろうと、皆自由意志を持っています。我が国には非常に強い恐怖感があることは理解しています……。無法状態を止めるのはあなたの力、この国の恐怖と死を止めるのはあなたの力なのです*」

* https://www.youtube.com/watch?v=qmJBkYjH8So

20　イリヤー・ヤシン　Илья Валерьевич Яшин

一九八三年六月二十九日生
モスクワ市出身
「外国エージェント」二〇二二年七月指定
社会政治活動家

二〇〇〇年に普通教育学校と美術学校を卒業後、国際環境政治独立大学*の政治学部へ入学、〇五年に「現代ロシアにおける抗議行動の組織化技術」というテーマで学位論文を執筆し、学士号を取得した。〇七年からは、国立研究大学高等経済学院の大学院課程応用政治学科にて学んだ。

＊　二〇一八年まで存在した、ロシアの国立ではない高等教育機関。

ヤシンの政治的なキャリアは彼がまだ十代後半の青年の頃、二〇〇〇年に始まっている。彼はヤブロコ党の青年部で積極的に働き、数多くの集会や抗議行動を組織した。〇六年、彼はヤブロコ党の事務局メンバーになったが、〇八年、統一民主主義運動「連帯」の指導部へ加わったために党から除名された。ヤシン自身は、自分がヤブロコ党党首のグリゴーリー・ヤヴリンスキー[2]をあえて公然と批判したこと、それに加えて党員らが、自分とボリス・ネムツォフ[解]との緊密な協力関係を良しとしなかったことが、除名の本当の理由であるとしている。

一一年〜一二年にかけた大規模な反体制運動の中で、彼は街頭での抗議行動を組織した一人であった。一二年二月、ヤシンとそのグループは、モスクワ川を挟んでクレムリンのちょうど反対側にあるソフィア堤防に、「プーチン、出て行け」と書かれた一四〇メートルの横断幕を掲げるという大胆不敵な行動を取った。ヤシンはこれまで再三に渡って、逮捕され、行政処分を科され、罰金を科され、拘留されてきた。また、彼はモスクワ市議会選挙に打って出ることを三度試みたが、選挙管理委員会はその度に名ばかりの理由で彼を立候補者として登録することを拒んだ。

一二年、ヤシンはロシア野党調整評議会の選挙で五位に入り、評議会議員となった。同評議会は反体制派勢力をまとめる合法的な組織として構想されたものであったが、一年後には消滅した。

一七年、ヤシンと仲間たちはモスクワ市行政管区議会の選挙に勝利、彼はモスクワのある地方管区の代議員に選出された。彼が最初に取り組んだことは、市職員の特典の廃止であった。

政治活動に加え、彼はジャーナリストとしても活躍している。

〇五年より彼は『ノーヴァヤ・ガゼータ』紙で働き始め、最初は特派員として、後にコラムニストとなった。同紙で彼が最初に発表したものは、モスクワ国立バウマン工科大学の指導部が立ち上げた「若いロシア」という青年運動に関する記事で、この運動の真の目的は、行政上の資金を用いて大学内の反体制派を見つけ出して弾圧することだった。翌〇六年には『街路の抗議』という本を出版、この著書の中でヤシンは、それまでの数年間に行われた若者の政治運動の中で最も成功した事例をまとめている。

一五年二月にボリス・ネムツォフが殺害されてから、彼はジャーナリストや専門家チームと共にネムツォフの遺稿でもある報告書『プーチン 戦争』を完成させた。そこでは、ロシアによるウクライナ政治への干渉や、クリミアの占領・併合、ウクライナ東部での武力紛争におけるロシアの関与、またそれらによるロシアの人的損失やロシア経済が被ったコストについて報告されていた。同報告書の発表会は五月に開催され、同時にこの報告書を大量出版するための寄付金が募られた。*

＊　とはいえ、印刷会社への発注は決して順調には進まず、全部で14の印刷所から断られ、最終的には、契約書なし、名前を伏せることを条件に印刷を承諾してくれたある印刷所のおかげで最低部数（二〇〇〇部）が印刷されることになった。

一六年二月、モスクワでヤシンは、チェチェンのトップであるラムザン・カディロフ*に関する報告書『国家安全保障への脅威』を発表。報告書では、いかにカディロフがロシア内外の政治のキーパーソンとなり、国家指導部や特殊部隊が彼を放任しているがために、彼がいかにロシアの国家安全保障を脅かしているかが述べられている。

＊　一九七六年十月五日生。暗殺されたアフマド・カディロフの次男。第二次チェチェン紛争でプーチン政権に鞍替えした。チェチェン共和国元首。

一八年三月、ヤシンとウラジーミル・ミロフ[11]は、報告書『プーチン 決算 二〇一八』を提出した。この報告書は、ロシア国家機関によって公表された様々なデータに立脚して、プーチン支配体制を政治的経済的社会的に総括している。統計によれば、プーチンが政権を運営した一八年の間に、一時は石油価格上昇のためロシアの生活水準は上がったが、その後下がり、物価は上昇し、結局のところ、経済の石油への依存度が高まることになった。この報告書を発表する数日前、警察は印刷された報告書を押収した。ロシアでは大統領を批判することは禁じられていないので、この警察の行動は違法であった。こういった現実について彼は、「実際には、警察は政治犯を追跡する探偵の機能を果たしており、プーチンを称賛していないあらゆる印刷物を差し押さえている」と指摘している。

二二年六月、ヤシンは警察に拘束され、その後、ロシア軍に関する故意の虚偽情報を拡散した疑いで刑事告発された。同年十二月、彼に対して矯正収容所での八年六カ月の刑が言い渡された。

ヤシンは服役しながらも、弁護士を通して積極的に自身の見解をSNS上に発信し続けている。二三年二月、彼は『TIME』誌のインタビュー内で国際社会に対して次のように呼びかけた。

「私はグローバルコミュニティに聡明さを求めます。ロシア人を侮辱することを控えていただきたい。……クレムリンの秘密結社の戦争犯罪の責任をロシア国民に転嫁することで、皆さんはプーチンの道徳的政治的重荷を軽くしています。そのことによって皆さんは、ロシア人を生きた盾としてプーチンをその陰に隠し、彼が正当な告発から逃れる可能性を与えているのです。……プーチンはウクライナ国民に大いなる悲しみをもたらしました。しかし、この野蛮な戦争によって彼は私の国、ロシアをも殺しています。……私の同胞に手を差し伸べてください」[*]

＊ https://time.com/6254471/илья-яшин-из-тюрьмы-не-вините-всех-русс/

同年十月、彼の著書『抵抗は役に立つ』が、ロシアの非政府系出版社 Freedom Letters[*] から刊行された。同著には、彼が獄中で書いた文章や法廷でのスピーチなどが収められている。

＊ ジャーナリストであるゲオルギー・ウルシャゼが設立した非政府系出版社。

さらに十二月、彼は、ソーシャルメディアへの投稿に際して「外国エージェント」であるという注意書きを添えていない罪で、四五〇〇〇ルーブルの罰金を科された。彼がその際に述べた言葉は以下の通りである。

「私は『外国エージェント』の地位を拒否し、ロシアの国益を売り渡したウラジーミル・プーチンを非難する。ウクライナに戦争をしかけ、我が国を中国にとっての原料供給国、政治的付属物とすることは、国家反逆罪に匹敵しうると信じている」[*]

＊ https://t.me/yashin_russia/845

解説

ボリス・ネムツォフ

一九五九年十月九日生
ソチ出身
二〇一五年二月二十七日モスクワにて没
政治家、物理学者

ロシア人民代議員、ニージニー・ノヴゴロド州初代知事、上院議員、ロシア連邦第一副首相を歴任した。加えてネムツォフは最年少の州知事、また副首相であった。

一九九九年、彼はプーチンを、二〇〇〇年のロシア大統領選挙に出馬予定の候補者の中で最も立派な人物だと評していた。プーチンは責任感があり、正直で、困難な決断を下すことを恐れない人間であり、行動力を伴った有能な政府を樹立するだろう、と当時の彼は語っていた。

しかしその後、ネムツォフはプーチンを支持したのは間違いだったと認め、二〇〇〇年から彼自身が暗殺されるまで、プーチンを公然と批判し続けた。彼は下院を去った後、反体制派のデモ行進や「公正な選挙のために」集会、ロシアによるウクライナへの軍事介入に反対するデモ行進に繰り返し参加した。また、他の反体制派知識人やジャーナリストと共に、プーチンの政策を批判し、プーチン政権を糾弾する次のような報告書を数多く発表した。

『プーチン 決算』（二〇〇八年二月）／『プーチンと〝ガスプロム〟』（同年八月）／『プーチンと危機』（〇九年）／『ソチとオリンピック』（同年）／『ルシコフ[*1]決算』（一〇年）／『プーチン 決算 10年』（同年）（以上六点、ウラジーミル・ミロフ[11]との共著）／『プーチン 腐敗』（一一年）

（ミロフ、ウラジーミル・ルイシコフ[*2]、オリガ・ショリナ[*3]との共著）／『プーチン ガレー船での奴隷生活 宮殿 ヨット 車 飛行機 その他贅沢品』（一一年）／『亜熱帯地方での冬季オリンピック』（一三年）（以上二点、レオニード・マルトゥイニュク[*4]との共著）

＊1　一九三六年九月二十一日生、二〇一九年十二月十日没。政治家。モスクワ市長や統一ロシア党最高評議会共同議長を歴任した。

＊2　一九六六年九月三日生。政治家、歴史学者。「ロシア共和国党 - 人民自由党」共同議長、「二〇〇八自由な選択」委員会メンバー。

＊3　ジャーナリスト。ラジオ局「モスクワのこだま」や『The New Times』誌にて勤務。統一民主主義運動「連帯」の広報担当を務め、ネムツォフに広報の助言を行った。

＊4　一九七八年六月二十日生。ジャーナリスト。統一民主主義運動「連帯」のメンバー。ネムツォフと共にYouTubeチャンネル「プーチン体制の嘘」を開設。

ネムツォフは最も権威ある野党指導者の一人であった。

彼は、一五年二月二十七日から二十八日にかけての夜中にモスクワのボリショイ・モスクヴォレツキー橋上の銃撃で殺されたが、その二日後に行われる予定だったウクライナへの軍事介入に反対するデモの呼びかけ人だった。一四年にはクリミア併合を強く非難、一五年には親ロシア派勢力が牛耳るウクライナ東部にロシアが軍事支援していると怒っていたネムツォフは、ロシア軍侵攻の秘密情報を入手したことをほのめかしていた。殺害は政治的動機によるものという声が根強い。実行犯として数名の男が逮捕・起訴されたが、その背景の解明には至っていない。

ネムツォフには収録番号が附されていない為「解」を添えた。

21
セルゲイ・ボイコ　Сергей Андреевич Бойко

一九八三年七月十五日生
ウラジオストク出身
「外国エージェント」二〇二三年三月指定
政治家、社会政治活動家

二〇〇五年、ノヴォシビルスク国立大学情報技術学部を卒業。一五年まで通信会社アヴァンテルに勤務し、退社時にはCEOを務めていた。

一五年、ノヴォシビルスク州議会選挙のための民主連合（カシヤノフ[5]の人民自由党やナヴァリヌイ[13]の進歩党などが協力して結成）の予備選挙に参加して三位となったボイコは、人民自由党のリストの三番目に入ることとなった。人民自由党は民主連合の中で唯一、選挙に参加するにあたって署名を集めなくてよい政党であったが、州選挙管理委員会は人民自由党リストの三人の候補者全員の登録を拒んだ。これに抗議してボイコは、民主連合の選挙本部長であったレオニード・ヴォルコフ[17]らと共にハンガーストライキを行い、州選挙管理委員会の委員長の事務所を占拠した。その結果、警察に拘束され、罰金を科されたが、ボイコはその後もハンガーストライキを続け、一二日目に狭心症のために倒れて集中治療室へ運ばれることとなった。

一七年、ボイコは同年二月に開設されたノヴォシビルスクの「ナヴァリヌイ本部」を率いた。

一八年五月、彼はX（旧Twitter）でアクション「彼は我々の皇帝じゃない！」に参加するよう呼びかける投稿をしたため、モスクワで拘束され、三〇日間の行政拘留処分となった。同年九月、年金改革に反対する集会をノヴォシビルスクで主催、デモ行進中に拘束され、同じく三〇日間の行政拘留処分を受けた。同年、彼はノヴォシビルスク市長選への出馬をも表明、翌年には、市選挙管理委員会に提出できる最大署名数の六四七四名分を超える六六一三名分の署名がボイコ陣営のボランティアらによって集められ、彼は市長選の候補者として正式に登録された。候補者登録まで無事にこぎつけた自薦の候補者は彼だけであり、彼は選挙では二位となった。

＊ プーチンは二〇一八年三月の大統領選の際、年金給付開始年齢の引上げには言及することなく、再選を果たした。大統領選終了後、ロシア政府が年金制度改革法案を提出すると、ロシア国内各地で抗議活動が起こったが、同年十月には年金給付開始年齢の引上げなどの改正が成立した。

一九年、捜査委員会は反汚職基金に対する刑事訴訟を開始し、同基金が一〇億ルーブルを資金洗浄したとして告訴した。国内の41の町にある二〇〇以上の「ナヴァリヌイ本部」、そしてそのスタッフのアパートが家宅捜索され、その一環でボイコのアパートでも捜索が行われた。

二〇年二月、彼は、ヤブロコ党や社会団体「市民パトロール」の者たちと、ノヴォシビルスク市議会候補者連合「ノヴォシビルスク二〇二〇」*を創設した。同年八月、中央地区裁判所は、ボイコが設置した立方体状の宣伝ボックスを協調性がないピケとみなし、二万ルーブルの罰金を科した。そのような妨害にもかかわらず、彼は選挙に当選、第49管区選出のノヴォシビルスク市議会議員となった。

＊ 同連合は「ロシア連邦共産党と統一ロシア党の同盟」に対抗して闘うため、加わった候補者に対し、法的支援、宣伝活動中の支援などを提供した。

二〇二一年秋、ナヴァリヌイ支持者らに対する弾圧が強まる中、ボイコはロシアを去ることを余儀なくされた。二三年にはロシア国内にて指名手配された。

22　マクシム・カッツ　Максим Евгеньевич Кац

一九八四年十二月二十三日生
モスクワ市出身
「外国エージェント」二〇二二年七月指定
社会政治活動家、ブロガー

カッツが七歳の時に家族はロシアからイスラエルへ移住、十七歳の時にロシアへ戻った彼は三つの大学で学ぶが、教育の質に満足できずにどれも退学、小さなビジネスに着手し、その後ポーカーも始め、競技ポーカーのロシアチャンピオンとなった。

旅行して世界中の町を巡ったカッツは、都市建設の問題に興味を持つようになり、二〇一一年に都市デザインを手がけるデンマークの建築家ヤン・ゲール[*1]のもとを訪れ、そこで自費で個人レッスンを受けたりしながら多くのことを学んだ。その後、都市開発の自らのビジョンを実現化することを目指して、カッツは政治活動に携わることを決意、モスクワ市の行政管区議会選挙[*2]に挑戦する。彼はヤブロコ党から出馬、彼の型破りな選挙活動はメディアの注目を集め、ソーシャルネットワーク上で波紋を呼んだ。二〇一二年三月、彼は地方管区の代議員に選出された。またこの頃、彼は不正選挙に対する抗議活動に参加、当局による一連の弾圧後に拘束された人々を助けるための資金調達を目的とした人権プロジェクト「拘束者救済本部」を、他の政治家らと共に立ち上げた。

＊1　デンマーク・コペンハーゲン生まれの建築家、都市デザインコンサルタント。
＊2　モスクワ市は12の行政管区から成り、それぞれの行政管区はさらにいくつかの地区に分けられてい

る。モスクワ市には、モスクワ市議会議員選挙とモスクワ市行政管区議会議員選挙の二つがある。

政治活動以外にも、彼は都市環境を快適なものとする活動も続けており、同じく二〇一二年にイリヤー・ヴァルラモフ[56]と共に都市開発振興基金「都市プロジェクト」を設立、その理事長となった。

カッツは、人を集め組織を形作る高い才能を持つ。一三年には彼はナヴァリヌイ[13]の選挙対策副本部長を務めたが、本部長のヴォルコフ[17]をして「プロセスを組織化する天才」といわしめた。

一四年、ロシアが周到な軍事作戦によりクリミア半島を奪取すると、彼は「反プロパガンダ――ニュース分析」プロジェクトを開始した。彼はロシアのテレビがニュース番組で流すフェイクを、さまざまなネット上のプラットフォームで分析した。一六年、彼はイギリスのチーヴニング奨学金を取得、グラスゴー大学の社会政治科学部に入学し、都市行政と公共政策を学んだ。

一七年夏、カッツは「団結した民主主義者」連合*の選挙対策本部を指揮し、ヤブロコ党から出馬したモスクワ市の地区代議員一七七名の当選を手助けすることとなった。これにより、ヤブロコは同市の第二党となった。二一年二月、彼は、ナヴァリヌイを支持する活動で拘束された人々を支援する「公的補償」プロジェクトを組織した。彼らに同情するあらゆる人が、罰金の支払いに充てるためのお金を拘束者に直接送った。翌年三月、一〇二八名を援助するために二六七九万ルーブルが集まったとし、カッツはプロジェクトの終了を発表した。

＊　ドミートリー・グドコフ[16]の九四頁参照。

二二年、カッツはロシアを去った。同年十月、彼がすでに国外にいることは周知の事実であったが、内務省は彼を連邦指名手配リストに追加、さらに翌二三年三月、カッツはロシア軍に関する故意の虚偽情報を拡散した容疑で、本人が不在のまま起訴された。

23　ミハイル・スヴェトフ　Михаил Владимирович Светов

一九八五年一月四日生
モスクワ市出身
「外国エージェント」二〇二二年十一月指定
社会政治活動家、ブロガー

スヴェトフはまだ高校生の時から自身のブログを立ち上げ、そこでリバタリアニズムについて言及した。二〇〇四年~〇六年までロシア国立人文大学で政治学を学び、その後、イギリスのノッティンガム大学に編入してやはり政治学を学び、〇九年に卒業した。一〇年、ロシア・リバタリアン党*に入った。一六年に帰国、一七年には自身のYouTubeチャンネル「SVTV」を開設し、トークショー動画を制作して配信し始めた。

＊　国の自由主義的発展の原則を推進する未登録政党。

二〇一七年八月、モスクワで「自由なインターネットのために」という集会が開かれ、スヴェトフはそこで演説を行った。集会には約四〇〇〇人が集まり、同一スローガンのイベントは他の都市でも開催された。翌年四月、Telegramのブロッキングに反対する集会を主催した。九月、ペテルブルクで開かれた年金改革に反対する集会へ参加し、警察によって拘束、起訴された。

この頃、スヴェトフは主権インターネット法*に抗議する公のキャンペーンを開始、法案採択に反対するオンライン署名を立ち上げ、一二万三〇〇〇名分の署名を集めた。また、一九年三月には、モスクワで開かれたインターネットを擁護する集会を共同主催し、そこで演説も行った。同様の集会はハバロフスクとボロネジでも開催された。同年に彼はロシア国内の30か所の都市を回って講演会を行おうとしたが、開始当初から大小の妨害に遭った。事前に手配して使用料をすでに払っていた会場からさまざまな口実でキャンセルされたり、講演中に窓ガラスが割られたり、迷彩服を着た正体不明の男たちが部屋へ侵入して火災報知機を鳴らし、退室を要求してきたりした。

＊ 二〇一九年に既存の法律が修正され、インターネット監視が義務付けられ、国内のインターネットを国外から切り離す権限を政府に与えることとなったが、主権インターネット法とはこの一連の修正に関する非公式名称。

二〇二〇年、スヴェトフはさまざまな思想傾向を持つ「派」からなる運動組織「市民社会」を創設した。同運動のマニフェストには、「共通の敵に対して団結しよう。私たちロシア連邦の市民は、国民主権を回復し、権力の簒奪を阻止することを目的と……する」とある。

スヴェトフは、ロシアにおける民族問題の議論不足と多民族国家としての宣言が、共通の国民意識を育む代わりに選民意識を助長しているとみなしている。彼は、スイスをモデルとした多文化国家の建設を提唱、ロシア人を市民的共同体ではなく文化的共同体と定義している。また、ロシアが豊かな生活空間となるためには、地方の富がすべてモスクワに簒奪され、地方はモスクワからの手当てに依存するしかない政治構造を脱却しなければならないとし、次のように語っている。

「すべてが私たちから奪われ、すべてがモスクワに流れ、オリガルヒやノーメンクラトゥーラの手に渡り、私たちはといえば、常にゼロから出発しています。私たちは子供たちの世代に何も残さず、親の世代から何も受け継いでいません。これは完全に異常な状況です！」＊

＊ https://www.idelreal.org/a/29952976.html

24 リュボフィ・ソボリ　Любовь Эдуардовна Соболь

一九八七年九月十三日生
モスクワ州ロブニャ出身
「外国エージェント」二〇二一年五月指定
社会政治活動家

二〇一一年、モスクワ国立大学の法学部を優秀な成績で卒業。一一年〜一二年にかけてソボリは、市民フォーラム、反対集会、ボランティア活動などの市民・政治活動に参加し、さまざまなレベルの選挙にオブザーバーとして立ち会った。

二〇一一年三月、ナヴァリヌイ[13]が設立したプロジェクト「ロスピル」*の弁護士となった。一二年十月、ソボリは、ロシア野党調整評議会の議員に選出され、ボリス・ネムツォフ[解]のような名の知られた政治家を抑えて15位に食い込んだ。一四年、モスクワ市議会議員の候補者であったが、署名提出の最終日に必要な数の署名が集まらなかったため、立候補を取り下げた。一七年三月から八月まで、ソボリはYouTubeチャンネル「ナヴァリヌイLIVE」の朝番組「サボテン」の司会を務めた。翌一八年、彼女は「ロスピル」の責任者としての地位を去り、「ナヴァリヌイLIVE」の総合プロデューサーとなった。

＊ 国の予算支出の公共調達分野における不正行為に対抗するために立ち上げられた、非営利の公共プロジェクト。二〇一〇年代半ばには反汚職基金に統合された。

一八年十二月、モスクワの幼稚園や小中学校で子供たちの集団食中毒事件が発生した。反汚職基金は調査を開始、翌年一月、ソボリはエヴゲニー・プリゴジン[*1]の会社である「コンコルド」と「モスクワ学童」を、モスクワの教育機関に不良食品を供給して腸内感染症を引き起こしたとして告発した。捜査委員会は、モスクワの幼稚園での集団食中毒事件をめぐって刑事事件を開始した。[*2]食中毒になった子供の親らが情報を提供し、連邦消費者権利・保護・福祉分野監督局は一二七人の児童の食中毒を認めた。ソボリは、被害を受けた子供の親たちが裁判に勝って賠償金を受け取れるよう支援した。これに対してプリゴジンは、逆に名誉棄損やビジネス上の信用棄損を訴え、彼女とナヴァリヌイに対していくつかの訴訟を起こした。裁判所は最終的に二つの訴訟でプリゴジンの言い分を一部認め、ソボリに対して計一〇〇万ルーブル支払うよう命じた。

＊1　一九六一年六月一日生、二〇二三年八月二十三日没。民間軍事会社「ワグネル・グループ」を統括。ウクライナ侵略ではワグネルはロシア側の支配地域の拡大に貢献するが、ロシア国防省からの支援は不十分で、業を煮やしたプリゴジンは二〇二三年六月に部隊を引き連れて一部のロシア軍基地を掌握、モスクワへ進軍し反乱を起こした。その後、ベラルーシのルカシェンコ大統領の介入もあり、進軍は中止。八月、トヴェーリ州上空にて飛行機墜落事故により死亡。

＊2　日本では刑事事件を起訴できる権限は検察官しか有さないが、ロシアでは検察官以外も起訴権限を持つ。具体的には、警察や捜査委員会、裁判所などがそうである。したがって、恣意的に刑事事件と認定することが可能となり、政治的弾圧の手段として刑事事件起訴が日常的に行われている。

一九年、彼女は再びモスクワ市議選に打って出た。ソボリ陣営は、正式な候補者登録に必要な最低署名数四五〇〇名分のところ、六〇〇〇名分以上の署名を集めた。七月六日、ソボリは提出できる最大数である四九四〇名分の署名を選挙管理委員会に出した。しかしながら、同委員会は彼女が集めた署名のおよそ15％が法的に無効であると判断し、七月十三日には彼女の候補者登録を拒んだ。彼女はこれを政治的決定として、抗議のハンガーストライキを宣言、同日に他の候補者らと共に抗議行動に参加した。彼女は何度も警察に拘束され、罰金の総額は五〇〇〜六〇〇〇万ルーブルにも上った。八月十四日、彼女はハンガーストライキを止めた。一九年夏のモスクワ市議選では、ほぼすべての独立系の野党派候補が登録を拒まれたことで大規模な抗議デモが起こったが（モスクワ事件）、一連の事件は、モスクワの抗議者の新たなシンボルとしてソボリの名を広めることになった。

二一年、彼女はニュース配信動画「何が起こった?」の司会者となった。これは初めはYouTubeチャンネル「ナヴァリヌイLIVE」で流され、後に彼女個人のYouTubeチャンネル「リュボフィ・ソボリ Любовь Соболь」で配信されるようになった。同年、彼女はロシアを離れた。

二二年一月、ソボリは金融監視庁によってテロリスト、過激主義者のリストに加えられた。

二〇二二年二月以降、彼女は反戦委員会のメンバーである。ロシア軍によるウクライナへのぞっとするような侵略が始まって以来、彼女はロシアの人々に向けてずっと発信を続けている。

25

マリア・ペフチフ　Мария Константиновна Певчих
一九八七年八月十五日生
モスクワ市出身
「外国エージェント」二〇二三年五月指定
調査ジャーナリスト、反汚職基金理事長

ペフチフは二〇〇三年にモスクワ国立大学社会学部に入学、〇五年からはロンドン・スクール・オブ・エコノミクス[*1]に留学した。ロンドンでの勉学を終えた後、モスクワ国立大学へ戻り、社会学部を卒業したが、そこで彼女の学位論文「現代イギリスにおける民族社会学的ポートレート」の指導教官であったのはアレクサンドル・ドゥーギン[*2]であった。モスクワ国立大学卒業後は、一四年までイギリスの多国籍企業ブリティッシュ・アメリカン・タバコに勤務した。一九年にはイギリス国籍も取得している。

＊1　ロンドン大学を構成するカレッジの一つ。
＊2　一九六二年一月七日生。ロシアの地政学者、政治思想家。ネオ・ユーラシア主義の代表的な思想家の一人。

ペフチフが調査報道の世界に足を踏み入れたのは偶然であるという。二〇一〇年代初頭、LiveJournalでナヴァリヌイ[13]のブログを読み始め、一一年には彼が設立したプロジェクト「ロスピル」で仕事を得ようとした。しかし、ナヴァリヌイと実際に会って話すようになってから、彼女は反汚職基金の新たな調査部門の指揮を執ることが決定した。ペフチフが最初に行った調査は、ＶＴＢ銀行[*]によって掘削装置がメーカー公式価格の一・五倍で購入されたスキャンダルであった。

＊　モスクワのメガバンク。二〇〇一年末にロシア連邦中央銀行から分離、国有化された。

ペフチフは、事実に基づいた諸資料の分析、追及、調査動画の脚本執筆等に携わっており、その撮影プロセス全般の責任者でもある。反汚職基金が制作した調査動画として初めて公開されたものは、一五年のユーリー・チャイカ検事総長[＊1]とその家族の財産をめぐる調査である。調査動画のほとんどはYouTubeチャンネル「アレクセイ・ナヴァリヌイ」で配信されることとなった。彼女が関わった反汚職基金の他の調査には、ＶＴＢ銀行会長のアンドレイ・コスチン[＊2]とジャーナリストのナリヤ・アスカーザデ[＊3]との関係について、外務大臣セルゲイ・ラヴロフ[＊4]について、国営テレビチャンネルＲＴ[＊5]の一部従業員の高給に関する話、ナヴァリヌイの毒殺を試みたチームやプーチンの宮殿に関する話などがある。

＊1　一九五一年五月二十一日生。二〇〇六年から二〇二〇年までロシア連邦検事総長を務めた。
＊2　一九五六年九月二十一日生。銀行家。二〇〇二年六月よりＶＴＢ銀行の会長兼理事長。
＊3　一九八七年十二月十三日生。ロシア国営放送のテレビキャスター。一部の反体制派からはプロパガンディストとみなされている。
＊4　一九五〇年三月二十一日生。政治家。二〇〇四年からロシア外務大臣。
＊5　主にロシアの国家予算で運営されている国際テレビチャンネル。

調査ジャーナリストのロマン・アニン[62]は、ペフチフのことをロシアで最も優秀な調査員の一人と語っている。彼女は他の反汚職基金の同僚らとは異なり、ソーシャルメディアを駆使して自らの意見を発信してはこなかったが、ナヴァリヌイの毒殺未遂事件後は公の場に姿を現すようになった。

彼女は、ナヴァリヌイの毒殺未遂事件が起きたトムスクへの旅に同行した者の一人である。彼らはトムスクの個人住宅建設者に関する調査に取り組んでいたが、ナヴァリヌイが毒を盛られたことを知ったペフチフは、反汚職基金のチームが宿泊したホテルの水のボトルを回収し、それを国外に持ち出すことができた。その後、ドイツの捜査当局はそのボトルから有毒物質ノヴィチョクの痕跡を発見した。

ペフチフは「編集部」賞を二度受賞している。

二一年六月に「過激派組織」と認定された反汚職基金は、スタッフを危険にさらさないように組織としては一度すべて清算され、解散した。しかしながら同年、同一名の国際非営利団体である反汚職基金（Anti-Corruption Foundation）が立ち上げられ、二三年三月にレオニード・ヴォルコフ[17]が同基金の理事長を辞任すると、ペフチフが新たな理事長に就任した。

26

ピョートル・ヴェルジロフ　Пётр Юрьевич Верзилов

一九八七年十月二十五日生
モスクワ市出身
「外国エージェント」二〇二一年九月指定
芸術活動家、非政府系オンライン出版物「メディアゾーナ」の元発行人

ヴェルジロフは中高生の時期を日本やカナダで過ごし、英語に通じている。モスクワへ戻った後に同地の第五四八中高等学校を卒業。モスクワ国立大学哲学部に入学したが、二年次に中退した。二〇〇五年、十八歳の時に帰化してカナダ国籍を取得したため、ロシアとカナダ、二つの国籍を持つ。

彼は行動派アートグループ「戦争」[*1]の元メンバーである。〇八年に行われた、モスクワの国立生物学博物館でのパフォーマンス[*2]や警察署で行われたアクション[*3]など、数多くの「戦争」グループの活動に参加した。〇九年、グループ内で意見の相違があり、やはり同グループメンバーであった妻のナジェージダ・トロコンニコヴァ[*4]と共に「戦争」グループのモスクワ派となってメンバーを率いた。

＊1　コンセプチュアルなストリートアートの分野で活動したグループ。

＊2　「熊の跡継ぎにファックしろ！」と名づけられたアクションで、国立生物学博物館のホールの一角で数組のカップルがセックスをしたパフォーマンス。メドヴェージェフが当選することとなった二〇〇八年のロシア大統領選挙の前夜に行われた。ロシア語では熊のことを「メドヴェージ」といい、メドヴェージェフの名が皮肉に掛け合わされている。メンバーによれば、彼らのメッセージは「彼らがこの行動をなした位置から国全体がガンに冒された」というものだった。

*3 「警官を彼らの建物内で凌辱する」と名づけられたアクション。二〇〇八年五月六日、警察署内に入った「戦争」グループのメンバーは、新たにロシア大統領に選出されたメドヴェージェフの肖像画を牢獄の鉄格子にかけ、その前面で人間ピラミッドを作った。

*4 一九八九年十一月七日生。アートグループ「戦争」の元メンバー、「プッシー・ライオット」の中心メンバー。二〇一六年にピョートル・ヴェルジロフと離婚。二〇二一年十二月、司法省により「外国エージェント」に指定。

一二年には、自然保護活動家であるエヴゲーニヤ・チリコヴァ[14]と行動を共にして拘束された。ナヴァリヌイ[13]と共に集会の後に拘束され、一〇日間の拘留を言い渡されたこともある。

一八年、モスクワのルジニキ・スタジアムで行われていたFIFAワールドカップの決勝戦後半、警察の旧ユニフォームに身を包んだヴェルジロフと「プッシー・ライオット」[*1]の三人がピッチに駆け込んで試合を中断させた。世界が注目する決勝戦での乱入に、政権側にとってみれば面子をつぶされた格好となった。「プッシー・ライオット」はSNSで犯行声明を発表、ロシアにおけるより自由な政治競争、現在収監中の政治活動家らの釈放、デモ行進中の不当逮捕の中止などを要求した。[*2]

同年九月、ヴェルジロフは視覚や運動能力の低下、不随意運動など重度の中毒症状を示してモスクワの病院に入院、同月に意識を取り戻したが依然容態は深刻で、ベルリンに運ばれ、そこで治療を受けた。ベルリンの医師はスコポラミンと同等クラスの毒物でやられた可能性が高いと述べた。ヴェルジロフはベルリンでの治療を終えた後にイスラエルで簡単なリハビリを受け、数カ月後の冬にモスクワへ戻った。

*1 ロシアにおける政治的抑圧や性差別、人権侵害に対し、無許可でのパフォーマンスや音楽活動など

を通じて抗議を行うフェミニスト・パンク・ロック集団。
＊2　この事件でヴェルジロフは、ロシア国内の公式スポーツイベントへの出席を三年間禁止され、警察官の制服を違法に着用したとして罰金も科されている。

二〇年六月、ヴェルジロフは「モスクワ事件」の目撃者として拘束され、尋問された。その後釈放されたが、すぐに再び拘束、些細な乱暴行為で調書を取られ、一五日間の拘留となった。また、カナダのパスポートを保持していることを通告していなかったということで刑事事件も起こされた。同年七月、彼は再びモスクワにて拘束され、精神鑑定に送られた。

　ヴェルジロフはロシアによるウクライナ侵略に反対を表明し、二〇二二年四月からウクライナに滞在、プロデューサーのボー・ウィリモン[*]と共に戦争を描くドキュメンタリー映画の制作に着手した。翌二三年、ヴェルジロフはジャーナリストのユーリー・ドゥト[61]との対談で、映画撮影のために戦地へ赴いたものの、ウクライナ軍の一兵士として参戦していることを語っている。このインタビュー動画が配信された二日後、彼は自分がウクライナ軍に加わっていることによって一部の人々がオンライン出版物「メディアゾーナ」の中立性と独立性を疑問視していると述べ、そのために同出版物の発行人としての職責を辞任すると発表した。

＊　一九七七年十月二十六日生。アメリカのプロデューサー、劇作家。

二〇一九年夏のモスクワ市議会選挙では、イリヤー・ヤシン[20]、リュボフィ・ソボリ[24]、ドミートリー・グドコフ[16]、イヴァン・ジェダノフ[28]、ユリア・ガリャミナ[12]などほぼすべての独立系の野党派候補者が、モスクワ市選挙管理委員会から候補者登録を拒まれ出馬できなかった。この結果、モスクワ市内に大規模な抗議デモが起こったが、「モスクワ事件」とは、その折に生じたと捜査当局がみなしている法執行官に対する暴力と、それに関連した刑事事件を指す。また、他の複数の政治的な意図によって生じた刑事事件も含まれる。

同年七月十四日、新プーシキン小公園にて一七名の独立系野党派候補者とその支持者の会合が開かれ、その後、集会参加者はモスクワ市庁舎とモスクワ市選挙管理委員会の建物に向けて行進、集会は抗議デモに発展した。この過程で三九名が拘束され、その内五名が独立系の候補者であった。彼らを支持するアクションは、翌週もトゥルプナヤ広場で続いた。七月二十日、サハロフ通りで、モスクワ市議会の選挙に独立系候補者の立候補を認めるよう求める集会が開かれた。「ホワイト・カウンター」（集会や行進の場で人数をカウントし、カウント手段、得られたデータなどを最大限オープンにしている非公式の非営利団体）の集計結果によれば、そこには二二〇〇〇人以上が集まった。その一週間後、同じ要求を掲げた抗議集会が開かれ、独立系候補者の支持者たちはモスクワ市庁舎の前に集まったが、国家親衛隊《ロスグヴァルディア》によって路地に追い払われた。八月三日、同様にモスクワ市議選への独立系候補者の参加を求める抗議行動で、一〇〇〇名以上が拘束された。

27 ダリア・ベセジナ　Дарья Станиславовна Беседина

一九八八年七月二十二日生
モスクワ州ヒムキ出身
「外国エージェント」二〇二三年一月指定
政治家

ベセジナは子供の頃、物理学者だった父親の仕事の関係で長らく国外で暮らし、一家がロシアへ帰国したのは二〇〇四年であった。

彼女はモスクワ建築大学在学中に、都市建設研究のデータを用いて都市環境の改善を目指す、非営利団体の都市開発振興基金「都市プロジェクト」に参加、現在のロシアの都市建設ルールは標準以下の非人道的な都市環境をもたらしていると結論づけた。

一七年ベセジナはヤブロコ党へ入党。一八年には彼女自身も市長選挙前の党内予備選挙に参加し、二一人中五位となった。一九年二月、「都市プロジェクト」の理事長であるマクシム・カッツ[22]は、モスクワに建設された高速道路の解体という議題を推進させるために、モスクワ市議選に同団体が参加することを宣言、ベセジナが同団体の候補者と発表された。彼女はこの時、ナヴァリヌイ陣営[13]が打ち出した「スマート投票」戦略にも支持された。さらに彼女は、集めた署名を選挙管理委員会に提出した結果、そこではねつけられず、ヤブロコ党から出馬する数少ない候補者の一人となった[*]。

＊　ベセジナの場合は、対抗馬の候補者が長いキャリアを持った大物政治家であったため、誰も彼女が選挙で勝つとは予想せず、その結果、立候補妨害工作がなされなかったと思われる。

ベセジナの選挙運動は公の募金によって集められた資金に大きく依存しており、個人アカウントから三四八二件の寄付を受け取り、それが選挙運動で費やされた資金の72%を占めた。選挙資金として彼女は最終的に一六〇〇万ルーブル以上を受け取っており、こういったことからも彼女の人気がうかがい知れる。一九年九月、彼女は選挙に勝利し、モスクワ市議会議員となった。

議員となってモスクワ市議会の議員執務室に陣取った彼女は、机上にレインボーフラッグを置き、モスクワの人々がゲイパレードを開催する権利を擁護した。また、議員としての彼女の最初の動議は、モスクワ市議会の解散要求であった。彼女によれば、大部分の野党候補者が選挙に参加することを許されなかったため、選出された市議会の構成議員はモスクワに住む人々の現実的な感情を担っていなかったという。しかしながら、解散動議は他の議員たちには支持されなかった。

二〇年三月、プーチンによって提案された憲法改正案への賛意を表明するために開かれた臨時のモスクワ市議会に、ベセジナは「Ӧбнулись」（「Обнулись（ゼロからリセット）」と「Вы что ёбнулись（気でも狂ったか）」とを掛け合わせた皮肉な造語）と書かれたTシャツを着て登場、憲法改正以前に大統領職にあった者の任期のカウントがリセットする改正案への反対を表明、「プーチンがあと一六年ロシアを支配するためだけに練り上げられた憲法改正案を受け入れることはできない」と述べた。彼女はこの演説の後、憲法の文言の間に「プーチンが地のすべての獣や海の魚の王であることを考慮して」などの無茶苦茶なフレーズを挿入する50項目の憲法修正案を提示、結局、彼女はその後発言を禁じられ、この修正案に賛成したのはベセジナを含む三名の議員だけであった。続いてモスクワ市議会は、プーチンが主導した憲法改正案を承認した。

ベセジナによれば、ロシア国内に吹き荒れるプロパガンダの主なメカニズムは「完全な難読化」であるという。出来事についての説明は無限にあり、ある説明は他の説明よりもさらにばかばかしく、「その内部では原則的に客観的な真実が存在しないような、そのような現実の創造」、それがプロパガンダである。そして、この種のプロパガンダに抵抗するのは非常に難しく、代替的な情報源へのアクセスが必要不可欠になるという。

二一年一二月、ベセジナを含む、ヤブロコ党モスクワ支部のメンバー一九八名が、選挙戦におけるライバルを支援し政治的損害を与えたとして同党から除名された。彼女は、意見の相違を理由に党員を除名し党内分裂が起きていると述べ、ヤブロコを自由主義、民主主義、人権擁護の政治運動として復活させるとして、同ブランドの別組織である公的運動「ヤブロコ」を設立する計画を発表した。

聡明で芯の強さを持つベセジナは、自分のモットーは「怖くてもやる、やっても怖い！」だと語る。彼女は楽観性を失うことなく、メディアのインタビューで次のように語っている。

「ロシアはポテンシャルがある国なので、ここではどんなことも可能なんです。私たちは長く生き抜いて、頑張り抜いて、暗い時代が終わるのを待ちおおせることができると思います」*

* https://glasnaya.media/2023/03/07/inoagent-v-mosgordume-darya-besedina/

28 イヴァン・ジェダノフ　Иван Юрьевич Жданов

一九八八年八月十七日生
モスクワ市出身
「外国エージェント」二〇二一年九月指定
弁護士、社会政治活動家

ジェダノフは二〇一〇年にモスクワ国立法科大学を卒業、一三年まで同大学の大学院生であった。一一年～一三年にかけては、連邦反独占局やロシア連邦議会の下院機構でインターンを経験し、その後、個人弁護士として活動した。

一四年、ジェダノフは反汚職基金で弁護士として働き始め、その後同基金の法務部門の責任者に任命された。一六年、バルヴィハ農村集落*の評議会議員の候補者として彼は登録された。しかし、選挙運動期間中、過去に兵役逃れをしたという事実を曲解した罪で彼は刑事事件を起こされ、彼のアパートでは家宅捜査が行われた。その後、中央選挙管理委員会が理由をこじつけて選挙を中止した。

* バルヴィハ農村集落は、モスクワ州オジンツォフスキー地区にある富裕層の別荘地として知られる地域。ロシアでは「ルブリョフカ」と総称される、不動産価格が世界でもトップクラスの土地。

一七年～一八年にかけてジェダノフは、ナヴァリヌイ[13]が大統領選挙へ参加できるよう求めるキャンペーンに参加し、YouTubeチャンネル「ナヴァリヌイLIVE」の番組「法学部」にて司会を務めた。一八年の一年間、ジェダノフは抗議行動の主催者および参加者として数回拘束され、罰金を科されたが、いくつかのケースでは彼は抗議行動に参加していなかったばかりか、モスクワにさえいなかった。

同年十二月、彼は反汚職基金の理事に就任した。

一九年、ジェダノフはモスクワ市議会議員選挙に立候補した。彼の陣営は五七〇〇名分もの署名を集めた。これは、管区選挙管理委員会に出すには十分な数であったが、同委員会は、提出された五七〇〇名の内一一九七名分（およそ21％）の署名は無効と発表した。ジェダノフ側でも署名の10％ほどが受け付けられないのは想定範囲内であったが、21％となると、これはもう候補者登録ができない理由となった。彼は他の野党候補者と同じく、署名検証の結果に異を唱え、当局の狙いは野党候補者が選挙に出られないようにすることだと述べ、連日抗議行動に参加した。

一九年七月、裁判所はジェダノフに対して一五日間の拘禁を決定し、さらに八月には、モスクワ市民が実際に彼のために署名をしたという証拠を審議することを拒み、モスクワ市議会議員候補者として彼を登録することを却下した。この裁判所決定に対して彼は、「私にはもはや自分の立場を伝えるどんな手段も可能性もない」としてハンガーストライキを行った。同年十二月、その半年も前に遡った時期に集会へ参加したという理由で彼は逮捕され、彼に対していくつかの刑事事件が起訴された。彼にはすでに、ロシアを去る以外の選択肢は残されていなかった。

二一年、ジェダノフは国内に不在の状態で、まずロシア連邦内で指名手配され、その後国際指名手配された。同年三月、年金生活者であるジェダノフの父親に対してこじつけの刑事事件が起こされ、父親は逮捕された。ジェダノフはこの件について次のように述べている。

「この刑事事件が、私や私がなしていることに関連していることは、まったく疑いようがありません。私はそれを隠すつもりはありませんし、私にとっては最悪の事態です」*

* https://polit.ru/news/2021/03/29/zhdanov/

29　ダリア・セレンコ　Дарья Андреевна Серенко

一九九三年一月二十三日生
ハバロフスク出身
「外国エージェント」二〇二三年一月指定
社会活動家、フェミニズム運動家、詩人

十六歳の時に雑誌『昼と夜』にて詩人デビュー。二〇一七年、処女詩集『図書館の静寂』を出版。二〇一六年、セレンコはアクション「静かなピケ」を始める。彼女は同年三月末から毎日、政治や人権、フェミニズムに関して意見表明したプラカード（「プーチンは存在していないよう」「革命は避けられない」等）を掲げてモスクワの地下鉄を乗り継いだ。彼女によれば、このアクションの目的は「隣り、または向かいに座っている乗客と結びつきを樹立すること」であった。このアクションを通して、毎日数十人の見知らぬ人々と会話し、危険が迫った際に必要となる弁護士の電話番号などを交換し合ったという。しばらくすると、さまざまな人が彼女に合流し、プラカードを持って乗り物を乗り継ぎ、そのことについて公表するようになった。こうした活発な動きは二〇一七年まで続き、二〇年、彼女はこのアクションについての報告をまとめた「＃静かなピケ」を出版した。

一八年五月、モスクワのミール大通りにて、セレンコと彼女の友人らによってギャラリー「緊急のコミュニケーション」が開かれた。

二〇年十一月、セレンコは仲間らと共に、ＬＧＢＴＱや女性活動家のための休息施設「フェムダーチャ」をオープンした（場所は非公開）。「フェムダーチャ」はモスクワ郊外にある賃貸の家で、様々な基金や個人から寄付されたお金で開設された。活動家たちはTelegramの「秘密のチャット」を通して「フェムダーチャ」の住所を受け取り、そこには最大五人が同時に暮らすことができ、一週間から一カ月間ほど滞在できた。

二一年、彼女は女性のアクション「連帯と愛の鎖」の主催者の一人を務めた。このアクションは、ユリア・ナヴァルナヤ*への連帯を示すために行われたものであった。

＊ 一九七六年七月二十四日生。アレクセイ・ナヴァリヌイ[13]の妻。

二二年二月八日、セレンコは犯罪捜査官によって身柄を拘束され、一五日間の拘禁に処された。後に、彼女が「スマート投票」のシンボルをInstagramに投稿したために逮捕されたことが判明した。

ウクライナ侵略が始まった翌日の二二年二月二十五日、彼女は総勢一〇名ほどの活動家らと共に、「フェミニスト反戦レジスタンス」を結成、抵抗運動のマニュフェストを作成して出版した。

フェミニスト反戦レジスタンス　マニュフェスト（一部抜粋）

「戦争は暴力、貧困、強制的な移住、破壊された生活、安全の欠如、将来への展望の消失を意味する。未来の展望の消滅である。……戦争はジェンダーの不平等を増幅し、人権の発展を何年分も後退させる。戦争は物理的な暴力だけでなく、性的な暴力ももたらす。……こうした理由やその他多くの理由から、ロシアのフェミニストやフェミニズムの価値観を共有する人々は、我が国の指導者によって引き起こされたこの戦争に、断固として反対しなければならない」

現在セレンコ自身はロシアを離れ、「フェミニスト反戦レジスタンス」のコーディネーターとして積極的な活動を続けている。二三年十一月、彼女はイギリスの公共放送ＢＢＣが選出する、人々や社会に影響を与えた「一〇〇人の女性」に選ばれた。

30　ルスラン・シャヴェッジノフ　Руслан Табризович Шаведдинов

一九九六年七月二十二日生
ヴォロネジ州リスキ出身
「外国エージェント」二〇二一年七月指定
社会政治活動家

二〇一三年、十七歳の時にシャヴェッジノフは、モスクワ市長選挙のために選挙運動を展開していたナヴァリヌイ[13]のチームにボランティアとして参加、その後、反汚職基金で働き始めた。一六年にはナヴァリヌイの選挙陣営のスポークスマンとなり、YouTubeチャンネル「ナヴァリヌイLIVE」の司会も務めた。

一九年、シャヴェッジノフは、一八年の大統領選挙においてプーチンの信任者[*1]を務めたアレクセイ・ネモフ[*2]と、一六年の下院選挙における統一ロシア党の信任者を務めたスヴェトラーナ・ホルキナ[*3]の汚職に関する調査を発表、さらに、モスクワ副市長ナターリア・セルグニナ[*4]の汚職に関する調査も公開した。同年七月、選挙管理委員会の職務妨害の容疑で、彼は自宅アパートの立ち入り捜索を受けた。翌八月には反汚職基金に対してマネーロンダリングと脱税に関する刑事事件が起こされ、国内に散在する同基金の組織、スタッフのアパートが大々的に捜索された。これは、来たる九月のモスクワ市議選をめぐり、野党側の有力候補が署名問題を理由に相次いで出馬を拒まれた結果、抗議行動が頻発していた時期である。当局はあらゆる手段を用いて徹底的な取り締まりを図ったのであり、抗議行動に身を投じた主たる野党系候補者の銀行口座はすべて凍結された[*5]。

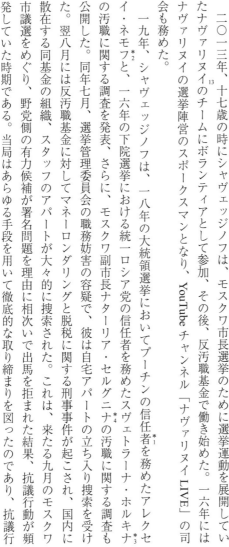

＊1　選挙期間中に特定の候補者を賞讃し支持するキャンペーン活動を行う者。

＊2　一九七六年五月二十八日生。体操選手。オリンピック四回優勝、世界選手権五回優勝。統一ロシア党最高評議会の元メンバー。

＊3　一九七九年一月十九日生。一九九〇年代半ばから体操のトップ選手として活躍。二〇〇七年に統一ロシア党から出馬して下院議員に当選。二〇一八年に大佐に昇進。

＊4　一九七八年八月二十二日生。政治家。モスクワ国立大学法学部卒業。二〇一〇年、モスクワ市長のセルゲイ・ソビャニンによりモスクワの副市長に任命された。

＊5　銀行口座の凍結は今や当局の常套手段となっており、政府に逆らう者に対する手始めの弾圧行為となっている。しばしば当人の家族の銀行口座も凍結される。

一九年十二月、シャヴェッジノフの自宅アパートの電気供給が切断され、同時に、彼の携帯電話は携帯会社によってその通信サービスが中断された。続いて警察官によって彼のアパートのドアが破られ、アパート内の家宅捜索が行われると、その後彼とは連絡が取れなくなった。後日判明したことだが、シャヴェッジノフの携帯電話の通話と通信はすべて監視されていた。そして、家宅捜索を受けた日に彼は拘束されると、その翌日に軍隊に徴兵され、ノヴァヤゼムリャ群島*での軍務に就くために護送されたのであった。しかしながら、当初は彼とまったく連絡が取れず、彼の居場所に関する公式な情報はどこにも発表されなかった。ノヴァヤゼムリャ群島で彼は他の兵士たちから実質的に孤立させられ、外部の世界とのどんな連絡手段も断たれていた。その後さらに、そこへはヘリコプターでしか行けない無線部署「ボーチカ（樽）」に彼は移された。およそ一年後の二〇年十二月、シャヴェッジノフはノヴァヤゼムリャ群島からモスクワへ戻った。

＊　北極海に浮かぶ群島。

二一年一月、ドイツから帰国したナヴァリヌイと会う予定だったシャヴェッジノフとソボリ[24]は、共にヴヌーコヴォ国際空港にて拘束された。[*1] 同年、彼は下院選挙に先立って、国防省副大臣アンドレイ・カルタポロフ、[*2] またプーチンの側近らの愛人に関する調査を公にした。

＊1　ドイツからナヴァリヌイが乗った飛行機はモスクワのヴヌーコヴォ国際空港へ着陸する予定であり、同空港には数千人ものナヴァリヌイの支持者らが詰めかけていて、多くの者がそこで拘束された。ナヴァリヌイの飛行機は、その後着陸先がシェレメーチエヴォ国際空港に変更された。

＊2　一九六三年十一月九日生。軍司令官、政治家。二〇一八年～二一年まで国防省副大臣。

二一年春、シャヴェッジノフはロシアを去った。同年九月、捜査委員会はすでに国内にいない彼に対して新たな刑事事件を起こした。翌二二年一月、彼は金融監視庁によって過激主義者とテロリストのリストに入れられた。

二三年にウクライナのテレビ局の番組に出演したシャヴェッジノフは、次のように語っている。

「もしロシアに汚職がなければ、戦争はなかったでしょう。……もしプーチンが盗みを働かなければ、どんな戦争もなかったでしょう。汚職がこの戦争につながったのは、プーチンが二三年間盗み続け、そしてさらに盗もうとしているからです。より広義には、単に盗んでいるのでなく、『トップの座にいること』とも言います。『ロシア大統領である』ことと『盗む』ことは、プーチンにとって、同義語なのです。彼がこの戦争を始めたのは、できるだけ長く権力の座にとどまるためです[*]」

＊　https://www.youtube.com/watch?v=GZ1OZDT2ZdE&t=862s

ロシア反体制派・年表

1991年		大衆の政治運動「民主主義ロシア」が開始
	12月	独立国家共同体（CIS）創設、ソビエト社会主義共和国連邦崩壊
1993年	12月	エリツィンの主導により大統領権限が強化された新ロシア連邦憲法が制定
1994年	12月	ロシア軍によるチェチェン侵攻（第一次チェチェン戦争、1996年停戦協定）
1996年	7月	エリツィン、ロシア連邦大統領に再選（2期目）
1999年	8月	エリツィン、ウラジーミル・プーチンを首相に任命
		ロシア高層アパート連続爆破事件（8～9月）
	9月	プーチン指揮の下、ロシア軍によるチェチェン侵攻（第二次チェチェン戦争）
	12月	エリツィンが大統領辞任、プーチンを大統領代行に指名
2000年	3月	プーチン、ロシア連邦大統領に初当選（1期目）
		ロシア最大の民間テレビ局「NTV」、事実上国有化
2002年	10月	ドゥブロフカ劇場人質占拠事件
2004年	1月	「2008：自由な選択」委員会
	3月	プーチン、ロシア連邦大統領に再選（2期目）
	9月	ベスラン学校占拠事件
		非暴力街頭アクション「同意しない者たちの行進」
2008年	3月	ドミートリー・メドヴェージェフ、ロシア連邦大統領に初当選（1期目）
	5月	メドヴェージェフ、プーチンを首相に指名
		統一民主主義運動「連帯」、設立
2011年		アレクセイ・ナヴァリヌイの反汚職基金、設立
	12月	下院選挙に多くの不正疑惑が生じたことによる、市民の大規模な抗議行動
2012年	3月	プーチン、ロシア大統領選挙に再選（3期目）
	5月	ボロトナヤ広場事件
	10月	ロシア野党調整評議会が創設
	12月	アメリカでマグニツキー法が、ロシアでディマ・ヤコヴレフ法が制定
2014年	3月	ロシア、クリミアを違法に併合し、ウクライナ東部に非正規部隊を派遣
2015年	2月	ボリス・ネムツォフが暗殺
2018年	3月	プーチン、ロシア連邦大統領に再選（4期目）
2020年	7月	「大統領既存任期のゼロ化」が盛り込まれたロシア連邦憲法改正
2022年	2月	ロシアによるウクライナ侵略、開始
2024年	3月	プーチン、ロシア連邦大統領に再選（5期目）

第二章　ジャーナリストたち

31 イーゴリ・ヤコヴェンコ Игорь Александрович Яковенко

一九五一年三月十三日生
モスクワ市出身
「外国エージェント」二〇二三年四月指定
ジャーナリスト、社会活動家

ヤコヴェンコは十七歳で働き始めた。彼は映写技師、地質調査士、旋盤工として働き、モスクワの地下鉄では旋盤工の主任を務めた。一九七六年、モスクワ国立大学哲学部を卒業。七四年〜八六年までコムソモール*や共産党の機構の中で働き、八八年〜九〇年にかけてモスクワ党高等学校に哲学教師として勤務した。九〇年以降、世論調査センター「モニタリング」、そして『ミスター・ピープル』紙編集部を他の仲間と共同で設立した。

＊ ソビエト連邦共産党に協力するボランティアの青年組織であり、党の路線の学習、学園や労働組合青年部における党の路線の宣伝などの任務があった。

九〇年代、彼は政治に関与するようになり、政党の創設に参加した。九一年、ロシア連邦共和国党*創立のための組織委員会のメンバーとなり、九二年〜九四年まで同党の共同議長を務めた。九三年〜九五年までは下院議員としても働いた。九四年、ロシア連邦共和国党内の急激な分裂を受けてヤコヴェンコは同党を脱退し、新たな党の立ち上げに着手、九五年に「民主的な選択肢」党の結党大会が開かれ、彼は同党の副議長に選出された。

＊ ロシアにおける最初の三党の一つであり、人民自由党（パルナス）へとつながる。

ヤコヴェンコは、政治とジャーナリズム界の両方でリーダーシップをとってきた。九五年からは『境界』誌の編集長を務めた。二〇〇三年~〇五年までは、出版社「H. G. S.」のCEOの職に就いている。同出版社が発行していた『ロシアの急使』紙は、ロシア当局に反対する姿勢を明確に打ち出していたが、その反体制派的傾向から広告主も協力関係を結ぶことをためらい、商業的なプロジェクトとしては赤字続きで採算がまったく取れなかった。

九八年、ヤコヴェンコはロシア・ジャーナリスト同盟の事務局長に選出された。〇八年、事務局長ポストが廃止された後の定期大会で彼は書記に選ばれたが、翌〇九年に、同盟の評議会の決定により、彼は任期が切れる前に解任された。以下は彼のコメントである。

「この出来事の核心にあるのは、同盟とはなにか、この国における同盟の位置づけとは何か、ということについて、二つの立場の間の根本的な相違である。一方の立場は……同盟を政府へ奉仕させる立場に移行させていくというものである。……他方の立場は、これは私の立場であるが、政府に依存せず、……具体的で目に見える形でジャーナリストに力添えをするべき独立した組織としていくものである。同盟幹部の大半の立場は、当局に奉仕する方向へ非常に強く流れていっている」*

* https://web.archive.org/web/20090220145524/http://www.svobodanews.ru/Content/Transcript/1492300.html

一六年、ヤコヴェンコは自身のYouTubeチャンネル「イーゴリ・ヤコヴェンコ Игорь Яковенко」を開設し、後に同チャンネルでフィルム『メディアフレニア』を公開した。彼によれば、「ロシアのメディアは過去一八年間にぞっとするような変貌を遂げてきており、それは全世界にとって、何よりもロシア自身にとって致命的なものとなった」ことを同フィルムは描き出している。

32

セルゲイ・ロイコ　Сергей Леонидович Лойко

一九五三年二月二十六日生

フィンランド共和国、南サヴォ県ミッケリ出身

「外国エージェント」二〇二二年九月指定

ジャーナリスト、作家

一九八〇年にモスクワ州立教育大学を卒業後、中高等学校で英語を教えた。その後、ソ連軍に徴兵され、極東アムール州の戦略ロケット軍に配属された。八〇年代末からAP通信モスクワ支局の通訳として、またイギリスのテレビ会社「TV-am」でプロデューサーとして働いた。その後、『ロサンゼルス・タイムズ』紙のモスクワ支局に勤務、旧ソ連邦諸国内の軍事紛争や革命を取材した。

二〇一二年のプーチン大統領の記者会見で、ロイコは大統領にこう尋ねた。「マグニツキーにとって〇九年は三十七歳の誕生日を迎えるはずでした。……私の質問とはこうです。……マグニツキーに何が起こったのでしょうか?」と。彼のこの質問は、マスコミに大きな反響を呼び起こした。

ロイコはイラク戦争の軍事作戦「衝撃と畏怖」を描いたジャーナリストの一人であり、彼のバグダッド・ルポルタージュは『ノーヴァヤ・ガゼータ』紙以外にも『ロサンゼルス・タイムズ』紙に掲載、またラジオ局「モスクワのこだま」の放送内でも語られ、世界中のさまざまな出版物に転載された。

一四年、彼はウクライナ東部の武力紛争を取材した。同年十月、彼が「モスクワのこだま」に出演した後、ロスコムナゾールは「戦争犯罪の実行を正当化する」情報を流したとして、同ラジオ局に文書による警告を発した。また、ロスコムナゾールの要請により、番組のテキストはラジオのウェブサ

イトのアーカイブから削除された。同年十二月、ウクライナのユーリー・ステーツィ情報政策大臣は、ロイコにウクライナの市民権を得て副大臣となるよう提案したが、彼はその申し出を断り、ロシア国籍を持ちアメリカで暮らしている状態に満足していると述べた。

一五年九月、ロイコの著書『エアポート』がキーウで発売された。彼は、一四年十月にドネツク国際空港でウクライナ兵士たち*と一緒にいる間、ずっとこの出来事を執筆しようという思いに取り憑かれていたという。このドキュメンタリー小説は他の多くの言語に翻訳されることとなった。また、ドネツク国際空港での戦闘中に彼が現場で撮影した写真は、世界中のほとんどの出版物に転載され、ピュリッツァー賞と世界報道写真大賞にノミネートされた。

＊　二〇一四年五月から二〇一五年一月にかけてのウクライナ東部での戦争中、ドネツク国際空港の防衛に参加したウクライナ兵士は「サイボーグ」と呼ばれた。ウクライナ兵士がほとんど睡眠もとらずに絶え間ない攻撃を阻止し続けたことから、「超人」という意味で使われた。

一六年、モスクワのサハロフ・センターで「ドネツク人民共和国民兵」を名乗る活動家たちがロイコの写真に赤いペンキを注ぎかけ、その結果、彼の作品は展覧会に一日しか展示されなかった。翌一七年二月、ロイコは捜査委員会に呼び出され、文書による説明を求められた。彼とヴァシュコヴィチの作品展に「右派セクター」*のプロパガンダが見出されたという、告発を受けてのことだった。

＊　ウクライナの民族主義者らで構成される極右政治団体・政党・準軍事組織。ロシアへの強硬な対抗姿勢で知られる。

ロシアによるウクライナ侵略が始まった直後の二二年三月、六十九歳の彼はウクライナに渡り、ウクライナ軍の領土防衛隊に入隊した。

33 マトヴェイ・ガナポルスキー　Матвей Юрьевич Ганапольский

一九五三年十二月十四日生
ウクライナ・ソビエト社会主義共和国、リヴォフ出身
「外国エージェント」二〇二二年四月指定
ジャーナリスト、映画・舞台監督、作家。ロシアとウクライナ両国籍所有

ガナポルスキーは、明るく才能溢れるテレビ・ラジオの司会者であり、奥深い知性を有し、しばしばアイロニカルで挑発的であると同時に、常に意外性と面白さを併せ持つ、ロシアとウクライナを代表するジャーナリストである。

彼は初めシューキン演劇大学の演技学部で学んだが、すぐに退学した。その後、一九七三年にキエフのバラエティ・サーカス芸術学校を卒業し、八一年にモスクワの国立舞台芸術大学の監督学部を卒業した。

モスクワからキエフに戻った彼は、キエフのバラエティ劇場に就職し、そこで数多くの人気作品を上演したが、その多くは子供向けのものだった。やがて彼はモスクワへ招かれ、同地のバラエティ劇場で舞台監督としてしばらく働いた。その後、同劇場を離れ、ソ連テレビ・ラジオ国家委員会の子供向番組のキャスターとして働き始め、同時に子供向音声劇の制作現場の監督も務めた。

ガナポルスキーは長い間、ＡＴＶ*に勤務していた。彼は多くのテレビ番組の原案を書き、さまざまな娯楽番組や政治番組の司会を務めていた。

＊　ロシアで最も古い非政府系民間テレビ制作会社。

一九九一年から二〇二二年まで、彼はラジオ局「モスクワのこだま」で働いた。一四年三月にクリミアがロシアへ一方的に併合された後、彼はモスクワからキエフへ帰還し、*「モスクワのこだま」でキャスターを続けながら、ウクライナのテレビ・ラジオ番組でやはりキャスターとして働き始めた。政治的内容のラジオやテレビ番組は、彼に最大の名声と人気をもたらした。ガナポルスキーの番組はどれもヒット作品となり、論争を巻き起こし、リスナーや同僚らによって議論されることとなった。また彼は執筆活動も行っており、その著書『甘酸っぱいジャーナリズム』の中で次のように述べている。

* 二〇一六年、ガナポルスキーはウクライナ国籍を取得した。

「この本はテレビの本質を理解し、司会者がなぜある言葉を選び、他の言葉を選ばないのかを知りたい人のためのものです。例えば、あなたが（スタジオに来たゲストを）『追い詰めた』とします。これはどういう意味でしょう?」

一六年、彼は自身のYouTubeチャンネル「マトヴェイ・ガナポルスキー Матвей Ганапольский」を開設、そこで番組を配信するようになった。YouTubeチャンネル「生ける釘 Живой гвоздь」で、彼はウクライナとの戦争について次のように苦々しく語っている。

「映画の中でのファシズムではなく本物のファシズム（著者注：第二次世界大戦中のドイツを指す）と戦争していた、最も近しい二つの国民……。頭の狂った犯罪者、悪党の意思によって、この一方が他方に敵対していくとは、市民がそこに何らかの合理性を見出すことができるとは……私には信じられませんでした*」

* https://www.youtube.com/watch?v=DctYdJuJUM&t=51s

34
アルテーミー・トロイツキー　Артемий Кивович Троицкий

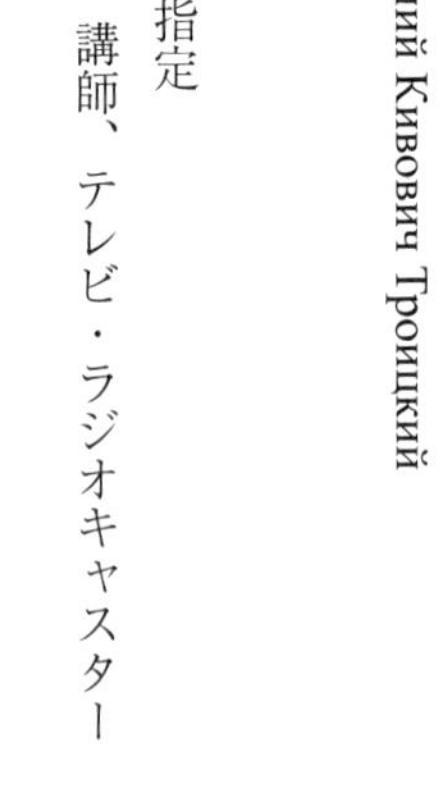

一九五五年六月十六日生
ヤロスラヴリ出身
「外国エージェント」二〇二三年一月指定
音楽系ジャーナリスト、音楽評論家、講師、テレビ・ラジオキャスター

トロイツキーは十二歳の時に、ビートルズのアルバム『サージェント・ペパーズ・ロンリー・ハーツ・クラブ・バンド』の批評を書き、それを学校の雑誌に発表した。当時はロック音楽がソ連当局の不興を買っていた時代であったが、彼は『同い年』[*]誌にロックについての記事を執筆した。

＊ 一九六二年〜二〇一四年まで発行されたソ連・ロシアの月刊青年誌。

一九七七年にモスクワ経済統計大学を卒業。専門は数理経済学であった。七八年から八三年まで、美術史研究所で下級研究員として働く。

七〇年代末から八〇年代初めにかけてトロイツキーは、ソ連のロックバンドや演奏家の非合法のコンサート、またフェスティバルを企画した。八〇年代末には、ソ連のロックバンドが国外でコンサート出場できるように取り計らうようになった。八一年、トロイツキーは地下出版の手製雑誌『鏡』誌の編集をするようになった。八三年から八五年まで、彼の記事はソ連の新聞雑誌で発表することが禁止された。八二年から八三年までトロイツキーは、ロックバンドのズヴーキ・ムー[*]のギタリストとして活動した。彼は、レーベル「ジェネラル・レコード General records」の創設者の一人でもある。

＊ 一九八〇年代初頭にピョートル・マモノフによって結成されたロックバンド。

八七年、トロイツキーはロシアのロック史を初めて記述した本『Back in the USSR. The True Story of Rock in Russia』（邦題：『ゴルバチョフはロックが好き？――ロシアのロック』晶文社、一九九一年）を、イギリス（その後、アメリカ、日本、ヨーロッパ諸国）で出版した。二〇〇一年から、国立経営大学の「音楽ショービジネスにおける制作・管理」学部で講義を行った。〇一年から一四年までは、モスクワ国立大学ジャーナリズム学部で教鞭を執った。あるインタビューの中で彼は、最後の数年間の大学での彼の講義は検閲や監視の対象にされたことを述べている。

一一年、トロイツキーは体制に反する見解を公にしたために、幾度も起訴されることになった。彼を支援するために連帯コンサートが開催され、そこにはロシアを代表するロックミュージシャンらが出演した。そして、さまざまなミュージシャンやバンドの歌23曲が収録されたアルバム『トロイツキーに』が、リリースされた。また、一八年には、モスクワで開催されたビート映画祭*の一環として、彼に捧げられた一時間のドキュメンタリー映画『批判者』が初公開された。この映画は、若い頃の彼と、八〇年代のロック・コミュニティにおける彼の活動とを描き出している。

＊　ロシア最大の国際ドキュメンタリー映画祭であり、音楽や現代アート、ストリートカルチャーなどをテーマにした現代ドキュメンタリーを紹介する文化イベント。

ジャーナリストや教育者、また企画者としてのトロイツキーの活動は、その激しさと多様性において際立っている。彼はソ連のロック、またロシアのインディーズ、エレクトロニック・ミュージックを最初に喧伝した者の一人である。数々のコンサートやフェスティバルの審査員、また主催者であり、それらの司会も務めている。ロシアにおける現代音楽の第一人者であり、二〇〇〇年代半ばには、ロシアではあまり知られていない音楽をリリースする「プリボイ」「ゼニス」「ザカート」といったレーベルを組織した。非政府系の音楽賞「ステップの狼」（〇八～一四年）の創設者でもある。

一四年九月より彼はエストニアに移住し、そこで教鞭を執っている。同じく、フィンランドやロンドンでも教壇に立ち、その他多くの場所で講演を行っている。また、一五年からはエストニアのロシア語チャンネル「ARU TV」*の番組「カラフル・ニュース」の司会を始めた。同番組は彼が企画から携わっており、彼は番組内でロシアの社会政治ニュースについてコメントをしている。さらに、彼はラジオにも出演している。彼はそこで、メジャーレーベルからリリースされておらず、他のラジオ局からも流されない音楽をリスナーに紹介している。

＊ 二〇一五年に開設されたロシア語のウェブTVチャンネル。エストニアのタリンに拠点を置き、クレムリンのプロパガンダに対抗することを目的としている。

一四年四月、トロイツキーはラジオ局「モスクワのこだま」のインタビューで、ロシアの対ウクライナ外交政策（二〇一四年三月のロシア軍事介入とクリミアでの住民投票）を厳しく批判した。

二二年二月、彼はロシアによるウクライナ侵略に抗議の意を表明した。同年四月には、戦争勃発後のロシア音楽界の現状を次のように語っている。

「ロシアの音楽界は全体的にかなり不透明で、三つのグループに分けることができる。第一は『戦争反対派』。彼らは自由を支持し戦争に反対の声を挙げている。……その対極にいるのが『忠誠派』。彼らは常に、国家のあらゆる恥ずべき試みを威勢よく支持し、プロパガンダの道具として機能する。彼らはさらに『順応主義者』と『狂信者』に分けられる。……公然と自らの態度を示す『戦争反対派』も、当局へおべっかを使う『忠誠派』も、プロのミュージシャン全体の10～15％程度。残りの75％はどうなのか。彼らは英雄的に沈黙を守っている。まるで取り調べを受けるパルチザンのように。

ここで非常に重要なことを指摘しておく。ロシア連邦の娯楽やレジャー産業は、他の先進国とは異なり、信じられないほど国家に依存している。映画、劇場、美術館、クラシック音楽の分野では、この依存度はほぼ100％である。そして、他の国々では国家から完全に切り離されている商業化されたポップミュージックでさえ、ロシアでは文化省、国営メディア企業、さらには大統領府までが積極的に干渉している。彼らは、国家予算に組み込まれている仕事を割り当て、テレビの出演時間を与え（または与えず）、企業イベントを承認するのだ。……つまり……何千人もの人々に上からの『養いの手』が伸びているのだ。加えて、この手は一夜にして、『養いの手』から『懲らしめの手』に変わりうるのだ。

だから彼らは黙っているのだ。彼らは決して愚かではなく、情報に通じている人々だ。彼らのほとんどは、クレムリンの主導によってウクライナで起こっていることに完全に恐怖を感じているはずだ。一方では、彼らは良心の静かな声を感じながらも（当局から目を付けられて）国境から出ることを禁じられたくないという思いもあり、他方では『ブラックリスト』に載ることや給与や報酬を失うこと、あるいはそれ以上のリスクに対する恐怖がある」*

＊ https://theins.ru/opinions/troitskiy/250047

35 アレクセイ・ヴェネジクトフ　Алексей Алексеевич Венедиктов

一九五五年十二月十八日生
モスクワ市出身
「外国エージェント」二〇二二年四月指定
歴史家、教育者、ジャーナリスト

ラジオ局「モスクワのこだま」の編集長（一九九八〜二〇二二年）。ロシアの教育分野での優れた功績を称えられ、フランスのレジオン・ドヌール勲章（コマンドゥール）を叙勲（二〇〇六年）。一五年十月より歴史雑誌『ディレッタント』誌のオーナー。

ヴェネジクトフ*は高校卒業後、モスクワ国立教育大学歴史学部の夜間部に入学し、同時に郵便配達員として働いていた。彼は外国人特派員らが住む建物を担当し、『ル・フィガロ』紙や『パリ・マッチ』誌を自由に読んでいたと語っている。「我が国と外国の新聞が書いていることをリアルタイムで」比較する機会は、彼の見識を大きく広げたという。一九七八年に同大学を卒業後は、二〇年間中高等学校の歴史の教師として働き、その内一九年間はモスクワの第八七五中高等学校で教鞭を執った。彼自身が認めているように、学校教師の仕事は、彼が後に高度な会話技術を持つインタビュアーとなるのに大きな役割を果たした。というのも、教師の仕事を通して彼は、そう易々と渡したくない情報を持っている対談相手の口を開かせる能力を磨いたからである。

＊　アレクセイ・ヴェネジクトフについては、ロシアの諜報組織と何らかの結びつきがあるという噂が一部の人々の間である。その真偽を著者は確かめられないが、彼が現代ロシアのジャーナリズム史において

非常に重要な役割を果たしてきたことは否めないであろう。

九〇年八月よりラジオ局「モスクワのこだま」で働き始めた。彼は各種新聞のダイジェスト版を作ったり、特派員としての仕事からキャリアをスタートし、その後政治評論家となり、情報部門の責任者となり、最終的に九八年二月に同ラジオ局の編集長に選出された。

二〇〇一年、プーチンはヴェネジクトフをクレムリンの図書館での会合に招待した際、敵と裏切り者との違いについて長々と語り、彼に対して次のように述べた。「敵は自分のすぐ目の前にいて、その敵と闘い、その後休戦条約を結び、すべては明快になる。裏切り者は殲滅し粉砕しなければならない。アレクセイ、あなたは裏切り者ではない。あなたは敵だ」。これに対し、彼は「もしあなたが『こだま』を閉めたいのなら閉めればいい。そのために我々が存在するものをやらないわけにはいかない」と返答したという。

ピエロのような巻き毛、老獪で皮肉な態度、厚い縁の眼鏡をかけるヴェネジクトフは、ロシアのインテリゲンチヤの典型であるといえる。インタビュアーとしてはアグレッシブで知的、どんな人物の前でも臆する様子はない。彼は、対話者との信頼を構築するために様々なコミュニケーション術を活用している。アナリストとしては、自分の予測はすべて当たる、あるいはすでに当たっていると確信している、抜け目のない自信家である。総じて極めて優れたジャーナリストであり、彼の職業上の能力と人間的な資質は高く評価されている。記録や事実に実直に向かい合い、常に十分な証拠によって自身の立場を明確にしている彼の姿勢は、彼を極めて説得力ある者としている。また重要なことに、彼は、クレムリンの主張と要求を上手にラジオ局へ反映させ、所属ジャーナリストを保護するという点で有能な政治家のような立ち回りもできた。彼の柔軟な外交能力のおかげで、「モスクワのこだま」

はそのリベラルな姿勢を保持し続けることができたともいえよう。

ラジオ局「モスクワのこだま」の人気の秘密は、体制に批判的な見解も放送され、国営テレビやラジオに拒まれていた人々にも発言の場が与えられたことにある。同局のジャーナリストたちは、国内で起こるすべての出来事を公正かつ客観的に報道した。これはプーチン政権発足後は非常に珍しいことであり、その功績は編集長であったヴェネジクトフに帰することができるが、もう一つの要素としては、彼が率いていたのがテレビではなくラジオだった点もあろう。モスクワ国立大学の情報分析センターの〇八年の記事には、ヴェネジクトフに触れながらも、プーチン政権によるメディア統制について次のように述べられているのは興味深い。

「プーチンにとって、本当の意味で重みを持っているのはテレビのみである。テレビ局の責任者は、毎週定期的にクレムリンで行われる会議に招集され、そこでニュースのプログラムがあらかじめ決められる。マネージャーたちには、テレビに出演すべきではない政敵のリストが提示される。有力なキャスターやテレビ局マネージャー、著名な特派員においては、政権に対する忠誠心が金で買収されている。彼らは途方もない額の給与を受け取っている」*

＊ https://ia-centr.ru/publications/2341/

二二年二月二十四日、ヴェネジクトフはロシア軍によるウクライナ侵略をはっきりと「戦争」と呼んだ。そして、当局の禁止令にもかかわらず、「戦争」と呼び続けた。

二二年三月一日、ロシア検察庁の要請により、「ドネツク人民共和国とルガンスク人民共和国を保護するためのロシア軍の特別軍事作戦に関する、意図的で組織的な虚偽情報の公表」のために、ロスコムナゾールはラジオ局「モスクワのこだま」のアクセスを制限、モスクワ時間21時、同ラジオ局はモスクワ、ペテルブルクその他多くの都市で電波を遮断された。また、そのウェブサイトもブロックされた。同局の編集委員会はこれら検察庁の決定を政治的なものとみなした。三月三日、同ラジオ局の取締役会は、ラジオチャンネル「モスクワのこだま」と同名のウェブサイトを整理、閉鎖することを多数決で決定した。ヴェネジクトフによれば、閉鎖の決定はわずか一五分で行われたという。続く三月五日、取締役会の決定により彼は同ラジオ局の編集長を解任され、ラジオ局はその存在を終了した。その後すぐに、彼を含む元編集部メンバーは、YouTubeチャンネル「生ける釘 Живой гвоздь」を開設、三月十日に配信を開始している。

ヴェネジクトフはそのインタビューの中で、ウクライナ人がどのような考えや立場を持つロシア人に対してもネガティブな態度を示していることを理解していると述べ、次のように語った。

「私は報道の自由を称えるドイツの賞を受賞しました。その賞は、ルワンダの青年とウクライナ人の女性ジャーナリストにも与えられる予定でした。しかし、ウクライナのジャーナリストは、私が共に受賞したが故に賞を辞退しました。彼女の気持ちが理解できます。私にとっては彼女と一緒にこの賞を分かち合うことが名誉だと思っていましたが……。でも、彼女のことを理解できます。腹立たしく思ったりなどはまったくしていません。なぜなら、私の国の軍隊が……彼女の国を攻撃しているからです。ステージで彼女はどうやって私の隣りに立つことができるのでしょう？　しかし、もし彼女が立ってくれるのならば、私は彼女の前でひざまずきます」*

* https://www.youtube.com/watch?v=vCV17tB2utg

ラジオ局「モスクワのこだま」

一九九〇年から二〇二二年まで放送されたソ連・ロシアの24時間報道ラジオ局。モスクワに拠点を置き、国内の多くの都市や旧ソ連圏で放送され、インターネット配信も行われていた。モスクワでは最も人気のあるラジオ局であり、一週間のリスナーはモスクワでおよそ二二〇万人、ロシアの地方全体ではおよそ七〇〇万人であった。

九〇年八月二十二日にモスクワで初めて放送されて以来、同ラジオ局は「事件に関するすべての重要な視点を提示する」というルールを堅持してきた。また、ニュース報道を主眼としており、主な番組は、政治・文化ニュース、報道評論、ゲストとの対談、リスナーとの双方向対話、さまざまなトピックに関する企画番組などであった。

二一年、「モスクワのこだま」はモスクワのラジオ局の中で首位に立ち、ロシアで最も影響力のあるラジオ局となった。

ロシアによるウクライナ侵略が開始された直後の二二年三月一日、ロシア最高検察庁の要請により、「ドネツク人民共和国とルガンスク人民共和国を保護するための特別軍事作戦の枠内でのロシア軍の行動について、明らかな虚偽情報を意図的かつ組織的に公表している」として、ロスコムナゾールは同ラジオ局の情報リソースへのアクセスを制限し、オンエア放送を切断した。三月四日、同局のオンライン放送は停止となり、ソーシャルネットワーク上の同局のアカウントはすべて削除され、ウェブサイトは無効化され、すべてのメディア活動が打ち切られた。

しばらくして、かつて同局で司会者を務めていた政治家のレフ・シュロスベルク[9]が、旧「モスクワのこだま」チームのメインYouTubeチャンネルが「生ける釘」となることを発表、同ラジオ局元編集長のアレクセイ・ヴェネジクトフ[35]もこのチャンネルに登録するよう人々に呼びかけた。「生ける釘 Живой гвоздь」とは、ロシア語では「プログラムのハイライト」「生のハイライト出演」といった意味もある。

同年四月二十日、裁判所は「モスクワのこだま」のウェブサイトをブロックすることは合法であるとの判決を下した。同ラジオ局の弁護団は、最高検察庁の命令書には、ラジオ局の放送の中にどのような法律違反があり、どういった放送が違反に当たったのかが示されていないことを証明しようとした。ヴェネジクトフは、自らのテレグラム・チャンネルの中で裁判所の判決は控訴されるだろうと述べた。

二二年九月、テレビ局「TV Rain」の生放送で、「モスクワのこだま」の元副編集長マクシム・クルニコフ*は、「モスクワのこだま」をオンライン出版物の形式で再開することを発表、「こだま」と名付けられた、その新しいオンライン出版物のリーダーに自身がなることを明らかにした。

* 一九八四年四月二十七日生。ジャーナリスト。二〇一八年にアレクセイ・ヴェネジクトフからラジオ局「モスクワのこだま」の副編集長に任ぜられた。二〇二二年にドイツに移住。現在、『ビルド』紙のロシア語部門主任編集者。

36 エヴゲニー・キセリョフ　Евгений Алексеевич Киселёв

一九五六年六月十五日生
モスクワ市出身
「外国エージェント」二〇二二年四月指定
ジャーナリスト、テレビドキュメンタリー作家

一九七九年、モスクワ国立大学附属アジア・アフリカ諸国大学歴史・文学部を卒業。卒業後はアフガニスタンの首都カブールでソ連軍顧問団の通訳将校として活躍した。八四年、キセリョフはジャーナリズムの仕事を始めた。九三年、彼は非政府系民間テレビ局「NTV」の設立グループに加わった。九七年にはNTVの取締役会会長に任命され、二〇〇〇年に同テレビ局のCEOに就任した。

NTVは当時、ロシア国内のテレビ局で第2位の人気を誇り、クレムリンの政策に最も批判的な民営テレビ局であった。同局は、プーチンのチェチェン紛争について調査し、三〇〇人近い死者を出した九九年のアパート連続爆破事件の背後にFSBがいたのではないかという疑問も公に提起していた。

九九年～二〇〇三年にかけて「NTVの乗っ取り」と呼ばれる出来事があった。二〇〇〇年にプーチンが大統領に就任すると、その一ヶ月後に当時のNTVオーナー、ウラジーミル・グシンスキー*が横領と詐欺の疑いで逮捕され、彼は保釈と引き換えに、半国営の天然ガス独占企業ガスプロムに持株会社「メディア・モスト」を売却することを余儀なくされ、「メディア・モスト」傘下に入っていたNTVの株式も手放すこととなった。ガスプロム社は、〇一年春には経営難を理由にNTVの経営陣

を一掃、キセリョフも同テレビ局の経営から外された。四月、彼は、経営陣の交代を決定した取締役会への不満と、国家の管理下で働くことへの不本意からNTVを退社、キセリョフを支持していたジャーナリストらも自発的に辞表を提出し、最終的にはNTV全社員約一〇〇〇人の内およそ三〇〇人の社員がNTVを去った。これによってロシア最大の独立系メディアは事実上破壊され、プーチン政権によるメディア支配が確立していくこととなる。

＊ 一九五二年十月六日生。メディア王と呼ばれたロシアの実業家。一九九二年に、42の事業とモスト銀行を統合した株式会社モスト・グループを設立した。

キセリョフはその後、非政府系の民間テレビ局「TV－6」[*1]に入社、〇二年一月に閉鎖されるまで同テレビ局を率いた。〇二年～〇三年までは、テレビ局「TVS」[*2]の編集長を務めた。キセリョフは、CPJ国際報道自由賞、「ロシアの黄金のペン」賞、およびTEFI賞の受賞者である。彼は10以上のドキュメンタリー映画の制作者としても知られている。

＊1 一九九三年から放送開始。テレビ局「2×2」に次いで、モスクワで二番目の非政府系民間地上波テレビ局となった。二〇〇二年閉局。

＊2 二〇〇二年六月から〇三年六月まで放送されていた。明確な反体制的姿勢を持っていたため、政府の動向に批判的な視聴者を集めた。

〇四年、キセリョフは「二〇〇八 自由な選択」委員会を共同設立した。

一四年、ロシアの対ウクライナ外交政策を痛烈に批判し「ロシア国民であることを恥じる」と語った。二二年には、彼はロシア反戦委員会のメンバーの一人となった。同年七月、内務省は彼を指名手配、これは刑事事件の枠内で行われているが、刑法のどの条項に基づいて開始されたかは不明である。

37　アレクサンドル・ネヴゾロフ　Александр Глебович Невзоров

一九五八年八月三日生
レニングラード市出身
「外国エージェント」二〇二二年四月指定
リポーター、映画監督、社会政治評論家

一九七五年、ネヴゾロフはフランス語を本格的に学ぶ中高等学校を卒業、その後、レニングラード国立大学（現サンクト・ペテルブルク国立大学）文学部で学んだ（卒業はしていない）。ヒッピーであったため、軍隊を忌避して兵役には就かなかった。モスクワの神学校で学ぶが、四年次に退学。八四年から教会の聖歌隊で歌手として活動したが、本人曰く「ソルフェージュを知っていて、声が良く、しかも当時は高給取りだったため」そこで働いていた。その他、彼は多くの職業（看護助手や文芸秘書、コルホーズの馬の調教師、スタントマン等）を転々とした。八三年にレニングラードのテレビ局で働き始め、八〇年代末には番組「六〇〇秒」の企画兼司会者として人気を博した。

ネヴゾロフは冒険好きでシニカルで辛辣、矛盾した人間であり、彼のジャーナリズム活動に付随しているのは数多くのスキャンダルである。九〇年代、彼は正教徒であったが、その後無神論者となり、ロシア正教会を強く批判するようになった。

二〇一八年、彼は『モスコフスキイ・コムソモーレツ』紙*のインタビューで、「私は総じて何も信じていません。ところで、人間を信じる意味や理由は何でしょうか？　だいたい、一般的には、なぜ信じるのでしょうか？　私には、信仰の意味そのものがよく分かりません。……私にとっては、神聖なものなど何もないのです」と語っている。彼はこの立場に従って行動し、生活している。彼は信念を持たない人間として非難されることもあるだろうが、とても魅力的で明るく、意地悪で、率直で、信念を持たないことを誇らしげに語るので、彼のファンはすべてを許してしまう。

＊　ソビエトとロシアの日刊社会政治新聞。元々はコムソモールの機関紙であったが、現在は大衆紙となっている。

九一年一月、リトアニアの首都ヴィリニュスで起きた「血の日曜日事件」[*1]を描いた、彼の映画『我らの』がソ連中央テレビ局の「第一チャンネル」で放映された。この作品は、リトアニアが独立を宣言した当時、ソ連に忠誠を誓い続けたヴィリニュス・オモン[*2]の兵士たちを英雄化したものである。

＊1　独立を支持するリトアニアの市民とソ連軍との間で起こった一連の暴力的な対立。リトアニア共和国最高会議による独立宣言後、一九九一年一月にソ連軍部隊が首都ヴィリニュスの重要拠点の占拠に向かい、これに対してリトアニアの市民が人間の盾を作ったところソ連兵が民間人に発砲、一三人が殺害され、負傷者は一四〇〇人以上に上った。

＊2　ヴィリニュス市の特殊警察部隊。一九八八年に結成され、九一年一月から八月まではソ連内務省に直属した。

一九九三年、ネヴゾロフはボリス・エリツィンに反対する者たちを擁護し、十月政変[*]の際には反エリツィン陣営の議会派勢力が立てこもったベールイ・ドーム（最高会議ビル）を訪れた。しかしながら後の二〇一三年、彼はテレビ局「ＮＴＶ」のインタビューで、議会派勢力への支持を後悔し、彼ら最高会議支持者たちを「悪魔に取りつかれた狂った暴徒」と呼んだ。

＊　ソ連崩壊後、ロシアの新憲法制定をめぐって、当時のエリツィン大統領と議会派勢力との間で起きた

政治抗争。議会勢力は敗北し、問題の新憲法は一九九三年十二月に国民投票で可決、この新憲法は広範な権限をロシア大統領に与えることとなった。

ネヴゾロフは、第一次チェチェン紛争を扱った二本のフィルム『地獄』（ドキュメンタリー、一九九五年）と『煉獄』（フィクション、一九九七年）を撮っている。ロシア軍によるグロズヌイ襲撃を描いた『地獄』が「第一チャンネル」で放映されると、リベラル派から否定的な反応が起こり、チェチェン人の描き方に偏見があると非難された。後に彼はこのチェチェン紛争を、当局が愛国心を「最も恥知らずで犯罪的な方法」によって利用した「不必要な戦争」だと評した。

〇一年から〇二年にかけて、ネヴゾロフはテレビ局「第一チャンネル」で分析番組の司会を務めた。後にユーリー・ドゥト[61]とのインタビューで、彼は〇六年から「第一チャンネル」のCEOであったコンスタンチン・エルンスト*のアドバイザーを務めていたと語っている。さらに、一五年から二〇年にかけて、彼はテレビ局「TV Rain」で分析番組の司会者として働いた。一七年一月から二二年二月までは、ラジオ局「モスクワのこだま」の週刊番組「ネヴゾロフの仲間たち」のレギュラーゲストでもあった。

＊　一九六一年二月六日生。メディア管理者、プロデューサー。モスクワの戦勝パレード、ロシア大統領就任式など国家的な大イベントの放送責任者。

加えて、ネヴゾロフは、一九九三年十二月、ソ連邦崩壊後のロシアで最初に行われた下院議員選挙で当選し、第1、2、3、4召集議会（一九九三〜二〇〇七年）で下院議員を務めた。しかしながら、四期連続の下院議員期間中、一度も法案に署名せず、一度も会議に出席しなかったことで有名になった。犯罪集団のボスであるウラジーミル・バルスコフ*は、第四回召集（〇三〜〇七年）の下院議会で、ネヴゾロフの補佐官として働いた。一二年二月、ネヴゾロフは大統領選においてプーチンの信任者（一四〇頁＊1参照）リストに加えられた。彼はプーチンを「刻一刻と崩壊していく帝国を破局から守ることができる唯一の者」と呼び、その選挙期間中、プーチンの応援キャンペーンを行った。

＊ 本名クマリン。一九五六年二月十五日生。ペテルブルクの組織犯罪集団タンボフのボス。

一四年、彼はロシアによる一方的なクリミア併合を「略奪」と断言したが、自分はモラリストではなく、「略奪は悪いことではない」と主張した。同時に、ウクライナ東部の未承認政治組織（ドネツク人民共和国、ルガンスク人民共和国）に抗う戦いでウクライナ軍を支持した。二二年二月にロシアによるウクライナ侵略が始まると、ロシアを激しく非難した。彼はロシアを離れた後に、ドイチェ・ヴェレ（ドイツ国営の国際放送事業体）のインタビューで、現在のロシアのイデオロギーをロシア・ファシズムと呼び、ウクライナの抵抗を賞讃している。

「ウクライナは殉教者の国であり、英雄の国であり、ナンバーワンの国であり、おそらく全人類の救世主の国である。私は一〇〇〇回繰り返したが、もしウクライナがもっと違った国であったら、プーチンのオーク兵は今頃ヨーロッパ深くに入り込んでいただろう。……いずれにせよ、ロシアは独裁、侵略、戦争、愚鈍さ、妄想症、隣国の強奪という、ロシアにとっては自然な状態に戻らざるをえなかった」[*]

＊ https://www.dw.com/ru/aleksandr-nevzorov-byla-by-ukraina-drugoj-putinskie-orki-uzhe-byli-by-v-glubine-evropy/a-62094943

二二年三月、捜査委員会の主要捜査局は、ロシア軍に関する偽情報拡散の罪でネヴゾロフに対する刑事事件を起こした。同年四月、司法省は彼を「外国エージェント」に指定、翌二三年二月には、欠席裁判でネヴゾロフに懲役八年の判決が下された。

ネヴゾロフはそのジャーナリズム活動によって、激しくロシアを批判している。二〇二一年三月から二〇二三年一月まで、彼は自らのTelegramチャンネルでの引用数と視聴者リーチ数で、ロシア人ジャーナリスト・ランキング内でほぼ首位をキープした。二〇二二年六月、「ウクライナへの卓抜した貢献に対して」ネヴゾロフにウクライナの市民権が付与され、ゼレンスキー大統領が法令に署名した。

38

エヴゲーニヤ・アルバツ　Евгения Марковна Альбац

一九五八年九月五日生
モスクワ市出身
「外国エージェント」二〇二二年七月指定
政治ジャーナリスト、政治学者、社会活動家、講師

モスクワ国立大学ジャーナリズム学部を一九八〇年に卒業、八六年~九二年まで『モスコフスキエ・ノーヴォスチ』紙のコラムニストとして働いた。八九年、ソ連ジャーナリスト同盟[*1]の「黄金のペン」賞を受賞、翌年には、アメリカの出版社で六カ月間経験を積むことができるアルフレッド・フレンドリー助成金を獲得、『シカゴ・トリビューン』[*2]紙で短期間働いた。

*1　ソ連のメディア関係の労働者団体では最も大きな組織。
*2　アメリカ合衆国中西部における主要な新聞。

九三年から二〇〇〇年まで、アルバツは大統領恩赦委員会の委員を務めた。九二年にはロシア連邦憲法裁判所にて、ソ連崩壊後の共産党の処遇をめぐる専門家として活躍した。
九六年、アルバツはハーバード大学大学院修士課程修了。二〇〇四年、ハーバード大学で博士課程を修了、「官僚主義とロシア的変質　適応の政治」という博士論文で政治学博士号を取得した。
アルバツはロシアの主要メディアで活躍してきた。『イズヴェスチヤ』紙に「私たちと子供たち」というコラムを毎週執筆し、九六年から〇三年にかけては『ノーヴァヤ・ガゼータ』紙に調査や解説記事を寄稿した。二二年三月まで、ラジオ局「モスクワのこだま」で自身が企画した番組「アルバツのすべて」を担当、同時に番組「少数意見」にもレギュラーゲストとして出演していた。

アルバツは『The New Times』誌の編集長である。この雑誌は編集長に似て、明るく、正直で、独立心が強く、大胆不敵な出版物である。一六年頃から同誌に対する政治的迫害が始まり、ロスコムナゾールは、同誌が掲載する当局に対する批判的な資料、またクレムリンの立場とは食い違う見解に対して警告を発してきた。二〇一八年、ラジオ局「モスクワのこだま」で彼女とアレクセイ・ナヴァリヌイのインタビュー[13]が放送されると、同年十月二十五日、モスクワの裁判所は『The New Times』誌（有限責任会社「新時代」）に対して二二二五万ルーブルの罰金を科した。これは、ロシア史上メディアに対する罰金としては最高額であった。彼女は罰金を支払うためにクラウドファンディングを開始、十一月十三日、彼女は記録的な速さで四日の間に二五〇〇万ルーブル以上のお金を集めることができたと報告した。ロシアによるウクライナ侵略が始まった数日後の二二年二月二十八日には、ロスコムナゾールは同誌のウェブサイトをブロック、「ロシアの公式情報源」のみに言及し、戦争を「地域の住民を守るための特別軍事作戦」と呼び、「もっぱら軍事インフラ施設に対してのみ攻撃が行われている」と書くように同紙に要求した。

アルバツは、国際調査報道ジャーナリスト連合*に所属するロシア人三人の内の一人である。プリンストン大学やハーバード大学、イェール大学、シカゴ大学、ペンシルバニア州立大学、デューク大学などで教鞭を執ってきた。一〇年末までは国立研究大学高等経済学院の教授として、応用政治学部一般政治学科で教えていた。

＊ 国際的な犯罪や汚職を暴くことを目的に一九九七年に発足した、ジャーナリストのネットワーク組織。

二二年七月、司法省はアルバツを「外国エージェント」のリストに加えた。そのおよそ二カ月後の九月、ロシアを離れてアメリカへ向かった彼女は、ニューヨーク大学で教鞭を執る予定であることを発表した。現在彼女は、自身のYouTubeチャンネル「エヴゲーニヤ・アルバツ Yevgenia Albats」を展開している。彼女はそこで自身が目的とすることを次のように語っている。

「例えば、花に興味がある人がいます。私はといえば、古典的な政治人間です。私は政治に、競争し合うノーマルな政治の世界に何よりも興味があります。ロシアには競争し合うような政策はありません、ロシアには独自の特別なやり方があると主張するプロパガンディストもたくさんいますが。

彼らを信じてはいけません。世界のどこの地でも、そしてロシアも例外ではなく、人々が望むことはただ一つ、幸せになることです。自由な国は、自由のない国よりも幸福になれるチャンスがあります。自由な国では、自分の人生を自分で切り開いていける可能性があります。自由のない国では、あなたの人生をあなたがどう正しく生きるべきか、その方法を知っている役人が大勢います。自由な国では、そういった役人、政治家は選挙の洗礼を受けねばならず、あなたが人生をどう生きるかについて決定を下す権利を剥奪されることがありますが、自由のない国では、役人、政治家はソファにお尻をうずめたまま根が生えたように動かなくなります。このチャンネルでは、政治について、人生について、幸せについてお話しします[*]」

＊ https://www.youtube.com/@YevgeniaAlbats2022/about

彼女は、戦争勃発後にウクライナへ入ることができた数少ないロシア人ジャーナリストの一人である。彼女は同国に一〇日間滞在し、フメリヌィーツィクィイからオデーサまで移動、キーウやムィコラーイウ、ブチャ、ヘルソン、ヴィーンヌィツャなどの町を訪れた。

「ウクライナへ向かう時、私は自分にずっとこう言い聞かせました、『あなたは今、一九四三年にロンドンで取材したドイツ人ジャーナリストのようなものだ。あなたは侵略者の国の人間、毎日ウクライナ人を殺している国の人間として認識されるだろう……あなたは、人間が自分の属する国の愛国者だからという理由で拷問され侮辱されている占領地帯へ行くのだ』と。……そう自分にずっと言い聞かせ、敵対的な態度を取られることを覚悟していました。……西はフメリニツキーから南はオデッサまでウクライナを旅しました。……質問をする度に『すみません、ウクライナ語は話せません、ロシア語と英語はできます』と切り出すと、いつも笑顔で返事がありました。……すべてがとてもフレンドリーでした」*

＊ https://www.youtube.com/watch?v=W55GXavbS6I&t=8s

さらにアルバツは、二〇二三年夏にアメリカの地で次のような言葉も吐露している。

「ウクライナで起こっていることは自分にも責任があると思っています。なぜなら、私たちは負けたから。ロシアの反体制派、ロシアのリベラル派は負けたから。ただ単に自分の人生が敗北を喫しただけでなく、残念ながら、自分の子供たちの人生も敗北させてしまったから。これは恐ろしいことであって、最近私は、自分たちは生きながらにして死んでいる人間なのではないかと考えることがあります」*

＊ https://www.youtube.com/watch?v=k_n5LnXKNRc

39　ゾーヤ・スヴェトヴァ　Зоя Феликсовна Светова

一九五九年三月十七日生
モスクワ市出身
ジャーナリスト、人権活動家。チーホン・ジャトコ[63]の実母

ソ連の反体制派の娘であったスヴェトヴァは、両親の足跡を辿り、自身も人権保護活動に従事した。父親のフェリクス・スヴェトフ[*1]は作家、文芸批評家であり、母親のゾーヤ・クラフマリニコヴァ[*2]は正教の復興活動に携わっていた。スヴェトヴァがモスクワ外国語大学を卒業した一九八二年、母親は逮捕されてアルタイへの流刑を言い渡され、一方、父親はソ連作家同盟から追放された。

＊1　一九二七年生、二〇〇二年没。ソビエト時代の反体制派知識人。作家、ジャーナリスト。
＊2　一九二九年生、二〇〇八年没。ソビエト時代の反体制派知識人。文学者、人権活動家。

若いスヴェトヴァは、同じくスターリン主義の弾圧を生き延びた家族を持ったヴィクトル・ジャトコと出会い、八三年、二人は結婚した。

八五年、彼女の父親が今度は逮捕された。父親はモスクワのシゾに一年収容された後、五年間の流刑を言い渡され、妻がすでに流刑に処されていたアルタイへ送られた。八七年、ゴルバチョフの政治犯解放キャンペーンの一環で、両親共に釈放されてモスクワへ戻され、家族の再会が実現した。

長男を出産した後、スヴェトヴァは小中学校でフランス語を教える仕事に就き、経済的理由から翻訳の仕事も兼業した。

九一年、彼女はジャーナリストとしてのキャリアをスタートさせ、『家庭と学校』誌[*1]や『ロシア思想』紙[*2]に寄稿するようになり、その後ラジオ局「ラジオ・フランス」[*3]と『リベラシオン』紙[*4]で働くようになった。彼女は、ロシアの裁判所や監獄に関する調査を専門とし、囚人の問題について語り、人権保護を目的としたジャーナリズム活動を行ってきた。スヴェトヴァは次のように語っている。

*1　一九四六年に創刊され二〇一六年まで続いた、親と教師のための雑誌。
*2　一九四七年からパリで発行されているロシア語の社会政治新聞。
*3　パリ16区に本部を置くフランスの公共ラジオ放送局。
*4　一九七三年に創刊されたフランスの左翼的傾向の日刊紙。

「どのジャーナリストもその人生の中で、少なくとも誰か一人は助ける必要があります。そして、それは実際には自分のためにやることになるのです[*]」

*　https://www.youtube.com/watch?v=8mscNgFeWrU&t=7s

二〇〇〇年から〇二年にかけて、彼女はオープン・ソサエティ財団[*1]と協力し、軍隊で戦死した子供の親の権利を保護するプロジェクトを支援、その後収容所内の人権を保護する公共監視委員会[*2]の委員も務めた。

*1　投資家であり慈善家であったジョージ・ソロスにより設立された国際的な助成財団であり、世界中の市民社会を支援している。
*2　正式名称は「強制収容所における人権擁護のための公共監視委員会」。ロシアの各地域の強制収容所における人権の尊守を監視している。

一一年、スヴェトヴァはドキュメンタリー長篇小説『冤罪』を出版した。これは、偏った裁判に直面したチェチェンの少女とモスクワの学者の物語であり、彼女はこの作品を暗殺されたジャーナリストのアンナ・ポリトコフスカヤ*に捧げた。

＊　一九五八年八月三十日生、二〇〇六年十月七日没。ジャーナリスト。第二次チェチェン紛争について報道し、プーチンを批判、脅迫や暴力にもかかわらず、チェチェン戦争に関する報道をあきらめなかった。数々の国際的な賞を受賞したが、二〇〇六年、自宅アパートのエレベーター内で射殺されているのが発見された。

スヴェトワは、自分の立場を固く貫く人物として知られている。二〇一四年の春、彼女はウクライナからの軍隊撤退を求める請願書に署名、さらに併合行為の違法性について広く語った。ウクライナ戦争開始後、ロシアでは自由なジャーナリズム活動はもはや不可能となったが、スヴェトヴァはロシアに留まっている。

「私たちの生活やさらに何百万人もの人々の生活を変えようと企んでいる人たち、彼らの言いなりにはなりたくないのです。私は自分の人生を生き続けたいのです。もちろん、これからの生活がこれまでの生活と同じであるかのように装うことはできません。以前と同じなんてありえません。それでも、劇場へ行くことをやめるなんてできません。今多くの人々が劇場へ通うのは、人々が一緒にいたいと思っているからなのです。彼らは、自分たちが生きている恐ろしい現実をしばし忘れたいのです。……私たちが生きている限り、すべてのことは続いていきます。……自分たちが存在していることを証明するために、私たちはこの悪魔的な力を阻止しなければならないのです*」

＊　https://www.youtube.com/watch?v=8mscNgFeWrU&t=7s

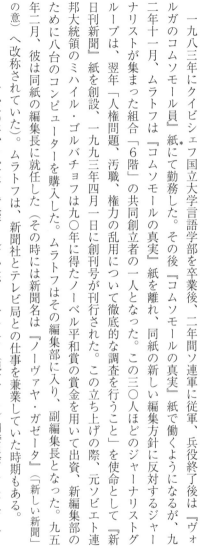

40　ドミートリー・ムラトフ　Дмитрий Андреевич Муратов

一九六一年十月二十九日生
クイビシェフ出身
「外国エージェント」二〇二三年九月指定
ジャーナリスト、人権活動家

一九八三年にクイビシェフ国立大学言語学部を卒業後、二年間ソ連軍に従軍、兵役終了後は『ヴォルガのコムソモール員』*紙にて勤務した。その後『コムソモールの真実』紙で働くようになるが、九二年十一月、ムラトフは『コムソモールの真実』紙を離れ、同紙の新しい編集方針に反対するジャーナリストが集まった組合「6階」の共同創立者の一人となった。この三〇人ほどのジャーナリストグループは、翌年「人権問題、汚職、権力の乱用について徹底的な調査を行うこと」を使命として『新日刊新聞』紙を創設、一九九三年四月一日に創刊号が刊行された。この立ち上げの際、元ソビエト連邦大統領のミハイル・ゴルバチョフは九〇年に得たノーベル平和賞の賞金を用いて出資、新編集部のために八台のコンピューターを購入した。ムラトフはその編集部に入り、副編集長となった。九五年二月、彼は同紙の編集長に就任した（その時には新聞名は『ノーヴァヤ・ガゼータ』（「新しい新聞」の意）へ改称されていた）。ムラトフは、新聞社とテレビ局との仕事を兼業していた時期もある。

＊　一九二〇年から九一年まで発行されていた、クイビシェフ（現サマーラ）州委員会とコムソモール・市委員会の機関紙。

創刊以来、自由主義的民主主義的姿勢を貫き、チェチェン問題や人権問題などを取り上げ続けてきた『ノーヴァヤ・ガゼータ』紙は、これまで少なくとも七名の関係者が職務上の活動のために殺害され、また、それ以外のスタッフも殺されなくとも脅迫を受けたり襲われたりしている。

二一年、ムラトフは「民主主義と恒久平和の前提条件である表現の自由を守るための努力に対して」ノーベル平和賞を受賞した。

彼は同年十二月十日に行われた授賞式のスピーチにおいて、ノーベル賞受賞は『ノーヴァヤ・ガゼータ』紙と命を落とした仲間のジャーナリストらの功績だとみなし、これまでに亡くなった者たちの名を挙げた。また、彼は賞金を、脊髄性筋萎縮症を患う子供たちの治療と、「外国エージェント」と指定されたジャーナリストらの支援などに充てるつもりだと述べ、賞金の最終的な分配については『ノーヴァヤ・ガゼータ』紙の編集委員会が決定する予定だと語った。この時はロシア軍がウクライナへ侵攻を開始する数カ月前に当たったが、ムラトフは次のような重要な言葉も発している。

「権力は戦争という考えを積極的に売り込みます。戦争という刺激的なマーケティングの影響の結果、戦争は許容しうるものだという考えに人々は慣れていきます。国営テレビ局の軍国主義的レトリックは、政府と政府に近しいプロパガンディストたちに全責任があります」*

* https://tass.ru/obschestvo/13170825

ロシアがウクライナ侵略を始めた二二年二月二十四日、ムラトフは次のようなビデオメッセージを発表した。

「私たちの国は、プーチン大統領の命令で、ウクライナと戦争を始めてしまいました。そして、その戦争を止める者はいない。だから、悲しみと同時に、私たち、そして私は恥ずかしさを感じています。……総司令官は、高価な車のキーホルダーのように『核のボタン』を手に持って振り回しています。次の一手は、核の一斉射撃か？　それ以外に報復兵器というウラジーミル・プーチンの言葉を解釈することが私にはできない。しかし、私たちは『ノーヴァヤ・ガゼータ』紙の最新号をウクライナ語とロシア語の二カ国語で発行する予定です。なぜなら、私たちはウクライナを敵として認めず、ウクライナ語を敵の言語とは認めないからです。そして、私たちは今後も決してそれを認めません。加えて最後に。ロシア人の反戦運動だけがこの地球上の生命を救うことができます*」

＊　https://www.youtube.com/watch?v=k4A_0-iUI5E

二二年三月二十二日、彼と新聞社のスタッフは、二一年に受賞したノーベル平和賞のメダルをウクライナ難民のために寄付することを決定した。

同年九月、『ノーヴァヤ・ガゼータ』紙はロシアにおけるメディアライセンスを取り消された。しかしながら、今もなおムラトフはロシア国内に留まっている。

新聞『ノーヴァヤ・ガゼータ』

ロシアの社会政治新聞。その反体制的・自由主義的・民主主義的な志向、人権擁護に重きを置く姿勢で知られ、調査報道紙としても名高い。一九九三年四月一日に創刊、発行部数は一〇万部であった。編集部はモスクワに置かれ、二〇二一年十月の時点では一三八名のスタッフを抱え、週三回発行されていた（ロシア国内での紙媒体での発行は停止している。後述）。同紙とそのスタッフは、さまざまな栄誉ある賞を何度も受賞している。また、プーチン政権に対する批判的論陣でも知られており、この新聞に関わった、少なくとも七名のジャーナリストや弁護士が殺されている。

●イーゴリ・ドムニコフ
（同紙の企業汚職に関する特別プロジェクトの編集者。二〇〇〇年に襲撃され死亡）

●ヴィクトル・ポプコフ
（同紙のフリーライター。第二次チェチェン戦争で人道活動に従事。〇一年にチェチェンにて銃撃され死亡）

●ユーリー・シシェコチヒン
（同紙の副編集長。チェチェン復興に割り当てられた予算の行方、国防省の汚職などを追及。〇三年に毒殺）

●アンナ・ポリトコフスカヤ
（同紙の広報担当。特に第二次チェチェン紛争を報道し、プーチンを批判。〇六年殺害）

●アナスタシア・バブロヴァ
（同紙のフリーライター。ネオナチグループを調査。〇九年襲撃され死亡）
●ナターリア・エステミロヴァ
（同紙の協力者。チェチェンにおける人権侵害問題を調査。〇九年拉致され殺害）
●スタニスラフ・マルケロフ
（同紙のジャーナリストの弁護を引き受けていた弁護士。〇九年バブロヴァと共に襲撃され死亡）

さらに、五名のジャーナリストが殺されかけたが、生き延びている。

二〇二一年、同紙の編集長であるドミートリー・ムラトフ[40]はノーベル平和賞を受賞した。二二年二月二十四日にロシアによるウクライナ侵略が始まると、一カ月後の三月二十二日、ムラトフと同紙のスタッフは、ノーベル平和賞のメダルを手離してウクライナのために寄付することを決定した。メダルは同年六月にアメリカのヘリテージオークションで売却され（買い手は匿名を希望）、その売却収益一億三五〇〇万ドルはUNICEFを通じてウクライナ難民のために寄付された。その六日後の三月二十八日、同紙編集部は戦争が終わるまで業務停止を発表した。

同年四月、ロシアを離れた同紙のジャーナリストたちによって、オンライン出版物「ノーヴァヤ・ガゼータ ヨーロッパ」がラトビアのリガで立ち上げられ、YouTubeやSNSを使ってロシアのニュースを報道していく方針が発表された。同出版物の編集長に就任したキリール・マルトゥイノフ[54]は、あくまでも独立したプロジェクトであり、『ノーヴァヤ・ガゼータ』紙とは組織的な関係はないとしている。同月にこの出版物は、ロスコムナゾールによってロシア国内からはアクセスできないようブロックされ、さらに翌二三年六月二十八日には、ロシア最高検察庁によって「望ましくない組織」に認定された。同出版物はウェブサイトと紙媒体の両方で発行されており、紙の新聞は登録されているラトビアで発行されている。

二二年七月十五日からは、ロシア国内に残っている『ノーヴァヤ・ガゼータ』紙のジャーナリストたちが、ウェブサイト「NO. ノーヴァヤ・ラスカース・ガゼータ」を開設し、それと共に紙媒体の雑誌も発行し始めた。「NO」(ロシア語で「しかし」「でも」の意)で始まる名称は、言論の自由を制限する動きへの反発や逆説的な風刺、それでも発刊を続ける決意を示していると思われる。しかしながら、その一週間後にはこのサイトもロスコムナゾールによってアクセスがブロックされ、現時点では、更新は停止している。紙媒体の発行も、言うまでもなく停止している。八月末、編集部はウェブサイトNovaya.mediaを開設し、そこの「フリースペース」で「NO. ノーヴァヤ・ラスカース・ガゼータ」の最新号などを読むことができるようになった。しかしながら現在、ロシア国内からは当サイトにアクセスできない(国外からは可能)。

二二年九月五日、モスクワのバスマニー地区の裁判所は、ロスコムナゾールの訴えに基づき、『ノーヴァヤ・ガゼータ』紙のロシアにおけるメディアライセンスを剥奪した。

41

クセーニア・ラリナ　Ксения Ларина

一九六三年四月十一日生
モスクワ市出身（本名はオクサーナ・アンドレエヴナ・バルシェヴァ）
「外国エージェント」二〇二三年九月指定
ジャーナリスト、テレビ・ラジオキャスター

一九八五年、バルシェヴァ（ラリナ）はロシア舞台芸術大学演技学部を優等で卒業。その後、彼女は、プーシキン劇場とサティリコン劇場で働いた。九〇年からは新聞や雑誌にも寄稿し、『メガポリス・エクスプレス』紙の文化欄を担当した。また、ラジオ局「ラジオ・ロシア・ノスタルジー*」の音楽番組の司会を務めた。クセーニア・ラリナという芸名はここで初めて用いられた。

＊　一九九〇年から二〇〇〇年までモスクワで放送されていたＦＭラジオ局。最盛期には、ロシアとＣＩＳ諸国のほぼ一〇〇都市で放送された。

九一年八月一八日から二一日にかけて、当時のソ連改革派の大統領であったミハイル・ゴルバチョフに対しゲンナージー・ヤナーエフ副大統領ら保守派グループがクーデターを起こすと（「八月クーデター*」）、ラリナは劇場を辞め、ジャーナリズムの道へ転身していくことになる。同年末にソビエト連邦が崩壊すると、彼女はキャスターとしてラジオ局「モスクワのこだま」へ就職し、二〇二二年に同局が閉鎖されるまでそこで働いた。彼女はそこで最も傑出したキャスターの一人であった。

＊　改革派のゴルバチョフ大統領に対し、ヤナーエフ副大統領ら保守派グループがクーデターを起こした事件。市民らの抵抗により失敗に終わった。

ラリナは、さまざまな時期にさまざまな番組の司会を務めてきた。それらの番組には「劇場との4分間」「25コマ目」「すべてをアウトプット」「ブック・カジノ」「べたほめ」「クレムリンの議会」「親の会」「劇場広場」「子供の遊び場」「伝達箱」「映画の中のように」「ロシア語で話そう」「ロシアについての神話」「成功」「カルチャーショック」「親愛なるニキータ・セルゲエヴィチ」などがある。

ラジオでの仕事と並行して、ラリナはテレビでも働いていた。テレビ局「RTRプラネット」では「ダブル・ポートレート」シリーズを担当、またテレビ局「REN-TV」*でもさまざまな番組を担当した。この「REN-TV」は、一一年に経営陣が変わるまで明確な反体制派的姿勢を有していた。

＊ ロシアの無料放送テレビ局。一九九一年にテレビ番組を制作するテレビ会社として設立され、その後「REN TV」のブランドでチャンネルが開始された。

〇五年、彼女は演技経験とそれに関するしかるべき教育を受けていたことから、『芝居好き』誌の編集責任者となった。

とはいえ、ラリナにとって最も重要なテーマは昔も今も政治である。彼女は長年ロシアの反体制派を支持している。一〇年三月、彼女は、反体制派の活動家らによって展開されたプーチンの辞任を求める公開キャンペーン「プーチンは去れ」に署名した。一四年三月には、クリミアとウクライナ東部におけるプーチン政権の政策に反対する呼びかけ文に署名した。

一五年二月二七日、彼女は「モスクワのこだま」でボリス・ネムツォフ[解]との最後のインタビューを行い、ネムツォフはその二時間半後に殺害された。

一七年一〇月、ラリナはウラジーミル・ソロヴィヨフ*による嫌がらせのためにロシアを去った。アレクセイ・ヴェネジクトフ[35]は、この嫌がらせをジャーナリストを物理的に排除するための挑発とみなした。彼女は一八年にロシアへ戻ることを決めたが、一九年初頭には再びロシアを離れている。

＊　一九六三年十月二十日生。ロシアのテレビ局で働く主要プロパガンディストの一人。

現在、国外に在住している彼女は、自身の YouTube チャンネル「クセーニア・ラリナ Ксения Ларина」でロシアの出来事についてコメントし、反戦・反プーチンの立場を積極的に表明している。他のブロガーのチャンネルにもしばしば登場して世界の世界情勢を論じており、ロシアのメディア界の中で著名な人物であり続けている。二三年三月に、ウクライナとロシアの将来についてラリナは次のように語っている。

「私は政治学者でもなければ、政治ジャーナリストでもありません。シナリオを描くことはできません。でも、良い結末に至ることはないように思います。ロシアにとっては。それはないでしょう。ウクライナが勝つのは間違いありません。それは明白です。そうなるでしょう。まもなくそうなると確信しています。……ウクライナがモスクワやクレムリンを爆撃することがないことも確信しています……*」

＊　https://www.youtube.com/watch?v=-iao2rTi8so&t=19s

42　セルゲイ・パルホメンコ　Сергей Борисович Пархоменко

一九六四年三月十三日生
モスクワ市出身
「外国エージェント」二〇二二年四月指定
ジャーナリスト、ラジオキャスター、政治評論家

一九八六年、モスクワ国立大学ジャーナリズム学部を卒業。パルホメンコは、モスクワ・ジャーナリスト憲章の創設者の一人である。この憲章は九四年二月、彼を含む27名の著名なジャーナリストによって署名された。その中では「誠実で自由でプロフェッショナルなジャーナリズムの発展の基礎となる」原則を尊重し、ロシアでその原則を推進していくことが宣誓されている。

二〇一一年十二月、不正行為が随所から報告された下院選挙の後、ソ連邦崩壊後最大級の反政府デモが起こった。その最中、モスクワ・ジャーナリスト憲章は、メディアに対し国内の状況を正直に報道するよう呼びかけた。また同時に、社会に対してはジャーナリストを保護するようアピールした。そうでなければ「ジャーナリストは社会を守ることができない」からである。「真実の情報が奪われた社会からは、いつしか基本的自由も奪われていくようになる」と同憲章は訴えた。

一九九六年、パルホメンコは『総計』*誌の創刊者兼編集長に就任し（その後、オンライン出版物「真の『総計』は我々の方」の編集長となる）、同様に『週刊誌』誌の編集長も務めた（二〇〇一～〇三年）。〇四年から〇九年にかけては、大手書籍出版社「イナストランカ」や「ハチドリ」、出版グループ「アティクス」、出版社「コーパス」のトップを歴任した。〇九年十月から一一年末までは、出版社「ヴ

ォクルグ・スヴェタ」の編集長、そして同名の雑誌の編集長も務めた。さらに、〇三年夏から一二年二月まで、パルホメンコはラジオ局「モスクワのこだま」の番組「事件の核心」の司会を毎週務めた。

＊ ロシアの社会政治週刊誌。ロシアで最も影響力のある社会政治雑誌の一つ。

パルホメンコは、誠実で信念を持ち、知的で批判的なジャーナリストであるだけでなく、有能な社会活動家であり、多くの重要なプロジェクトを考案してきた。

〇四年一月、彼は、プーチン一強体制の強化に対抗し、選挙が単なる形式的なものになることを阻止することを目的とした「二〇〇八 自由な選択」委員会の共同代表となる。彼は「委員会の広報および編集活動」の責任者であった。

また、パルホメンコは、市民の権利を守る社会運動「青いバケツの会」を思いつき、この運動名を考案した者であり、一〇年春に同運動の最初の公開行動を取った人物である。ロシアでは政府高官が緊急車両用の点滅ビーコンを車上に搭載して車を走らせており、彼らの道路上での横暴さや身勝手さに市民は不満を募らせていた。一〇年四月、パルホメンコは自身のブログで、できるだけ多くのドライバーが車の屋根に政府高官車両の点滅ビーコンに似せた青いバケツを置くよう奨励すべきだと語った。そのことによって、何台もの点滅車両が走る道路の「バカバカしさをもっと分かりやすく」したいというのが彼の考えであった。この彼の呼びかけに何百人もの人が賛同し、同月半ばにはブロガーのドミートリー・アンドリアノフがLiveJournalに「青いバケツの会」のコミュニティを作り、同運動が誕生することとなった。

一一年十二月に行われた下院選挙で、パルホメンコは共産党の監視員として活動した。この選挙では、与党の統一ロシア党が49％の票を獲得した。野党の代表らは選挙に伴う大規模な不正を主張し、抗議行動の準備を始め、彼はその主催者の一人となった。モスクワで最初の「公正な選挙のために」集会は十二月十日にボロトナヤ広場で、二回目の集会は十二月二十四日にサハロフ通りで開催された。それぞれ二万人から一〇万人が参加したと言われている。

一二年一月、パルホメンコは、作家のボリス・アクーニン、[*1]ジャーナリストのレオニード・パルフヨノフ、[*2]その他前年十二月の抗議集会に参加した多くの人々と共に、ロシアにおける公正な選挙の実施を訴える「有権者連盟」[*3]を設立した。同年三月にプーチンが大統領選挙で勝利すると、同連盟は同月にモスクワの新アルバート通りにて新たな大規模集会を主催した。

＊1　一九五六年五月二十日生。本名はグリゴーリー・チハルチシヴィリ。作家、日本研究家、文芸評論家。二〇二四年一月、司法省により「外国エージェント」に指定。
＊2　一九六〇年一月二十六日生。ジャーナリスト、テレビキャスター。TEFI賞を五度受賞。
＊3　二〇一二年一月に設立された、市民の選挙権の遵守を監視することを目的とした社会政治団体。創設者には、ユーリー・シェフチュク（ロック歌手）、ボリス・アクーニン（作家）など、政党に属さない文化知識人の代表者一六名が名を連ねていた。

一二年六月、パルホメンコはプロジェクト「すべては法廷に」の立ち上げを発表した。同プロジェクトの狙いは、選挙違反に対する訴えを大量に裁判所へ起こすための仕組みを作ることであった。同年十月、ロシア野党調整評議会の選挙が行われた。この選挙を通じて、野党側はプーチン政権と交渉するための合法的な組織を作り、将来のためのプログラムを立案することを意図していた。パルホメンコは、この組織の四五人のメンバーの一人として選出された。

一三年以降、パルホメンコは、ロシアの学術や教育活動の分野における、とりわけ学位論文審査や学位授与のプロセスにおける不正やごまかし、偽造に対抗するオンラインコミュニティ「ディザーネット*」の創設者の一人として、積極的な活動を行っている。

＊ 二〇一三年に創設された、ロシアの学術界から剽窃を一掃するために活動しているボランティアのコミュニティネットワーク。同コミュニティは一六年に公開した記事によって、ロシアの下院議員の九人に一人は、盗用された学術論文で学位を取得したことを示した。

彼は、一四年のロシアによるクリミア併合を激しく非難、同年四月にキーウにて開催された「ウクライナ‐ロシア 対話」会議*に参加した。

＊ 二〇一四年四月にキーウにて開催。「ウクライナとロシアの知識人・文化人は、両国間の信頼とパートナーシップを回復するために全力を尽くすこと」などが宣言された。

一四年以降、パルホメンコは市民プロジェクト「最後の住所*」の発起人兼コーディネーターの一人として活動している。このプロジェクトの目的と使命は、ソビエト時代の政治的弾圧や国家の恣意による犠牲者を追悼し後世まで伝えることである。

＊ ソ連における弾圧の犠牲者を追悼する市民運動。逮捕された人たちの最後の住所として知られる家々に、氏名、職業、生年月日、逮捕日、死亡日などを記載したプレートを設置。

一六年から彼は、ロシアにおける自由なジャーナリズム活動を支援するために「編集部」賞を他の仲間と共に創設し、その審査員メンバーとして活動している。同年秋より、ワシントンＤＣのケナン研究所*の客員専門家、その後シニアアドバイザーを務めている。

＊ アメリカのウッドロー・ウィルソン国際学術センターに属する、一九七四年に設立されたロシア研究を行う研究所。

二一年一月、パルホメンコはナヴァリヌイ[13]を支持する抗議活動に参加し、拘束された。翌二二年四月、司法省はパルホメンコを「外国エージェント」に指定した。ロシアによるウクライナ侵略が始まって以来、彼は数多くのインタビューに応じ、自身のYouTubeチャンネル「セルゲイ・パルホメンコ Сергей Пархоменко」を通しても積極的な発言を行っている。二二年、彼はテレビ局「TV Rain」の番組に出演し、次のように語った。

「今日、ロシアは完全に成熟した全体主義国家となっており、何十もの新しい抑圧的な法案が採択され、刑法には新しい条項が加えられています。『ロシアは侵略者である』『ロシアが戦争を仕掛けている』『ロシアがウクライナの町で平和な住民を殲滅している』といった言葉は、今や残酷な殺人よりも重い罰則で処罰されるのです*」

しかしながら、パルホメンコは、ロシアの市民社会の強さと未来に対する希望を失っていない。

「いつの日か、ロシアの市民社会は生まれ変わるでしょう。いつか、新たに自らを構築する力を見出すでしょう*」

＊ https://www.youtube.com/watch?v=9DOWkrGGLMI&t=12s

＊ https://www.youtube.com/watch?v=9DOWkrGGLMI&t=12s

43　キリール・ロゴフ　Кирилл Юрьевич Рогов

一九六六年十一月八日生
モスクワ市出身
「外国エージェント」二〇二三年八月指定
政治学者、言語・文学研究者、ジャーナリスト

モスクワ国立大学文学部を卒業、一九九二年に同学部で「19世紀初頭のロシアにおける『風俗喜劇』のイデー」というテーマで文学の博士号を取得した。ロゴフは18～19世紀のロシア文化史とロシアのバロック芸術に精通しており、エヴゲニー・ハリトノフ[*]の作品研究に従事、この作家に関する最初の大きな論文の一つを執筆した。ロゴフは「ハリトノフ研究の創始者」と称されている。

＊　一九四一年六月十一日生、八一年六月二十九日没。ロシアの詩人、小説家。

九〇年代末からはジャーナリズムにも従事し、九八年に他の仲間と共にオンライン出版物「ポリト・ルー」を創刊、同出版物の編集長を務めた。二〇〇二年二月、彼は「ポリト・ルー」の経営陣との意見の相違により退任を発表した。〇五年十一月から〇七年まで『コメルサント』紙の副編集長を務めた。また『保守主義者』紙の政治欄を取り仕切ったり、意見コーナーの編集をしたりした。

一一年から一二年まで、ロシア大統領府附属ロシア国民経済行政学アカデミーにてウラジーミル・マウ[*1]学長の顧問を務め、その後同大学の社会政治コミュニケーション学科の学科長を務めた。一五年までガイダル経済政策研究所[*2]の主任研究員であった。一五年九月初め、彼は欧州外交関係評議会[*3]のウェブサイトに「『プーチンノミクス』は生き残れるのか？　Can "Putinomics" survive?」という論文を

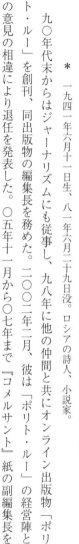

発表したため、同研究所を解雇された。

＊1　一九五九年十二月二十九日生。経済学者。九〇年代以降、大統領府やロシア連邦政府等さまざまな諮問機関や専門家集団に参加し、経済政策や改革の策定をなした。
＊2　経済政策の分野における研究を行っている非営利の研究組織。
＊3　欧州の七つの首都にオフィスを構えるシンクタンク。二〇〇七年十月に発足。

ロゴフは『Pro et Contra』誌[*1]の諮問委員会メンバーであり、学術基金「リベラル・ミッション」[*2]の理事会メンバーでもある。政治経済評論家として、ロゴフは『不可侵領域』[*3]『Osteuropa』[*4]『Pro et Contra』『経済政策』[*5]などの雑誌に、ロシア経済やソビエト後の発展問題に関する数十の論文を発表している。また、『ヴェドモスチ』紙や『ノーヴァヤ・ガゼータ』紙でコラムも執筆している。さらにテレビ局「TV Rain」や、ラジオ局「モスクワのこだま」の番組「少数意見」にも、レギュラーゲストの専門家として出演してきた。二〇一二年からは「モスクワのこだま」のウェブサイトで、現代ロシアにおける様々な出来事についてブログを執筆した。一六年、彼はオープン大学[*6]のウェブサイトに、「大転換　一九八五年から一九九九年までのロシア政治史の論理」という講座を立ち上げた。

＊1　カーネギー・モスクワ・センターが発行していた、ロシアの内政・外交問題を扱う雑誌。
＊2　自由経済や言論の自由といった価値観をロシアにて促進することを目的とした非営利の学術基金。
＊3　出版社「新文芸時評」が発行する雑誌。ロシアにおける自由主義思想の形成、その変容と適応をテーマとしている。
＊4　東欧、中東欧、および東南欧諸国の政治、経済、社会、文化、歴史に関する研究を行う月刊の学際的な雑誌。同雑誌はベルリンの学術出版社によって刊行されている。

＊5　世界銀行の支援を受けて、ロシア大統領府附属ロシア国民経済行政学アカデミーとガイダル経済政策研究所によって二〇〇六年から発行されている、査読付きの学術雑誌。
＊6　二〇一六年一月にオープン・ロシアが開始した啓蒙プロジェクト。

二〇年、プーチンが最長で三六年まで大統領職にとどまることを可能としたロシア憲法改正が行われたが、ロゴフはロシアと世界の現状に関する多くの出版物を発表した。彼は憲法改正を問う国民投票についても語り、投票の際の監視制度の在り方を「大規模な詐欺」と呼んだ。

ロゴフは常に、積極的に自らの社会的政治的な見解を発信し、多くの著作を発表し、政治や経済の権威ある専門家としてさまざまなメディアに登場してきた。彼はロシアの抑圧的な司法システムを率直に批判し、反体制派政治家の迫害、ロシアやベラルーシでの抗議行動に対して意見を表明し続けている。

ロシアによるウクライナ侵略が開始された直後の二二年三月六日、彼はロシアを離れたことを発表、ウクライナとの戦争に抗議するために街頭に繰り出したロシア人を次のように支持した。

「現在、ロシアでは非常に重要な出来事が起こっています。様々な都市で数千人の人々が街頭に出ています。彼らは警察による殴打や逮捕といった不可避的な事態を覚悟しながらも行動しています。予期した通り、彼らは殴られ、拘束されています。予期した通り、彼らは戦争を止めるために必要な数には遠く及びません。しかし、彼らが今日示す理性と連帯の英雄的なしるしは、それによって価値を失いません。反戦感情は、恐怖や不安のアスファルトを突き抜けても強く成長していくでしょう。

私は友人たちのことを非常に心配しています。彼らと一緒にいないことが私には辛く、恥ずかしいです。私がロシアを去ったのは、逮捕されるかもしれない脅威の下で自分が沈黙を強いられ続けるというはっきりと予想される事態が、存在的に耐えられないと感じたからです。

それに、ロシアに残った人々にも西側諸国の人々にも伝えたいことがあります。ロシアは、不正な戦争を引き起こして他国の地に死と破壊をもたらした、最初で唯一の国ではありません。ドイツは二つの世界大戦を引き起こし、ファシズムの人道的な異常さについての歴史的な責任を負っています。しかし、今日のドイツはヨーロッパの寛容さの砦であり、人道的責任の模範となっています。アメリカもかなり長い間、ベトナムでひどい戦争を続けました。アメリカ社会がその戦争を終結させるまでの道のりは困難で長いものでした。

今日のロシアで起こっていることは恐ろしく、その結果は壊滅的なものとなるでしょう。しかし、これは物語の終わりではありません。そして、それゆえに、今日の反戦行動が行われています。この反戦行動に、世界中が連帯を示すこだまのように応答してほしいと心から願っています」*

＊ https://t.me/KiRogov/118

二二年にロゴフは、ロシアの政治的社会的経済的諸問題、またウクライナとの戦争を議論するためのプロジェクト「Re: Russia」*を立ち上げた。同年、このプロジェクトは「プロフェッショナル・ジャーナリスト」賞を受賞した。同賞は「オープン・ロシア」によって創設された賞であり、圧力や身の危険、あらゆる障害にもかかわらず、ジャーナリズムの仕事を続けている人々を対象としている。

＊「Re: Russia」。ロシアの政治、経済、社会生活における重要な諸問題を議論するための専門的なプラットフォームサービス。

同年六月より彼は、YouTube チャンネル「国と世界 О стране и мире」で配信している分析番組「重要なことをロゴフが語る」の司会を務めている。

44 セルゲイ・メドヴェージェフ　Сергей Александрович Медведев

一九六六年十二月二十日生
モスクワ市出身
「外国エージェント」二〇二三年九月指定
ジャーナリスト、テレビ・ラジオキャスター、政治学者、作家

一九八八年、モスクワ国立大学ジャーナリズム学部を優秀な成績で卒業。その後、プラハのカレル大学に交換留学生として留学し、さらに奨学金を得てニューヨークのコロンビア大学の修士課程で学ぶ。九五年、ロシア科学アカデミー・ヨーロッパ研究所にて博士号を取得。研究分野としては、ロシア現代史、グローバリゼーション、批評理論、生政治学などが挙げられ、ロシア語以外に六ヶ国語を話す。イタリアやドイツの研究機関で勤務してきた。

二〇〇四年にロシアへ帰国。〇四年から二〇年まで国立研究大学高等経済学院の教授、同学院応用政治学部の国際関係担当副学部長を務めた。同学院応用政治学部の学生らによる投票により、二〇一一、二〇一二、二〇一四年の最優秀講師に選ばれた。

メドヴェージェフが従事してきたのは、学者としての活動ばかりではない。まだ在学中であった一九八四年～八七年にかけて、彼は極北にてジャーナリズム活動を行った。その後時を置いて二〇〇七年～一三年にかけては、テレビ局「ロシア・文化」の番組「事実の力」やラジオ局「Finam FM」の番組「考古学」の司会を務めた。

一三年、テレビ局「ロシア・文化」はメドヴェージェフとの協力関係を解消した。理由は、同年の

九月に彼がある人物のFacebookの投稿欄に、次のようなコメントをしたからであった。

「うまいこと、北極圏を、管理に失敗した無責任な所有国であるロシアから取り上げ、経済活動と軍事活動を完全に禁止して、南極大陸のように国際的な管轄下に置くべきだ。……私は、ロシアが北極圏に何一つ良いものをもたらさず、これからももたらすことはないだろうと確信している。北極圏は世界自然・文化遺産として登録されており、独特で壊れやすい場所である。ソ連は何世紀もの間、北極圏の壊れやすい生態系を、石油まみれ、放射能まみれ……の地に変えてしまった」*

* https://www.newsru.com/russia/03oct2013/arctic.html

翌十月、プーチンは統一ロシア党の主要支部の会合で、メドヴェージェフを「うすのろ」と呼び、北極圏を国際社会の管理に委ねるという彼の提案は「まったくの愚案」であり「反愛国的」なものであると語った。彼はプーチンの発言に対し、自身のFacebookで「プーチンの個人的な侮辱を褒美として受け取る」と反応した。

一八年にはメドヴェージェフは、プーチンのロシアについて論じた著書『クリミア時代の公園。第三期年代記』を出版、さらに二〇年には著書『ロシアにおける絶対君主制への回帰』をケンブリッジの出版社から刊行、この本はPushkin House Book賞*を受賞した。

* イギリスで二〇一三年に開始された、年に一度の書籍賞。その年の英語で書かれたロシアに関する最高のノンフィクション作品に贈られる。

ロシアによるウクライナ侵略が始まると、メドヴェージェフは次のような厳しい言葉を発した。

「今のロシアには存在する権利がありません。……今のロシアは粉砕されねばなりません」*

* https://www.youtube.com/watch?v=IWrlun1ecJ8

45 ロマン・バダニン　Роман Сергеевич Баданин

一九七〇年一月一日生
クルガン出身
「外国エージェント」二〇二一年七月指定
ジャーナリスト
スタンフォード大学民主主義・開発・法の支配センターの客員研究員

モスクワ国立大学歴史学部を卒業した後、ゴルバチョフ財団*にて勤務し、学術活動に従事した。

＊　ゴルバチョフによって一九九一年に設立された非営利団体。同財団は、ロシア史や世界史に関する時事問題の研究を行っている。

二〇〇一年にジャーナリズムの世界に入り、オンライン出版物「ガゼータ・ルー」の編集部で働き始める。バダニンは同出版物の政治欄担当編集者、副編集長を務めた。この時、「ガゼータ・ルー」は有権者の権利を擁護する非営利組織「声」協会*と共に、選挙における不正を視覚化するための「選挙違反マップ」プロジェクトに取り組んでいた。彼はこのプロジェクトの広告を載せるために、統一ロシア党の広告を同紙サイトに掲載することを禁じた。そのため、「ガゼータ・ルー」の株主であるコメルサント出版社のCEOデミヤン・クドリャフツェフとの間に不和が生じることとなり、結果として一一年十一月に彼は辞職することとなった。彼自身は、選挙と投票結果の不正を追跡する選挙違反マップのバナーが「ガゼータ・ルー」のウェブサイトから削除されたことに同意できないとして、退社を決断したと説明している。

＊　二〇〇〇年設立。有権者の一票の価値を守るために長期・短期の選挙監視を実施し、不正を防止するための専門的活動に従事する。一三年「外国エージェント」に認定され、一六年に裁判所決定により閉鎖された後は、法人格を取らない運動として活動しているが、メンバーは激しい政治的迫害にさらされている。

一一年十二月より『フォーブス』誌ロシア版のオンラインサイト「フォーブス・ルー」の編集長を務めていたが、『フォーブス』誌を発行する出版社「アクセル・シュプリンガー・ロシア」のCEOのレギーナ・フレミングとの意見の相違により一三年八月に退社した。

一三年十月から、モスクワに拠点を置く非政府系通信社である「インテルファクス」通信社[＊]のインターネット・プロジェクト部門のエグゼクティブディレクターを務めた。

＊　一九八九年、ゴルバチョフによるペレストロイカ・グラスノスチの流れの中で合弁事業として設立された。国営のタス通信社、「RIAノーヴォスチ」通信社と共にロシアを代表する三大通信社の一つ。

一四年一月、バダニンはエリザヴェータ・オセチンスカヤ[51]と共にRBCグループに入社し、情報通信社RBC（ウェブサイト）の編集長となった。RBCはその後、プーチンの娘とされるカテリーナ・チホノヴァ[＊1]とその夫キリール・シャマロフ[＊2]に関する記事、パナマ文書に関する記事など、注目度の高い調査報道を定期的に行うようになった。彼はそれら調査記事の執筆者の一人であった。

＊1　一九八六年八月三十一日生。プーチンの次女。国立知的開発財団と国家知的資源センターという、モスクワ国立大学の二つの取り組みを統合した「Innopraktika」社を率いている。

＊2　一九八二年三月二十二日生。実業家。カテリーナ・チホノヴァの元夫。プーチンの側近だったニコライ・シャマロフの次男。二〇一三年にチホノヴァと結婚した後、有利で優遇されたビジネス取引を数多

く持ちかけられ、三十二歳でロシア最年少の億万長者となった。

一六年五月、バダニンは『日刊経済新聞ＲＢＣ』紙編集長のマクシム・ソリュスの解任に抗議してＲＢＣを去った。この時、ＲＢＣグループのプロジェクト編集長であったエリザヴェータ・オセチンスカヤも同時に去っている。公式発表によると、ＲＢＣのトップ管理者三名の交代劇はＲＢＣ持株会社の発展に関する意見の相違によるものであった。しかしながら、『ヴェドモスチ』紙は、この解任決定は、ＲＢＣが政府高官やその家族、大企業に関する調査記事を発表したこと、パナマ文書に関する記事を発表したことによる、政治的圧力の結果だとしている。当時のＲＢＣグループのＣＥＯニコライ・モリボクや会長デルク・ザウアーなども、ＲＢＣの編集方針を変更するよう要請される電話を行政から受けたという。この時、バダニン、ソリュス、オセチンスカヤに連帯を表明して、他の十数名の職員もＲＢＣを退職した。

一六年七月、バダニンはミハイル・ズィガリ[53]の後任として、テレビ局「TV Rain」の編集長に就任した。同テレビ局で、彼はプーチンの側近らを調査し続け、ドキュメンタリー・シリーズ番組「ペテルブルクもの」の制作陣の一人となった。彼は、プーチンが大統領になる前の、ペテルブルグ時代のプーチンと同地の犯罪組織とのつながりを追い、「プーチンがよく知る九〇年代からの権威イリヤー・トラベルの秘密のビジネス帝国、そして大統領の友人たちとこの帝国との結びつき」というドキュメンタリーを制作したのである。この第1話が一七年八月に「TV Rain」にて放送されると、内務省はこの番組シリーズの制作陣に対して、トラベル[*]に対する名誉棄損をなしたとして刑事事件を起こした。

＊　一九五〇年九月八日生。実業家。プーチンのペテルブルク時代に彼の治安機関と組織犯罪集団タンボ

フとの仲介役になり、ペテルブルクの港と石油ターミナルを支配するようになった。犯罪権力者として多くの情報源から言及されている。

一七年秋、バダニンはスタンフォード大学の「ジョン・S・ナイト記念ジャーナリズム・フェローシップ」を受け、同大学に一年間留学した。

一八年、バダニンは調査ジャーナリズムを主体とするオンライン出版物「プロエクト」を立ち上げ、自身が編集長となり、ミハイル・ルビンが副編集長となった。二一年七月、「プロエクト」は「望ましくない組織」のリストに追加され、バダニンと記者たちは「外国エージェント」として指定された。その結果、「プロエクト」は清算・閉鎖され、彼とそのチームのメンバーの多くは職業上の活動のために命と自由が脅かされる可能性があると考え、ロシアを離れた。

二一年九月、司法省が同年春からほぼ毎週、非政府系メディアやジャーナリストを「外国エージェント」として指定し始めたことに触発され、バダニンは「プロエクト」に代わって新たなオンライン出版物「エージェンシー」を始動させた。

翌二二年二月にロシアによるウクライナ侵略が始まり、ロシアにおける報道の自由に対する弾圧が新たな段階に入ると、彼はオンライン出版物「プロエクト」を復活させている。彼のチームは、プーチンの健康に関する大規模な調査を発表している。

一九年、バダニンはルビンらと共に「プロエクト」に掲載された記事「ロシア国家プロパガンダ部長アレクセイ・グロモフの肖像」によって、「オープン・ロシア」の「プロフェッショナル・ジャーナリスト」賞を受賞。一七年から二二年にかけて、バダニンは「編集部」賞を八回受賞している。さらに二二年、スパルカッセン・ライプツィヒ・メディア財団の「自由と未来のための賞」を受賞した。

この賞は、「言論の自由の原則に導かれ、生命や健康を脅かされながらも仕事を遂行する」ジャーナリストに贈られる。審査員団はバダニンを「ロシアにおける、そしてロシアにとって、独立系ジャーナリズムの灯台である」と呼んだ。

なお、オンライン出版物「エージェンシー」は二三年四月に、「プロエクト」は二三年六月に、司法省により「外国エージェント」として指定を受けている。

二〇一二年の「非営利団体に関する法律」改正による「外国エージェント」規制と「ディマ・ヤコヴレフ法」制定に続き、一五年五月二十三日、大統領のプーチンは「望ましくない組織」の活動を制限する一連の法令改正に署名した。

これらはロシア政府による非政府組織（NGO）の活動制限という文脈にも位置づけられる。

「望ましくない組織」とは、ロシア連邦の憲法秩序の基盤や国の防衛力または国家の安全保障に脅威を与えうる活動を行う、外国または国際的な非政府組織を指すとされる。

一連の法改正には、連邦刑法、連邦行政義務違反法、「ディマ・ヤコヴレフ法」の改正が含まれており、ロシアで活動を行う外国組織や国際組織を「望ましくない」と宣言し、閉鎖する権限を検察当局に与えている。

「望ましくない組織」に認定されて解散を通告されても解散しない場合、重い罰金と長期の懲役刑の対象となり、これらの処罰は組織と関係を持つロシア人にも適用される。

批評家たちは、この法律は多くの部分で不明瞭であり、政府に対する反対意見を封じるために使われる可能性があると指摘している。そして実際に「望ましくない組織」の活動制限に関する一連の法令は、当局によって恣意的・超法規的に運用されているといっても過言ではない。

過激派組織とは、連邦法に規定された根拠に基づいて裁判所が「過激な活動」を行っているとみなした、社会団体または宗教団体またはその他の組織のことを指す。裁判所はこの場合、その団体を強制的に解散させ、活動を停止させることができる。「過激な活動」が何を指すのかは法律で規定され*、以下のような内容が含まれている。

＊　この件に関する主要な法令は二〇〇二年七月二十五日付「過激な活動に対する対抗措置に関する」連邦法であり、〇六年七月二十七日に改正されている。

●公職にある者がその公務の遂行中に当条項に示され犯罪である行為を行ったと、故意に虚偽の告発をすること。

●右記の行為（告発）の組織化と準備、およびその実行を扇動すること。

●右記の行為（告発）に対して資金を提供すること、あるいはその組織化や準備、実行において支援すること。

ここから判明することは、公職にある人物が犯罪を行っていると嫌疑をかけ、その調査をすること（組織化と準備）自体が、法律上「過激な活動」に含まれるという事実である。加えて、そういった動きを援助すること自体も「過激な行動」と定められている。裏を返せば、公職に就いている人物に対してはおよそどんな告発も半ば禁じられているのであり、この法律そのものが、プーチン政権が「マフィア政権」と呼ばれる証左の一つであろう。

46　ナターリア・シンデーヴァ　Наталья Владимировна Синдеева

一九七一年六月十一日生

タンボフ州ミチュリンスク出身

「外国エージェント」二〇二一年十月指定

ジャーナリスト、「Rain」メディア持株会社の創設者、オーナー兼CEO

一九九二年にミチュリンスク国立教育大学を卒業。後の二〇〇六年には、ペテルブルクにあるロシア・ストックホルム経済学校ビジネス開発コースを修了している。

大学を卒業すると同時にモスクワへ移住したシンデーヴァは、最初はイタリア発のアパレル会社に勤務した。ある展示会でプレスとして働いていた頃に新進気鋭のプロデューサーであったパーヴェル・ヴァシシェキンと知り合い、その後、彼の個人アシスタントとなった。この時期、彼女はメディア業界で人脈を築き、それは後になって彼女の仕事に大きく寄与することとなった。

九三年、彼女はテレビ局「2×2」*に転職し、そこで秘書から番組プロデューサーへと昇進した。同テレビ局で働いていた時、彼女は後に夫となるドミートリー・サヴィツキーと出会い、彼と共にFMラジオ局「Silver Rain」を設立した。

＊　一九八九年に設立されたソ連初の民間テレビ局。一九九七年に閉鎖したが、二〇〇三年に放送が再開。二〇一四年以降はガスプロム・メディア持株会社の傘下にある。

FMラジオ局「Silver Rain」で働いていたシンデーヴァは、ロシア人実業家でレストラン経営者のジャミーリ・アスファリと出会い、彼女の二番目の夫となった。

二〇〇五年、シンデーヴァは当時投資銀行KITファイナンスのトップだった銀行家アレクサンドル・ヴィノクロフと知り合い、〇六年に二人は結婚した。このヴィノクロフと共にシンデーヴァは「Rain」メディア持株会社を設立した。〇七年以降、彼女は、テレビ局「TV Rain」、オンライン出版物「Republic」、『Big City』誌がその傘下にある同メディア持株会社の発展に尽力している。

一〇年四月、テレビ局「TV Rain」の最初の放送が行われた。当初はインターネット経由で放送されていたが、後にケーブルや衛星ネットワーク経由でも放送されるようになった。テレビ局「TV Rain」の立ち上げについて、シンデーヴァは次のように語っている。

「当時はすでに（メディアにおける）検閲が始まっていて、娯楽番組や映画、テレビドラマ以外のものに興味を持つ人、ものを考える人のためのテレビ局がありませんでした。私は、これはとても面白いビジネスになるかもしれないと考えました。私たちはゼロからテレビ局を設立しました。……ロシアでは当時、誰もゼロからテレビ局を立ち上げた人はいませんでした。TV Rain の創設は本当に夢のようなものでした。これは言葉のあやではありません。私の眼は燃えていましたし、どんな困難も私を止めることはありませんでした」*

* https://www.nhk.or.jp/minplus/0117/topic073.html

一四年、放送が打ち切られるかもしれないという脅威が「TV Rain」に迫った。同年一月二十六日のレニングラード封鎖解除七〇周年記念の放送中に「何百万人もの人々の命を救うためにレニングラードは降伏すべきだったか？」という視聴者投票が実施され、これが危機を招くことになった。投票自体は三〇分後には止められ、テレビ局は「誤った表現だった」と謝罪した。しかしながら、その翌日、この視聴者投票について政府高官らは批判を口にし、その結果、ケーブルおよび衛星放送事業者は同テレビ局をネットワークから外し、多くの広告主が姿を消した。同年十月には「TV Rain」は施設から退去するよう要請され、一時的に放送スタジオはシンデーヴァのアパート内に置かれた。問題の視聴者投票が行われた討論番組の二カ月前の一三年十一月に、「TV Rain」ではアレクセイ・ナヴァリヌイ[13]と反汚職基金の調査に基づいて、当時大統領府第一副長官であったヴャチェスラフ・ヴォロジン*その他の政府高官らが所有するダーチャ（別荘）に関する報道を行っており、これが同テレビ局を潰す動きにつながったとシンデーヴァは指摘している。

＊　一九六四年二月四日生。政治家。ロシア連邦議会下院議長、ロシア連邦安全保障理事会メンバー、ロシア連邦国家評議会メンバー。

一五年初頭、「TV Rain」はデザイン工場「フラコン」*に移転した。

＊　モスクワのブティルスキー地区の元クリスタル工場敷地内にある、展示場やオフィスが入っている複合施設。

二〇一六年、シンデーヴァは、若い世代の中で人権擁護の伝統を発展させたとして、モスクワ・ヘルシンキ・グループ賞を受賞した。

ロシア軍がウクライナへ侵略を開始した直後の二二年三月一日、ロスコムナゾールは「TV Rain」に対してアクセス規制を行った。三月三日、戦争検閲法の成立がなされることを理由に、彼女は同テレビ局が一時的に業務を中断することを宣言、最後の放送で彼女を含むスタッフはスタジオで「戦争反対」と声を上げた。その後、シンデーヴァの努力により、同テレビ局は欧州ライセンスを取得し、二二年七月にラトビアのリガから放送を再開した。しかしながら、同年十二月頭に同局の放送中にあるキャスターが発した言葉により、同局に対する大きな反発と圧力が高まり、「TV Rain」はラトビア、リトアニア、エストニアで立て続けに放送が停止された。その後、同局はYouTube経由で放送を続け、二三年一月にオランダで放送ライセンスを取得した。

彼女は後日、当時のことを次のように回想している。

「あのときは、とても複雑な状況でした。キャスターの発言は、いま起きている状況下において、本当に正しくない言い方でした。私たちは大きな批判にさらされて、彼を解雇しなければならない、という決定を下しました。私は一二年間で誰ひとりとして、何らかの圧力のもとで解雇したことは決してありませんでした。しかし、この時は恐怖や蓄積した感情から彼を解雇してしまったのです。実際にそれをする必要があったのか、……あとから落ち着いて決めることもできたのに……」*

* https://www.nhk.or.jp/minplus/0117/topic073.html

二二年夏、「もし（同年二月）二十四日に戦争が始まると知っていたら、……これまでやってきたこととは異なることを行ったでしょうか？」と問われて、シンデーヴァは次のように答えた。

「私たちは考えていました、我々の視聴者はすべてを理解している、なぜ彼らに説明しなければならないのか？　ほら、このプロパガンダは、これは明らかなプロパガンダだ！　分かり切っているだろう、と。……人は一人一人異なるし、私たちも一人一人異なる、ということをもっと考えるべきでした……私たちは自分たちが理解しやすい視聴者のために働いていました。……もし過去に戻ることができたら、自分は何を変えようとするか、ですか？　私は編集部を説得して、異なる考え方をする人たち、連邦チャンネルを見る人たちと対話を築こうとするでしょう。……そういった人たちにノックして応答を得ようと何とか試みる必要があります」*

* https://www.youtube.com/watch?v=2dLvee0UCMU&t=8s

解説 **テレビ局「TV Rain」《Дождь》(Дождь)**

二〇一〇年四月にジャーナリストのシンデーヴァ[46]によって設立されたロシアの非政府系テレビ局。《Дождь》はロシア語で「雨」の意味。局のスローガンは「楽観的チャンネル」。「TV Rain」は、テレビ局とオンライン出版物を持つ。

一〇年から二二年まで「TV Rain」はロシアの放送ライセンスを取得していた。同テレビ局は一一年〜一三年、一七年〜一八年にかけてのロシア国内の抗議行動、ボロトナヤ広場事件、プッシー・ライオット事件、キーロフレス事件、ナヴァリヌイ[13]毒殺未遂事件等、ロシアの現体制に反対する者たちのニュースを広く取り上げた。放送時間のおよそ三分の二は生放送番組が占めた。二一年八月、司法省は「TV Rain」を「外国エージェント」に指定した。これは、ロシアの法人格を有するメディアが「外国エージェント」と認定された初のケースとなった。

ロシアによるウクライナ侵略が始まると、直ちにロスコムナゾールは、テレビ局「TV Rain」とラジオ局「モスクワのこだま」のウェブサイトをブロックした（二〇二二年三月一日）。翌日の三月二日、「TV Rain」のスタッフの一部は、サイトをブロックしたとの脅迫を受けたためにロシアを離れた。さらに三日には、同テレビ局のスタッフは業務を一時的に中止することを決定、一九九一年八月のクーデター時にテレビ局がバレエ『白鳥の湖』を放映したように、同作品の白黒録画放映によって放送を終了し、*その後は古い録画プログラムが流される自動的な放送に切り替えた。そこで働いていたジャーナリストの大半はロシアを離れ、三月末までに同局の顔であったジャーナリストら（ナターリア・シンデーヴァ、エカテリーナ・コトリカゼ、チーホン・ジャトコ、アンナ・モンガイト、ミハイル・フィシュマンなど）が次々とYouTubeチャンネルを開設することとなった。[63]

＊『白鳥の湖』の放送は、ロシアにおいては特別な意味を持つ。国家非常事態委員会がゴルバチョフに対してクーデターを起こした八月十九日から二十二日までの三日間、時々訳の分からないニュースが入るのみで、テレビの全チャンネルは朝から晩まで『白鳥の湖』を流し続けた。このクーデターは失敗、後にソ連の崩壊へとつながった。二一世紀となった現在、『白鳥の湖』は八月クーデターの非公式なシンボル、国家変革の象徴ともなっている。

二二年十二月、ラトビアのリガから放送を再開していた「TV Rain」にスキャンダラスな出来事が持ち上がる。同テレビ局キャスターのアレクセイ・コロステリョフが、ウクライナの戦闘に動員されたロシア兵の貧弱な設備に関する情報提供を視聴者に呼びかけた際に、次のような思慮に欠ける言葉を発したのであった。「（私たちの得た情報は）多くの兵士の方々のために役に立つことを期待しています。例えば、前線での装備品や基本的なアメニティなどです」。この言葉は、ロシア政府の行動に反対する人々の間に激しい憤りを引き起こした。同日、「TV Rain」の司会者エカテリーナ・コトリカゼは放送の中で、同局はロシア軍を支援することに「関与してこなかったし、現在関与もしていないし、今後も関与するつもりはない」として、コロステリョフとの協力関係を打ち切ると述べた。しかしながら、ウクライナやラトビアなどでは「TV Rain」に対する反発が広がり、五日後の十二月六日、ラトビアは「国家安全保障と社会秩序に対する脅威」を理由に同テレビ局の放送免許を剥奪した。＊ シンデーヴァは自身のTelegramチャンネルで、コロステリョフが解雇されたこと、また彼の発言のために誤解させてしまったすべての人に謝罪したことを報告する動画を公開、ウクライナとロシアで起こっている出来事を真実味あふれるよう報道できるよう、自分ができることすべてを行うと約束した。だが、流れを変えることはできず、八日にはラトビアとリトアニアに続いて、エストニアでも「TV Rain」の放送が停止された。

＊ ラトビア側としては、コロステリョフの発言に加え、「TV Rain」がラトビア語の吹き替え音声を提供しなかったこと（Rain 側は設備にお金がかかるために導入が遅れたと主張）、クリミアをロシアの一部とする地図を示したこと、ロシア軍を「わが軍」と呼んだことなどを理由に挙げている。

二二年十二月以降、「TV Rain」はオランダの放送ライセンスを取得し、ケーブルネットワークで放送している。

翌二三年七月、同局はロシアにおいて「望ましくない組織」と認定された。続く十二月、「TV Rain」の名の下で活動する人々の集まり、として「外国エージェント」に再指定された（法人「TV Rain」はリストから削除）。

47 アレクサンドル・プリュシシェフ　Александр Владимирович Плющев

一九七二年九月十六日生
モスクワ市出身
「外国エージェント」二〇二二年十月指定
ジャーナリスト、テレビ・ラジオキャスター

高校卒業後にモスクワ化学技術大学に入学したプリュシシェフは、同大学の大学新聞『メンデレーヴェッツ』編集部でラジオ局「モスクワのこだま」の特派員であったドミートリー・ピンスケルと出会う。彼の助言で、プリュシシェフは学業を終えずに「モスクワのこだま」に就職した。

一九九八年、プリュシシェフは同僚のおかげで、職場で用いられていたコンピューターとインターネットを個人で所有することになった。彼はラジオ放送ではまだインターネットについて何も語られていないことに気づき、同年「モスクワのこだま」で自身が企画した番組「こだまネット」を開始した。同番組はコンピューターがまだ各家庭になかった当時にあって、ウェブサイト、アプリケーション、サーバーといったものについてリスナーに分かりやすい言葉で伝えた。彼はインターネット技術を教え広めるロシア初のジャーナリストとして、輝かしいキャリアを築いた。

プリュシシェフは非常に独創的な人間であり、同時に正直で信念を持った人物である。また、最も人気があるラジオキャスターの一人であり、人々から愛されてきた。

二〇一四年、彼は「モスクワのこだま」の職を失いそうになった。その年の十一月五日、彼は自身のX（旧Twitter）アカウントに「かつて老婦人を車ではねて、その後老婦人の娘婿に有罪判決を下ら

せた、イヴァノフ[*1]の息子の非業の死は、神あるいは至高の正義が存在することを証明していると思うか」と投稿した。[*2]数時間後に彼はこの投稿を削除して、謝罪の意を表明したが、「モスクワのこだま」をその傘下に置くガスプロム・メディア持株会社[*3]の経営陣は、「職業ジャーナリズム倫理の規範を無視した」という理由で彼を解雇した。だが、この時、彼の解雇は「モスクワのこだま」の編集長であったアレクセイ・ヴェネジクトフ[35]を迂回して決定されたものであったため、ヴェネジクトフは解雇命令を「法的に無効」とみなし、法廷で争うつもりだった。十一月二十日、ヴェネジクトフとガスプロム・メディア持株会社の取締役会会長との合意により、解雇命令は取り消されることとなった。

＊1 一九五三年一月三十一日生。政治家、軍人。ロシア連邦安全保障理事会常任メンバー。元ロシア連邦大統領府長官。

＊2 この投稿は、当時ロシア大統領府長官であったセルゲイ・イヴァノフの息子アレクサンドルの死についてであった。アレクサンドルは二〇〇五年、モスクワで車を運転中に老婦人をはねて死なせたが、彼に対する刑事裁判は棄却され、専門家によって「運転手はしらふで制限速度を超えていなかった」と結論づけられた。一四年、アレクサンドルはアラブ首長国連邦の海で溺死した。

＊3 ロシアの半国営の天然ガス独占企業であるガスプロム傘下の、超巨大メディア企業。一九九八年設立。

プリュシシェフは長年に渡り、「モスクワのこだま」以外にも、多くの主要な新聞、雑誌、オンライン出版物、またテレビ局「ＳＴＳ」[*]や「ロシア‐24」、さらに「ＲＩＡノーヴォスチ」通信社でも働いて来た。

＊一九九六年に開設された、モスクワに拠点を置く民間テレビ局。「ＳＴＳメディア」持株会社の傘下にある。

ウクライナ戦争が始まった直後、彼はロシアを離れた。祖国では自由で独立したジャーナリズム活動に携わることが不可能になったからである。二二年六月、Delfi*のインタビューに応じ、ロシア人はウクライナ侵略を支持しているのかと問われた彼は次のように答えた。

＊　エストニア、ラトビア、リトアニアのニュースウェブサイトで、バルト三国で最も人気のあるウェブサイトの一つ。ロシア語バージョンも提供されている。

「（ロシア人の）大部分は恐怖心を抱いています。…………プーチンが始めた戦争だったとしても、ロシア人は皆が巻き込まれたことを理解しています。……そして、人々はそれを正当化しようとし、その正当化をプロパガンダから取り入れているのです。……私たちは全員ウクライナで起こっていることを見てきました。ウクライナは攻撃するつもりはありませんでした、誰も（ロシアを）攻撃するつもりはありませんでした。……まさに自国が最初に攻撃を仕掛けたと認めることは、ロシア人にはできません。侵略的な戦争を支持する人々、つまり帝国主義者は存在しますが、実際には少数派です。しかし、多くの人々は単に『自分は関与していない』と言いたいだけなんです。……彼らにとってはおそらく、ウクライナには悪党や何らかのナチスがいるのかもしれない、と考える方が楽なんです*」

＊　https://www.delfi.lt/ru/news/live/aleksandr-plyuschev-nikto-ne-sobiralsya-napadat-na-rossiyu-eto-videli-vse.d?id=90420589

48　アレクセイ・ピヴォヴァロフ　Алексей Владимирович Пивоваров

一九七四年六月十二日生
モスクワ市出身
「外国エージェント」二〇二二年六月指定
ジャーナリスト、メディア管理者、テレビ・ラジオキャスター

メディア持株会社のトップまでキャリアを積んできたピヴォヴァロフは、最も成功を収めたジャーナリストの一人であるが、現在は自身のプロジェクトに専念することを選択している。

中高生時代は全ソ連ラジオ[*1]でアルバイトをし、高校卒業後は、ラジオ局「ラジオ・マクシマム」[*2]のキャスター兼特派員として崩壊していくソ連で起きた変化を報道した。当時彼は、昼間は「ラジオ・マクシマム」で働き、夜はモスクワ国立大学ジャーナリズム学部の夜間部で学んでいた。

*1　国内・国外にいるソ連市民のためのラジオ放送で、ソ連テレビ・ラジオ国家委員会の一部であった。

*2　アメリカのテクノロジー会社 Harris Corporation、アメリカのラジオネットワーク Westwood One、ロシアの独立系放送会社 StoryFirst Communications（現「STSメディア」）、『モスクワ・ニュース』紙の合弁事業として一九九一年に設立。

彼はその後二〇年間、テレビ局「NTV」でキャリアを積むこととなる。[*] 彼は、非常に複雑な事柄を人々の興味をそそるように提示し、論理的に事象の連鎖を示しつつ原因を挙げ、その結果を語る。

*　二〇〇〇年代初頭にあった「NTV乗っ取り事件」の際、ピヴォヴァロフは新しい経営陣と協力することに同意し、会社に留まった。

数多くの不正が告発された下院選挙とその結果が引き金となって二〇一一年末に大規模な抗議運動がロシア国内で起こった時、彼はＮＴＶの夕方のニュース番組の責任者を務めていた。十二月十日、彼は、その日にボロトナヤ広場で開かれた「公正な選挙のために」集会をニュースで取り上げなければ、夕方のニュース自体の放映を拒否した。ＮＴＶ経営陣はこれに反対したが、結局、その日のニュース番組「今日」は彼を起用して放送され、抗議運動に関する報道がトップニュースとなった。

一三年〜一九年まで、ピヴォヴァロフはメディア持株会社「ＳＴＳメディア」*で働き、テレビ局「第一チャンネル」でもプロジェクトを担当、また独立したフリープロデューサーとしても活躍してきた。一六年にはＲＴＶＩのゼネラルプロデューサーに就任した。

＊　テレビ番組、映画、アニメーションの制作に従事。

一九年三月、ピヴォヴァロフは自身の YouTube チャンネル「編集部 Редакция」を開設、チャンネル登録者数は一年で一〇〇万人に達した。二〇年六月、彼はＲＴＶＩの編集長を辞めて YouTube チャンネル「編集部」に専念するという発表がなされた。

ロシア軍によるウクライナ侵略開始からおよそ八カ月後の二二年十月、「これからどうなるのか？」という問いに対し、彼は率直に次のように自己批判的に回答している。

「実際に今年は、自分の予測力が至らないことが判明しました。自分では優れた直感や嗅覚を持っていると思っていましたが、二月二十四日の出来事はそうではないことを証明しました。私はどんな戦争も起こらないと考えていましたし、動員もないと思っていました。率直に言えば、私はダメな予測家です。今後何が起こるかはわかりません」*

＊　https://www.youtube.com/shorts/RPICEVtcgiU

49　アントン・ドリン　Антон Владимирович Долин

一九七六年一月二十三日生
モスクワ市出身
「外国エージェント」二〇二二年一〇月指定
ジャーナリスト、映画評論家、ラジオ司会者

一九九七年、モスクワ国立大学文学部を卒業。二〇〇〇年、ロシア科学アカデミー・世界文学研究所の大学院を修了。文学博士候補の学位請求をなすが、公開審査にはパスしなかった。ドリンは長年に渡り、さまざまなラジオ局や出版社で司会者、特派員、コラムニストを務めてきた。

二〇一〇年～一九年まで彼はラジオ局「ヴェスチＦＭ」で映画評論家を務め、その後ラジオ局「Silver Rain」へ移った。一二年からテレビ局「第一チャンネル」で番組の司会を務めていたが、二〇年九月、彼は同テレビ局の経営陣によって解雇された。ドリンによると、これは彼がオンライン出版物「メドゥーザ」に寄稿した、映画『救国同盟』に対する否定的な批評が原因であった。彼は、映画の筋書きと、現代ロシアにおける反体制的考えを持つ者に対する弾圧とを比較対比し、『救国同盟』はその制作陣が望むと望まざるとに拘らず、反体制的考えを持つ者に対する国家によるテロ政策を是認しているかのような響きを伝えている、と述べたのである。

一七年六月、ドリンは『映画芸術』*誌の編集長に就任した。

＊　ソ連およびロシアの映画芸術専門誌。一九三一年に創刊。

二一年、自身のYouTubeチャンネル「ラジオ・ドリン Радио Долин」を立ち上げた。

政治的にはドリンは、自由主義と民主主義の支持者である。野党政治家のナヴァリヌイ[13]を支持し、彼の釈放を求める集会に参加してきた。一四年にロシアによるウクライナ政治への介入を非難、二〇年にはベラルーシでの抗議活動を擁護した。

二二年二月二十六日、ロシアがウクライナへの侵略を開始した直後、チャンネル「ラジオ・ドリン」ではこの悲劇的な出来事に特化した特別動画が公開された。これは、監督、俳優、プロデューサーなど、ロシア映画界の著名人による反戦声明で構成され、ドリン自身は次のように語っている。

「私たちは皆ショックを受けています。言葉を見つけることは難しい……特にロシアでは、異なる言葉を発しただけで監獄行きになりかねません……。ですから皆、口をつぐんでいる方を選ぶのです。これは恐ろしいことです。とりわけこのような状況では、沈黙は起こっていることに同意している証とみなされます。私は起こっていることに同意していません。そう、これはとても重要なポイントです……。私たちは今、『私たち』モードから『私』モードへ移行しなければならないと思います。誰もが自分の名において話します。皆の名において、国家の名において、国民の名において話すことは不可能です。なぜなら、戦争を始めた者は全ロシア人の名において、つまり私たちすべてを代表して、この戦争を始めたのですから。ですが、これは私の名においてではありません。これは私の戦争ではありません。私はこの戦争を望んでいません。私はこの戦争に同意しません」*

* https://www.youtube.com/watch?v=v63DF4b92BA&t=12s

50　カテリーナ・ゴルデーヴァ　Катерина Владимировна Гордеева

一九七七年三月二十三日生

ロストフ・ナ・ドヌ出身

「外国エージェント」二〇二二年九月指定

ジャーナリスト、ドキュメンタリー・フィルム監督、作家

慈善団体「命の贈り物」「アドヴィタ」「モイミオ」[*]のサポーター、子供ホスピス「灯台のある家」理事。

＊　「命の贈り物」「アドヴィタ」「モイミオ」は、重篤な疾患を持つ大人や子供を支援する非政府系慈善基金団体。

ゴルデーヴァは十代の頃からジャーナリズムの世界に入った。まだ少女だった彼女は、小児外科医になることを夢見て、十二歳の時から夏休みの間、衛生員として最初は妊娠病理科で、次に新生児病理科で働いた。その後、十三歳になった彼女は、親が育児放棄した新生児[*1]がいる病棟で見たことを『ヴェチェルニイ・ロストフ』紙に寄稿、ほどなくして彼女は、ロストフ・ナ・ドヌ初の民間出版物であったビジネス週刊紙『N市』に特派員として招かれた。それと同時に、彼女はロストフのテレビ局のユース組合で働き始め、キリール・セレブレンニコフ[*2]らと共に仕事をした。

＊1　生まれた赤ん坊が重い疾患や障碍を持っている場合、または出産した母親が未婚で子供を一人で育てるのが困難だった場合、赤ん坊が親に引き取られないケースはロシアではよくある。健康な赤ん坊の場合はその後養子に出されることもあるが、病気や障碍を持って生まれた子供はロシアでは総じて生きにく

いと言える。現在のロシア政府はそういった福祉面にほぼ公的予算を割かず、子供の母親は仕事を辞めて一人で世話をしなければならない。また、父親は家庭を捨てることが多い

＊2　一九六九年九月七日生。ＴＶ・映画・舞台監督、テレビキャスター。二〇一二年から二一年までモスクワの劇場「ゴーゴリ・センター」の芸術監督を務めた。

その後、ゴルデーヴァはパリへ留学し、ソルボンヌ大学の外国人向けの文学コースを卒業したが、彼女の言葉によれば、「祖国で起こっている変化のために帰国せざるを得なかった」。一九九四年、ロストフ国立大学言語学・ジャーナリズム学部で学ぶ。九九年、モスクワ国立大学ジャーナリズム学部を卒業。二〇〇五年、イタリアのスクオーラ・レオナルド・ダ・ヴィンチ Scuola Leonardo da Vinci で美術史のディプロマを取得した。

一九九四年、VIDgital テレビ制作会社の経営陣の招きで、ゴルデーヴァはモスクワに移住した。彼女は編集者、特派員、番組企画者として、「ＮＴＶ」「ＴＶセンター」「ＴＶ－6」「ＴＶＳ」といったテレビ局[*1]、ＢＢＣロシア・サービスなどで働いた。ゴルデーヴァは、「ＮＴＶ」のドキュメンタリー番組の企画者、特派員（二〇〇三～一二年）として最もよく知られている。彼女が手がけた最初のドキュメンタリー番組は、〇五年に撮影された「ルブリョフカの妻たち」で、高級住宅区域であるルブリョフカ[*2]に住む女性たちの生活を描いている。

＊1　「第一チャンネル」「ロシア1」「ＮＴＶ」に次いで、ロシアで四番目に大きな放送エリアを持つ連邦テレビ局。モスクワ市の行政機関が所有。

＊2　ルブリョフカ。モスクワの西方、ルブリョヴォ・ウスペンスキー、ポドゥシュキンスキー、第一、第二ウスペンスキー高速道路に沿った地域の非公式呼称で、有名人や作家のファッショナブルな別荘村、

政府高官の邸宅などがある。不動産価格が世界でもトップクラスの地域。

〇三年から「NTV」で働いていた彼女は、〇六年秋より同局のゴールデンタイムの特別特派員となり、番組「プロフェッショナル――リポーター」の常任企画者となった。ゴルデーヴァが手がけた同シリーズで最も話題になった作品には、まず、ロシアの移植医らの名誉回復を試みた「分かち合う命」（二〇〇五）がある。これは、モスクワ第20病院の移植医の仕事を犯罪のように映し出した（その多くは未証明）アルカディ・マモントフのルポルタージュによって、事実上その活動が麻痺してしまっていたロシアの移植現場を救う取り組みであった。その他には、サダム・フセインの処刑に関するリポートである「兵士らに処刑への招待」（二〇〇七）、緩和ケアに関する初の連邦テレビ作品である「出る時は電気を消して」（二〇〇九）、ロシアにおける抗議の気運を調査した「私たちは野菜ではない」（二〇一〇）、ペレストロイカ以降に生まれ育った世代を調査した「ジェネレーション・ゼロ」（二〇一〇）などがある。

一二年三月、ゴルデーヴァが制作した三部構成のドキュメンタリー・プロジェクト「ガンに打ち勝つために」が「NTV」で放映された。同ドキュメンタリーで彼女は、ガンに直面した有名人や、ロシアと世界を代表するガン専門医を取り上げた。テレビ評論家によれば、「ガンに打ち勝つために」は、ロシアのテレビ史上初めて、高く突き刺すような鋭い信頼性を持ちながらも、同時にドキュメンタリー的かつ科学的な方法を用いて病気についての正確な知識を伝えたプロジェクトだという。このプロジェクトのモットーは、「ガンに打ち勝つことは、恐怖に打ち勝つこと。あなたには知る権利がある」であった。このドキュメンタリーは、最優秀教育フィルムとして「月桂冠」賞[*1]を受賞した。しかしながら、同年四月彼女は、同テレビ局の法律放送部が制作した反政府活動に批判的なドキュメンタリー・フィルム「抗議の構造」[*2]が放送されたこと、および同僚らの解雇に異議を唱え、「NTV」を去った。翌一三年五月には、ゴルデーヴァの著書『ガンに打ち勝つために――いかに絶望に対処し病と闘う力を見出すか』が出版された。

＊1　ロシアのノンフィクション映画・テレビ番組の分野でのロシアの国家賞。
＊2　二〇一一年の大規模な反政府デモを取り扱ったドキュメンタリーだったが、デモの参加者がお金をもらって参加したり、アメリカのホワイトハウスが資金提供したといったことを示唆する内容を含んでおり、反体制派から厳しい批判を招いた。

一七年十月、ゴルデーヴァのドキュメンタリー・フィルム「＃私は治療を終えた」が初公開された。このドキュメンタリーでは、乳ガンに直面する数人の少女たちが描かれており、この病気の早期診断がいかに重要であるかが訴えられている。一八年には、慈善団体「命の贈り物」の設立者の一人であり女優でもあるチュルパン・ハマトヴァとの共著で、彼女は『氷を砕くとき』を出版した。

二〇年九月より、彼女は、オンライン出版物「メドゥーザ」の YouTube チャンネルで配信される「ゴルデーヴァに話して Скажи Гордеевой」という番組の司会者となった。二〇二一年五月、同番組は独立した YouTube チャンネルとなった。

二二年二月、ゴルデーヴァはロシアによるウクライナ侵略に対して抗議の意を表明した。彼女は次のように述べている。

「私たちは二一世紀に生きており、戦争以上に悪いものはないという考えの中で育ってきました。私たちが戦争を目撃することになるなんて信じられませんでした。ロシア当局があまりにやりたい放題できるようになってしまい、それがこういった事態の展開を許しているように私には思われました。

以前は私たちは、祖国が攻撃されたという遺伝的経験を持つ者でした。私たちは（一九四一年）六月二十二日のことを知っているし、祖父や曾祖父たちの話を覚えています。今、私たちは自分たちの歴史の中で最も凶悪な瞬間のひとつを体験しています。私たちは、攻撃している側の国にいるのです。だからといって、私たち各々がこの決定を支持し、加担しているということにはなりません。私はこの人たちに投票しなかったし、この戦争に断固として反対していますが、私にできることは何もありませんでした。自分の声は実際は小さなものだったこと、自分は今朝他国を攻撃した国の国民であったことに気づいたこと、これは恐ろしいことです*」

＊ https://meduza.io/feature/2022/02/24/samoe-strashnoe-utro-v-zhizni

「外国エージェント」とは?

1 「外国エージェント」規制の歴史と指定対象

本書で紹介した総勢六四名の反体制派ロシア人の内、すでに九割以上が司法省から「外国エージェント」に指定されている。では、どういった人物がその指定を受け、指定されるとどういったことが起こるのか。

「外国エージェント」という用語は、広義には「スパイ」「諜報員」「外国の諜報機関職員」といった言葉と同じ意味を持つ。二〇一二年の「非営利団体に関する法律」の改正法で初めてロシア法の中に登場し、当初は「外国からの資金提供を受け」「外国の利益となる政治活動に参加」している非営利団体を指した。

その後、「外国エージェント」に関する規制は、「マスメディアに関する法律」の一七年、一九年改正、「社会団体に関する法律」の二〇年改正などを経て、その度にこの用語の定義が拡大、その活動に対する規制が強化されてきた。現在その指定対象には、次の4種類がある。

①非営利団体
②「外国エージェント」の機能を果たす外国寄りのメディア(組織や個人)
③個人
④未登録団体

個人はその行動によって、「外国エージェント」の機能を果たす外国寄りのメディアとしてか、あるいは個人としてか、どちらかの枠組みで「外国エージェント」に指定される(ちなみに、本書では②と③を特に区別せずに「外国エージェント」指定について言及している)。

2　②に指定される第1パターン

次の二つの条件を満たす場合、個人または組織は②の類型の「外国エージェント」に指定される。

●視聴覚メッセージや資料、出版物を人々に無制限に配布する(SNS上も含む。再投稿も該当)

●「外国筋」から資金提供を得る(誕生日祝として外国の親戚から振り込まれる金銭なども該当)

この場合の「外国筋」とは以下のものが含まれる。

A　外国の政府機関や国際機関、および外国の組織

B　外国人

C　無国籍者(パスポート不所持者)、および無国籍者に権限を与えられた者

D　右記のA～Cの筋から金銭または資産を受け取るロシアの法人

3　②に指定される第2パターン

以下の二つの条件を満たす場合も、②の「外国エージェント」に指定される可能性がある。

●「外国エージェント」が作成したメッセージを広めたり、作成に参加する

●「外国筋」から資金提供を得る。

例えば、「外国エージェント」に指定された個人や組織が手がけた資料(情報)を転載したり、「外国エージェント」のために執筆したりした場合、また調査報道用の資料を共同で作成してそ

れを発表したりした場合、さらには専門家としてコメントしたりする場合ですら、同時に外国筋からの収入がある場合、「外国エージェント」として指定される可能性がある。

この場合の「外国筋」からの資金提供とは、既述のA~Dの場合と、「外国エージェント」自体から金銭を受領する場合も含まれる。金銭の受領とは、給与の支払いや備品の購入・提供など幅広いシチュエーションが含まれる可能性があり、そのためこの第2パターンは、「外国エージェント」と指定されたメディアと協力するすべてのジャーナリストを対象としているといえる。

4 「外国エージェント」指定を受ける可能性があるメッセージや資料とは?

「メッセージや資料」が指すものには、以下のものが含まれる。
- あらゆるテキスト、動画、音声、書籍、パンフレット、外国の科学雑誌への掲載物など
- ソーシャルネットワークへの投稿、他者のメッセージの再投稿、他者の投稿に対するコメントなど

簡潔に言えば、「外国エージェント」として指定されるためには、「メッセージや資料」が何についてのものか、また、その分量はまったく重要ではない。内容は必ずしも政治的である必要はなく、ロシア当局にとっては事実は必須の基準ではない。たとえ子猫に関する投稿であったとしても、幅広い読者への情報発信と「外国筋」からの資金という要素が重なれば、誰しもが「外国エージェント」としてリスト入りする可能性がある。

5　③に指定されるパターン

次の二つの条件を満たす場合、個人として「外国エージェント」に指定される可能性がある。

●政治活動に従事している

●「外国筋」から援助（金銭や資産、あるいは組織的計画的援助）を受け取る

もし、ある人物の生活にこれら二つの要素が存在する場合、その者は司法省へ自己申告しなければならないが、申告がない場合は、司法省は強制的にその人物をリストに加えることができる。

また、後述の通り、現在は「外国筋」からの援助は必須事項ではなく、「外国の影響下」にあると司法省がみなせば「外国エージェント」認定が可能となっている。

6　「政治活動」とは何か？

ロシアの法律によれば、「政治活動」という概念は次のように広範に定義されている。

●会議や集会、デモ、行進、ピケッティング、公開討論会や演説会の企画・開催

●選挙や選挙の監視、選挙委員会の編成、政党の活動に、特定の結果を得る目的での参加

●国家機関によって行われる政策に対する自己見解を、現代の情報技術を利用して広めること

●世論調査やその結果の公表、他の社会学的調査の実施を含めて、政治的見解を形成すること

●未成年者を含む市民を、右記の活動に引きずり込むこと

●右記の活動に対する資金提供

ちなみに、ロシアの国益に反しない範囲内での科学、文化、芸術、医療、市民の健康予防、社会サービス、母子の保護、障碍者の社会的支援、慈善活動などは、「政治活動」に該当しない。

7「外国筋」からの資金提供とは？

次のものは、すべて「外国筋」からの資金提供とみなされる。

- 「外国エージェント」指定を受けたメディア組織から支払われる給与
- どんな契約であれ国外から振り込まれる金銭（専門家に対する報酬も含む）
- 銀行、ウエスタンユニオン、その他国際送金システム経由で送金されたもの
- 国際会議に参加するための交通費や、それに関連する出費の埋め合わせ金
- YouTubeチャンネルの収益金
- 外国の栄誉ある賞を現金で受け取ること

8「外国からの支援」「外国の影響下」

二〇二二年七月、プーチンは「外国の影響下にある者の活動の管理に関する法律」に署名した。この法律によって、「外国エージェント」として認められるためには、外国から資金提供を受けている必要はなく、「外国からの支援」や「外国の影響下」にあることでも認定が可能となった。また、外国エージェントと提携している個人という概念も導入され、翌二三年に「外国エージェント」を支援する「第三者」に関する立法構想を下院が支持していくことにつながっていく。「第三者」とは「外国エージェント」として指定された人物を助け支える人間を主に指しており、「外国エージェント」に職を斡旋したり、「外国エージェント」の注意書きを付さずに「外国エージェント」の書籍を刊行する出版社などがそれに該当するという。こういった者は「外国

エージェントの共犯者」とみなされ、彼らをどのように法律の中で縛り上げていくか、審議が続けられている。

9　誰が「外国エージェント」に指定される可能性があるか？

「マスメディアに関する法律」が改正され、ジャーナリストなど個人も「外国エージェント」指定の対象となった際、ロシア連邦議会の議員は、「外国エージェント」に関する措置は数十人にしか影響しないとジャーナリストらを説得しようと試みた。

しかしながら、法律の文言自体は、外国のメディア機関に勤務するジャーナリストや専門家はもちろんのこと、自分の意見を投稿したり他人の意見を再投稿する一般のネットユーザーですら、第一条件をクリアさせてしまっている。さらに外国のお金や資産を持っていたり、司法省によって「外国の影響下」にあるとみなされれば、それらすべての人が「外国エージェント」の枠内に入ってくるのであって、この「外国エージェント」規制は数多の人々を「外国エージェント」として指定することを可能にしている。その定義はあまりに拡大し、境界線はあまりに不透明となっており、法律の文面に従えば、ネット上で活動し公に自分の立場を表明するロシア人は誰であれ「外国エージェント」の烙印を押される立場にある。また、それが外国籍の人間であっても――フランス大統領や日本人ジャーナリストであっても――、自らの意見を表明してそれを人々に無制限に伝える者は誰であれ、すべて「外国エージェント」に該当しうる可能性がある。

10 〈ダビデの星〉としての「外国エージェント」注意書き

「外国エージェント」に指定されたすべての個人・組織は、自らが発するあらゆるメッセージに特別な注意書きを添えなければならない。

例として、カテリーナ・ゴルデーヴァ[50]のすべての発信物には次の如き添え書きが付されている。

十八歳以上向け。当資料（情報）は、「外国エージェント」のカテリーナ・ウラジミロヴナ・ゴルデーヴァによって制作、配信されたものです。あるいは、「外国エージェント」のカテリーナ・ウラジミロヴナ・ゴルデーヴァの活動に関連したものです。

表示がない場合は違反とみなされ、違反にはさまざまな罰金が科される。

11 「外国エージェント」に対するさまざまな禁止事項

「外国エージェント」に対して禁止されているのは、主に以下のようなことである。

- 未成年者へ教育・啓蒙活動を行うこと
- 子供向けの情報製品（印刷物、視聴覚製品、コンピューター用プログラムなど）を作ること
- 教育機関で教壇に立つこと
- 公的イベントを催すこと
- ロシア軍で契約業務に就くこと（兵役は免除されない）
- 公的機関に勤務したり、国や地方自治体で役職に就くこと
- 政府の公共調達に入札すること
- 選挙管理委員会の委員として働くこと

●政府から財政支援を受けること

12 「外国エージェント」の個人データの公開

二〇二二年一二月より司法省は「外国エージェント」の個人データの公開を開始、苗字・名・父称の他に、以下の項目も第三者が閲覧可能とした。

・生年月日
・納税者識別番号*1
・個人口座保険番号*2

*1 ロシア連邦における納税者の記録を整理するためのデジタルコード。ロシア連邦税務局によって法人および個人の納税者に割り当てられている。

*2 年金保険制度における被保険者の個人口座の固有番号。個人の社会保障アカウントを識別するために使用される。

個人口座保険番号は、電話番号やメールアドレスとは異なり変更することができず、ロシア連邦の国家公共サービスポータル「ゴススルギ*」へのログインＩＤにもなっている。すなわち、同番号が公開されると、「外国エージェント」に対するハッキングが容易になることを意味する。個人口座保険番号が分かれば、あとは個人のパスワードを知るだけで第三者が「ゴススルギ」のアカウントにアクセスできてしまう。「ゴススルギ」にアクセスした第三者は、そこに蓄積された様々な個人情報を入手することができるようになる。そこで手に入れた個人情報を利用して、本人に成りすまして被害者の銀行口座から預金を引き出したり、被害者の名前でクレジットカードを作ったりするといった悪用の可能性もある。

* ロシア政府が提供している公式ウェブサイトで、国や自治体が提供するサービスに関する情報に個人および法人がアクセスできる他、同サイトを通して様々な行政手続きをオンラインで行うことができる。

この法律が施行された際、非政府系オンライン出版物「メドゥーザ」は、こういった問題を極力回避するために「ゴスス ルギ」のパスワードを推測されにくい安全なものに変更する、二要素認証モバイルアプリケーションを有効にすることなど、広く呼びかけた。

13 「外国エージェント」規制がロシア人に及ぼす影響

以上から分かるように、「外国エージェント」規制は、あるルールを破ったら罰を受ける、という単純な罰則規制ではない。それは、ロシア人の意識を広く囲い込み、追い詰める作用をなしている。

第一に、この法の文言は、「外国エージェント」に該当する枠組みを広げようと思えばどこまでも広げられると同時に、その枠組みの境界線自体を曖昧でぼやけたものとしている。そのため、司法省はほぼ完全に恣意的に、個人・組織を「外国エージェント」に指定できるのであり、ロシア国民の当局に対する恐怖心を自動的に引き上げ、ロシア国民がより意識的に注意深く振舞うよう強い作用を働かせている。要するに、国民意識の中に自己検閲のメカニズムを作動させ、どんな形であれ自らの意見を語り拡散することがないよう、実に効率よくロシア国民の口をつぐませている。ちなみに、この国民意識を抑圧する機能の一つをなしている、ロシアの法律の広義性と曖昧性といったものは、「政治活動」のリスト化でも見受けられる。前の頁に箇条書きした「政治活動」はあまりに広範なものを取り込み、民主主義国家では個人の選択に委ねなければならない行動まで罪と定められうる余地を残している。無論、ここでは野党の政治活動が主に念頭に置かれていると思われるが、リスト化された文言はさまざまな政治活動を漏れなく囲い込んでいる。その一方、福祉関係は政治活動のリストから外されており、二重スタンダードも垣間見られる。そもそも市民が自由な発想と熱意とをもって政治活動を行うためには、当局側からの政治活動のリスト化はまったく無用なものであり、こういったリスト化自体も、ロシア国民が政治の領域に足を踏み入れるのを留まらせる作用をなしているといえよう。

第二に、「外国エージェント」規制は、そのペナルティを、他者と分かち合う情報の中味ではなく、どんな情報であれ他者と分かち合うこと（情報発信、配布）自体の方に置いている。これは、ロシア国民が自分と同意見の仲間を社会の中で見出して共に群れて団結することを阻み、彼らをある程度は孤独の中に押し込めておく作用をなしている。

第三に、こういった社会の中でも果敢に恐れずに自らの意見を発信できる者たちを「外国エージェント」として指定することによって、彼らをそのシステムの中で可能な限り暮らしにくくさせ、ロシアを離れて外国に出ていくよう強く誘導しているといえる。実際に、ロシアを離れている「外国エージェント」は数多い。また、当局に迎合できない者たちを国外に排出してしまうのがある程度は政権側の方針だということは、政治犯として獄中にいるイリヤー・ヤシン[20]の言葉からも裏付けられる。彼は、二〇二一年にクレムリンが非公式に、すべての反体制派指導者らに国外移住と引き換えに自由を得る取引を提示したことを伝えている。

こうして、法律システムがより国民の沈黙を強い、他者との協同、共生を阻む一方、官製プロパガンダが社会全体に大音量で流れ続けており、同時に、当局に歯向かう異分子に対しては、可能な限り国外退去の圧力がかけられている。プロパガンダの拡大と異分子の排出、「外国エージェント」規制は複雑な形でこの二つを見事に促進している。

ロシアによるウクライナ侵略開始後、優れた知性と義侠心をわずかでも持つロシア人たちが国外へ流出し続ける、ある種のドーナツ化現象が驚くべき速度で進んでいるようにも思われる。これは二〇二二年九月の動員令の発令によっても促され、その時も、国外でも仕事を保持したり新たに得ることができるほどの教育と技術を有し、政府に対してそれなりに自立した姿勢を持つ男性たち（場合によってはその家族も）の大量流出が起こった。ロシア国内に残るものといえば、戦争によってどんどん先細りしている利権をめぐってさらに互いに残酷さを増している支配層と、その下部に大きく広がる弱者たる被支配層である。

51　エリザヴェータ・オセチンスカヤ　Елизавета Николаевна Осетинская

一九七七年五月三日生
モスクワ市出身
「外国エージェント」二〇二一年四月指定
ジャーナリスト、テレビ・ラジオキャスター

モスクワ国立大学経済学部在学中にRBCグループの特派員として働き、一九九八年に同大学を卒業。九七年から九九年にかけては『今日』紙の経済欄特派員兼コラムニストでもあり、『総計』誌にも寄稿していた。

九九年十一月、『ヴェドモスチ』紙が創刊された二カ月後にオセチンスカヤは同紙に入社した。二〇〇〇年、彼女は同紙の「産業・エネルギー資源」欄の副編集長に任命され、〇一年には早くもその責任者となった。〇二年、彼女は『ヴェドモスチ』紙の副編集長となり、〇四年には同紙の編集主任に任命された。

〇五年、彼女は、ロシア大統領府附属ロシア国民経済行政学アカデミーとイギリスのキングストン大学の共同プログラムにてMBAの学位を取得した。

〇七年、オセチンスカヤはタチヤーナ・リソヴァ*の後任として『ヴェドモスチ』紙の編集長に就任、一〇年まで務めた。一〇年三月、彼女は同紙の編集長を辞任し、リソヴァが復帰した。その時すでに、オセチンスカヤは『ヴェドモスチ』オンライン版「Vedomosti.ru」の責任者となっており、そちらの方によりシフトしていくこととなった。

＊　一九六八年生。ジャーナリスト。非政府系オンライン出版物「メドゥーザ」の元第一副編集長、『ヴェドモスチ』紙元編集長。

一一年、オセチンスカヤは『フォーブス』誌ロシア版の編集長に就任し、後に彼女は同誌を「ロシアで数少ない良質な出版物の一つ」と言い、この雑誌をさらに良いものにするつもりだと述べている。彼女は同誌の編集長を二〇一三年まで続けた。

一四年一月から彼女はRBCグループのプロジェクト編集長であったが、一六年五月に解任された。『Financial Times』紙のインタビューで、オセチンスカヤは自分と他のトップ管理者（『日刊経済新聞RBC』紙編集長のマクシム・ソリュスと情報通信社RBCの編集長のロマン・バダニン）[45]が解任されたのは、パナマ文書に基づく記事を掲載したためだと述べている（バダニンの一九五頁参照）。

一六年、彼女はスタンフォード大学の権威ある国際プログラム「ジャーナリズムにおける新地平線」の奨学生となった。スタンフォード大学で学び終えた後、彼女はカリフォルニア大学バークレー校が立ち上げている「調査報道プログラム」に参加する奨学金も得た。オセチンスカヤは、ロシアに焦点を当てた調査報道に従事していくつもりだと語っている。

一七年六月、彼女は、メールニュースレターとウェブサイト上のオンライン出版物として運営される「The Bell」を創設、続いて自身のYouTubeチャンネル「こちらオセチンスカヤ Это Осетинская」も立ち上げた。同チャンネルで彼女は、現代ロシアの著名人へインタビューを行なっている。

二二年四月、司法省はオセチンスカヤと、彼女が発行する「The Bell」の編集長イリーナ・マルコヴァをも「外国エージェント」に指定した。

同年十月、オセチンスカヤはインタビューで「あなたはロシアのフォーブス・ランキング（億万長者番付）に入っている人々のほとんどを個人的に知っているでしょう。彼らは（戦争が始まった時）どうしたのでしょうか？　彼らはいつも通りなのですか？」と尋ねられた際、次のように回答している。

「正直言って、（戦争が始まった）二十四日以降に多くの人と連絡を取ったとは言えません。そんなことはする気が起きませんでしたし、ジャーナリストとしての必要性も、私には直接的にはありませんでした（『フォーブス』誌の）編集長は私ではなく、私はそのような重荷を負っていないからです。しかし、70～90％の人々は侵略を支持せず、戦争を支持せず、そういったものを望んでいないと思います。なぜなら、それは彼らの未来も含むすべて人々の未来を滅ぼすことになるからです。しかしながら、自由は存在しません。というのは、国家とその中にいる特定の人々に、非常に大きく依存している構造があるからです*」

＊　https://www.svoboda.org/a/elizaveta-osetinskaya-voynu-i-ubiystva-neljzya-vpisatj-v-kompromiss-/32068703.html

52　オレーグ・カシン　Олег Владимирович Кашин

一九八〇年六月十七日生
カリーニングラード出身
「外国エージェント」二〇二二年六月指定
ジャーナリスト、社会政治評論家、作家

二〇〇三年に、カリーニングラードにあるバルト国立漁船アカデミーを卒業、専門は船舶操縦技術。大学卒業後、モスクワに移住し、〇五年まで出版社「コメルサント」社会部特派員として働いた。〇五年二月、カシンは「コメルサント」の特派員として親クレムリンの青年組織「ナーシ」[*1]の第一回大会に臨席した。彼の言葉によれば、同運動の活動家らは彼を無理やり壇上へ連れ出して「これは我らの敵オレーグ・カシン、我々のことを悪く（記事に）書いている。覚えておいてくれ」と宣告した後、鍵のかかった部屋にしばらく彼を閉じ込めたという。〇五年九月～十月まで『イズヴェスチヤ』紙の特派員、〇五年～〇七年まで『エキスパート』誌[*2]のコラムニストを務めた。〇七年より『ロシア生活』誌[*3]の副編集長となった。〇九年、出版社「コメルサント」に復帰したが、一二年に経営陣と双方合意のもと退職した。

＊1　「ナーシ」はロシア語で「私達の」という意味。二〇〇〇年に設立された親プーチンの青年団体「共に行く」を、大統領府が再編成して創設した青年政治運動。
＊2　一九九五年に出版社「コメルサント」から独立した編集者とジャーナリストのグループによってモスクワで創刊された、ロシアのビジネス週刊誌。

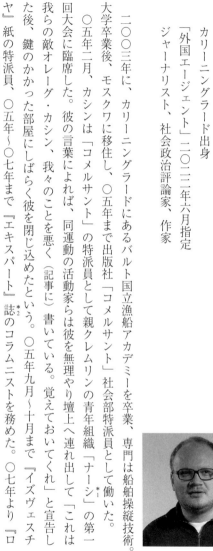

＊3　二〇〇七年に創刊された、モスクワで発行されていた社会政治・文学雑誌。

二〇一〇年十一月、カシンは自宅近くで待ち伏せしていた二人の見知らぬ者たちに襲撃され、鉄の棒で数十回にわたってひどく殴られた。彼はモスクワの病院に運ばれ、すね、上あご、下あご、手の骨折、頭部損傷、多発外傷と診断された。この襲撃を誘発した原因としては、ヒムキの森をめぐる紛争（チリコヴァ[14]の八一頁参照）を描いた出版物を出したこと、また、親クレムリンの青年組織「ナーシ」やプスコフ州知事アンドレイ・トゥルチャクとの対立[＊]といった、彼のジャーナリズム活動がある。この事件に際して、ロシア・ジャーナリスト同盟やアメリカ国務省、欧州安全保障協力機構、アムネスティ・インターナショナル、フリーダム・ハウスなどはそれぞれ声明を出し、犯人の発見・逮捕、またジャーナリストの安全と自由を求めた。

＊　二〇一〇年八月、カシンは自身の Livejournal にて、当時プスコフ州知事であったアンドレイ・トゥルチャクを「クソトゥルチャク」と表現した。トゥルチャク自身は書き込みを削除して二四時間以内に謝罪するようカシンに要求したが、すでにネット上でその書き込みは拡散していた。襲撃事件の五年後の一五年、カシンは、調査の結果、襲撃の実行犯がトゥルチャク一族が所有する持株会社「レニネッツ」に属するペテルブルク機械工場の警備員アレクサンドル・ゴルブノフであったと報じた。加えて、この事件の被告の一人であるダニール・ヴェセロフの妻は、トゥルチャクがカシンを殴るよう個人的に指示したと主張している。

一四年、カシンは「新しいロシア知識人」のための自身のウェブサイト「Kashin.guru」を開設した。彼はロシアによるクリミア併合を支持し、それを「歴史的正義の回復」と呼んだ。一五年九月～二〇年一月まで、テレビ局「TV Rain」で自身の冠番組「カシン・グールー」を持っていた。一六年にロンドンへ移住。その後は、ラジオ局「モスクワのこだま」に出演したり、オンライン出版物

「Republic」の専属著者となったりした。

二〇二二年四月、カシンは厳格な反戦姿勢をとっているにもかかわらず、反汚職基金（Anti-Corruption Foundation）がまとめた「汚職官僚と戦争屋リスト（六〇〇〇人リスト）」のリストに入れられ、プロパガンディストに分類された。彼自身は、「ナヴァリヌイ[13]の代理人として発言している人々を繰り返し批判」してきたことがリスト入りの理由だと述べている。

二〇二二年六月、彼は司法省によって「外国エージェント」のリストに加えられた一方、同年十月にはウクライナの制裁リストにも入れられた。

53
ミハイル・ズィガリ　Михаил Викторович Зыгарь

一九八一年一月三十一日生
モスクワ市出身
「外国エージェント」二〇二一年十月指定
作家、映像監督、政治ジャーナリスト、従軍記者

幼少期は、軍人であった父親が駐在していたアンゴラで育つ。テレビ番組「頭脳明晰優等生」の優勝者として、モスクワ国立国際関係大学国際ジャーナリスト学部に無試験で入学、二〇〇三年同大学を卒業。大学在学中にカイロ大学に一年間留学し、アラビア語を学んだ。二〇〇〇年～〇九年まで出版社「コメルサント」の寄稿者であった。現地からの取材を専門とし、イラクやレバノン、スーダン、シリア、パレスチナでの戦争、ウクライナやキルギスでの市民抵抗運動、アンディジャンの大虐殺事件[*1]、エストニアでの青銅の夜事件[*2]などを報道した。

＊1　ウズベキスタン東部のアンディジャン市で起こった武力衝突事件。二〇〇五年五月、武装勢力がアンディジャン市の刑務所を襲撃して政府建物を占拠、同時に市内においてカリモフ大統領と政権の退陣を求める大規模デモが発生したが、政府側は治安部隊を投入して鎮圧。その際に一般市民に発砲がなされ数百名が亡くなったとされる。

＊2　二〇〇七年四月にエストニア政府が首都タリンに置かれていたタリン解放者の記念碑（青銅の兵士像）を移転する準備を行ったところ、それに反発したロシア系住民が大規模な暴動を引き起こした事件。

〇三年～〇九年まで、ズィガリはモスクワ国立国際関係大学で教鞭を執り、在外ジャーナリズム活

動史の講義を行い、ジャーナリスト・マスタークラス、分析ジャーナリズムのコースを担当した。〇七年、現地からのルポルタージュを含む著書『戦争と神話』を執筆、翌〇八年にはヴァレーリー・パニュシキンと共に共著書『ガスプロム 新たなロシアの兵器』を書き上げた。〇九年～一〇年にかけては、『ロシア・ニューズウィーク』誌の「国」部門の編集者、また同誌の副編集長としても働いた。

一〇年～一五年まで、ズィガリはテレビ局「TV Rain」の編集長を務めた。特に、多数の不正疑惑を呼び起こした一一年十二月の下院選挙後から一二年にかけての冬の間に起こった、大規模な反政府デモの報道を担当した。同局にて彼は、ドキュメンタリー「スターリンを葬る」や「ここで権力を持っているのは誰か。ベールイ・ドーム[*1]の射殺の四つのバージョン」(共に二〇一三年)などを撮っている。また、一二年～一四年まで、ロシアのテレビメディアの主要なジャーナリストたち(「第一チャンネル」「ロシア1」「NTV」「REN TV」の代表者ら)と共に、毎年恒例の特別番組「ドミートリー・メドヴェージェフとの対話[*2]」に出演した。

＊1　ロシア語で「白い建物」という意味。ソ連時代には、ロシア共和国人民代議員大会と最高会議が入っていたためロシア最高会議ビルとして知られた。

＊2　毎年年末に行われた特別番組で、当時首相であったメドヴェージェフが各テレビ局を代表するジャーナリストらの質問を受けながら、その年の総括と翌年の抱負について語った。メドヴェージェフが大統領を務めていた期間は、「ロシア大統領と共に今年の総括を」という番組名だった。

一四年九月、ジャーナリスト保護委員会[*1]から国際報道の自由賞を受賞。一五年、ズィガリは著書『クレムリンの軍勢――現代ロシア小史』を出版。ノーベル文学賞受賞者のスヴェトラーナ・アレクシエーヴィチ[*2]は、この本について「20年間に起こったすべてのことに関する最も真面目な研究」と述べ、作家のボリス・アクーニンは「有益で、驚くほど冷徹で、極めて公正なロシア国家の現代史」と語った。同書はドイツ語、ポーランド語、ブルガリア語、フィンランド語、エストニア語、中国語、英語に翻訳されており、ベストセラーとなった。

＊1 ジャーナリストの権利を守り、世界各国の言論弾圧を監視する目的で創設・運営されている非営利団体。

＊2 一九四八年五月三十一日生。ベラルーシの作家、ジャーナリスト。二〇一五年にジャーナリストとして初めてノーベル文学賞を受賞。

一五年十二月末、ズィガリは個人的なプロジェクトに取り組むために、自らの意志でテレビ局「TV Rain」の編集長を辞任した。だが、二〇一六年春まで、同テレビ局で毎週放送されていた番組「ズィガリ」のキャスターは務め続けた。

二二年二月、ロシアによるウクライナ侵略が始まると、彼は同侵略に反対する作家たちの呼びかけの発起人となった。同年に彼はロシアを離れている。私生活では、二二年十月にカミングアウトし、ポルトガルでロシア人俳優ジャン＝ミシェル・シェルバクと結婚したことを発表している。

54　キリール・マルトゥイノフ　Кирилл Константинович Мартынов

一九八一年四月二十五日生
ケメロヴォ出身
「外国エージェント」二〇二二年九月指定
現代政治理論、分析哲学、社会学の専門家、哲学博士。ジャーナリスト

二〇〇三年、モスクワ国立大学哲学部を卒業。マルトゥイノフは若い頃、社会主義に近い考えを持っていた。〇四年にはLiveJournal上で「若き愛国者たち」というコミュニティを作り、そこで保守的愛国的意見を表明していた。〇七年、モスクワ国立大学に博士論文を提出し、哲学博士号を取得。同年より彼は、国立研究大学高等経済学院人文学部の上級講師となり、その後准教授となった。この頃、彼はプーチンを支持していた。

一四年、マルトゥイノフはリベラルな反体制派の方へその政治的立場を急転させた。ウクライナのEU統合に賛同の立場を取り、マイダン革命へと至る同年一月、彼は次のように語った。

「何度も書いていますが、私はウクライナびいきです。ウクライナは私たちにとって、モスクワの重い遺産である専制的な支配と所有制度から最終的に解放される歴史的なチャンスだと思います。奴隷のごとき人々も含め、ロシア領土内ではすべてが君主のものなのですから」*

＊ https://web.archive.org/web/20180518200528/http://kmartynov.com/?p=4280

一一年、そして一三年～一九年にかけて、彼は国立研究大学高等経済学院の最優秀講師として認められたにもかかわらず、二〇年、同学院は人文学部の再編成を理由にマルトゥイノフを解雇した。彼

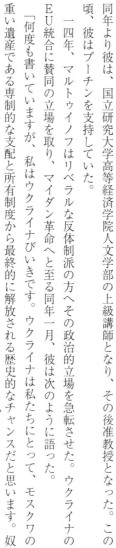

自身は、自らの反体制派的見解が解雇につながったと述べている。その後彼は、検閲や行政の抑圧から独立した教育プロジェクトである「自由大学」[*]の創設者の一人となった。二三年三月、最高検察庁は自由大学を「望ましくない組織」に認定した。

＊ 二〇二〇年夏、国立研究大学高等経済学院から解雇された教員の一部は「教員をあらゆる行政的な押しつけから解放する」「独立した教育プロジェクトである『自由大学』を創設する」と発表した。

マルトゥイノフは、『祖国雑記』誌[*1]や『ロシア・ジャーナル』誌[*2]、『モスコフスキエ・ノーヴォスチ』紙、ポータルサイト「RBC」などに寄稿してきた。オンライン出版物「見解・ルー」の編集長でもあり、『ノーヴァヤ・ガゼータ』紙の政治部でも働いてきた。

＊1 19世紀に発行された同名の文芸雑誌の流れを汲む、ロシアの文学・社会政治・学術雑誌。
＊2 ロシアで最も古い社会・政治オンライン雑誌。

二二年四月、彼はオンライン出版物「ノーヴァヤ・ガゼータ ヨーロッパ」の編集長に就任した。

プーチン支配下のロシアで起こっていることを分析して、彼は次のように述べている。

「これは一種のポスト・ファシズムであり、大衆の熱狂がないという点で、古典的ファシズムとは異なっています。私たちは、ロシアの各都市のあちこちに吊るされているZやVがすべて、割り当てに基づいて地方自治体が手配していることをよく知っています。それらのZがあろうがなかろうが、大部分の人にとってはどうでもよいことです。人々は自分のことで手一杯なので……。同時に、ファシズムの要素もここにはあります。つまり、侵略的な戦争への憧れ、プロパガンダが担っている巨大な役割、人々と人間感情を操縦するための絶対的な中央集権化です」[*]

＊ https://www.svoboda.org/a/god-velikogo-pereloma-efir-v-18-30-/32194323.html

55 ロマン・ドブロホトフ　Роман Александрович Доброхотов

一九八三年八月六日生
モスクワ市出身
「外国エージェント」二〇二一年四月指定
社会活動家、ジャーナリスト、政治学者

二〇〇〇年~〇六年までモスクワ国立国際関係大学政治学部で、その後国立研究大学高等経済学院の大学院で学んだ。一三年、ドブロホトフは博士号を取得。

〇五年「プーチン抜きで行こう」[*1]という運動に参加、また民主主義運動「我ら」[*2]の組織者兼指導者であり、統一民主主義運動「連帯」が設立されてからは同運動の連邦政治評議会メンバーを務めた。

*1 ミハイル・オボゾフをはじめとする若者たちによって二〇〇五年一月にペテルブルグで結成された青年運動。

*2 民主主義を志向する青年組織。二〇〇五年にモスクワで結成。

〇六年~〇九年までドブロホトフは『ノーヴィエ・イズヴェスチヤ』紙に寄稿し、経済部の副編集長を務めた。同時期、フリーランスでラジオ局「モスクワは語る」[*]でも働いた。

* ジャーナリストのセルゲイ・ドレンコが、二〇一四年にモスクワで設立した民間ラジオ局。

〇八年十二月、当時大統領であったメドヴェージェフがクレムリンで行ったロシア連邦憲法制定一五周年記念演説の最中に、ドブロホトフは演説を妨害し、メディアの注目を集めた。人権こそが「国家活動の意義とその内容を決定する」という言葉をメドヴェージェフが発した後に、彼は席から

「憲法改正は恥だ!」と叫び、「なんであなたたちは彼の言うことを聞くのか?!」 彼は人間のあらゆる権利と自由、市民のあらゆる権利と自由を侵害した！……憲法は侵害され、国内では検閲が行われ、選挙はなく、なのに彼は憲法について語っている……」と続けた。[*] 彼はそのまま警察署に連行され、同日ラジオ局「モスクワは語る」から解雇された。

＊　この時ドブロホトフが叫んだ「憲法改正」とは、二〇〇八年にメドヴェージェフによって提案され実行された、大統領の任期を六年に、下院議員の任期を五年に延長した憲法改正内容を指す。

〇九年七月、ドブロホトフはモスクワ市議会議員選挙に出馬する意向を表明したが、モスクワ市選挙管理委員会は彼の陣営が集めた署名の質にクレームをつけ、候補者登録を拒否した。

一二年二月には、プーチンの大統領再選に反対する人々が輪を作るデモ「ビッグ・ホワイト・リング」を組織、同年夏には「12月5日」党の創設メンバーの一人となり、その年のプーチンの誕生日に「おじいちゃんの引退を見送ろう」というアクションに参加、またもや警察に拘束された。

一三年、ドブロホトフは、調査報道、フェイクニュースの暴露を専門とするオンライン出版物「ザ・インサイダー」を設立し、編集長に就任した。

二一年七月、警察は彼の自宅を家宅捜索し、尋問するために彼を連行、この後彼はロシアを離れた。翌二二年七月、最高検察庁は「ザ・インサイダー」を「望ましくない組織」として認定した。

彼は現代ロシア社会をスターリンによる粛清時代と比較し、次のように語っている。

「ある意味で、社会は今、本当にその時代に戻りつつあります……密告やプロパガンダといった側面だけでなく、全体的に恐怖が漂っている雰囲気においても、です」[*]

＊　https://www.youtube.com/watch?v=QLB-DUD4GFU

十月革命直後の一九一七年十二月七日（グレゴリオ暦では十二月二十日）、レーニンはボリシェヴィキ革命を保護する特別治安機関として反革命・サボタージュ取締全ロシア非常委員会（チェーカー）を設立した。元来は暫定措置として作られたもので、これが世界最大の秘密警察・情報機関に成長することは、レーニンも考えていなかったであろう。

一九二二年二月六日、チェーカーは、国家政治局（ゲーペーウー）と名を改める。これは、同じく二二年二月に設立された内務人民委員部*に制度上、従属していた。

＊　一九三四年に治安組織（ゲーペーウー→オーゲーペーウー）によって吸収され、犯罪撲滅と治安維持のための中央機関となった。スターリン政権下で主に秘密警察として働き、一九四六年にソビエト連邦内務省に改編された。

二三年～九一年まで、治安組織の名称は何度か変更された。よく知られている略称は「統合国家政治局」「内務人民委員部」「国家保安人民委員部」「国家保安省」などであり、五四年～九一年のソ連崩壊まで存在した治安組織が、国家保安委員会（カーゲーベー〔ＫＧＢ〕）だった。

九一年のソビエト連邦崩壊と共にソ連共産党の一党独裁体制は消滅したが、その体制を支えてきた屋台骨であったＫＧＢは消失しなかった。ソ連時代に建前上は存在した、マルクス・レーニン主義という共産主義思想によってソビエト連邦を地上の理想郷とする大義名分をソ連崩壊時に手離し、同時にソビエト連邦体制内での共産党の監視下からも脱したＫＧＢは、ＫＧＢ出身のプーチンをトップとした二〇年余にわたる支配体制の間にその組織が巨大に膨れ上がり続けてきた。

現在、旧KGBの機能は複数の法的後継機関に分散されている。

エヴゲーニヤ・アルバッツ[38]は、その著書『遅延して発動する地雷 KGBの政治的ポートレート』（一九九二）で次のように述べている。

「私にとってKGBとは、定期的に盗聴される電話のことでもある。特定の高官からさまざまなルートを通じて口頭で伝えられる、『お前は行き過ぎだ』という父親からのような警告もまたそうである。たいていは匿名の手紙で届く脅迫もまたそうである。

私にとってKGBとは、ソ連政権が発足後一一年目に自らのこめかみを撃ちぬいて自殺した祖父（母の父）の恐怖でもある。血まみれの一九三七年（スターリンの大粛清期）に銃殺されたもう一人の祖父、父の叔父を撃ちぬいた弾丸もまたそうである。

私にとってKGBとは、一九四一年のナチス占領下のソ連領で活動した恐れ知らずのユダヤ人スパイであった私の父、その父がブレジネフ時代に、私がタミズダード（ロシア国外で出版された発禁雑誌）に掲載されたソルジェニーツィンの『煉獄のなかで』を読んでいるのを見つけた時の、彼の恐怖でもある。父は私に『二度とそんなものを家に持ち込むな』と言った。当時は、このような文学に興味を持つだけで簡単に収容所送りになった。

『遺伝的恐怖』――これは、KGB将校の論文に記されていた言葉である。この恐怖が遺伝的なものであることを、私は認める。

だから私にとってKGBは、『子供たちの安全のために』永遠に国を離れ、今も国を離れ続けている何十人もの友人、彼らにそのような行動を取らせたもののことでもある」*

* http://www.belousenko.com/books/kgb/albats_kgb.htm

このアルバツの叙述は、ロシア人の血管内深くに流れている、KGB、ひいては自国の国家機構に対する生々しい恐怖心を垣間見させる。

それからほぼ三〇年後、ジャーナリストのロマン・スーペル[59]は、主にスターリン時代の国家機構による国民弾圧（大粛清）を念頭に、「ロシア人は歴史上、何度も自分たちの『ボス』にレイプされてきた」と言い表した。そして、「遺伝的記憶」という言葉を用いいながら、ロシア人が自国の国家に対して抱く恐怖の感情を、「ほとんどの人が指先の感覚でまだそれを覚えていて、ほとんどの人が怖がっていて、ほとんどの人が自分が感じているその恐怖をうまく表現することができない」と説明している。

現代史上、幾世代にも渡ってロシア人が負の遺産として受け継いでいる、国家に対して抱くこの恐怖感を知らずして、ロシア国内で起こっていることを理解するのは難しい。

オンライン出版物「ザ・インサイダー」の編集者のチムール・オレフスキーは、ロシアによるウクライナ侵略勃発後に次のような言葉を語っている。

「ロシア人は国家の存在しない場所でしか自由を感じない。そして、国家が存在しないのは、彼らが死にゆく場所だけだ。（最前線のロシア人兵士が）ウクライナ軍兵士にぶつかる場所と、そこから数百メートル後方のロシア軍指揮官がそこまでは来ることがない場所の間の薄い赤い境界域。この二〇〇メートル幅の境界域はロシア人兵士が死ぬ場所だが、ロシア人が自由を感じる場所でもある。それがこの国の仕組みだ*」

＊ https://www.youtube.com/watch?v=Rid20AOr-QE

56
イリヤー・ヴァルラモフ　Илья Александрович Варламов

一九八四年一月七日生
モスクワ市出身
「外国エージェント」二〇二三年三月指定
社会活動家、ジャーナリスト、実業家

ヴァルラモフは、モスクワ建築大学を卒業した建築家である。在学中に会社を設立し、同会社は後に年商三〇〇〇万ドルとなるiCubeグループへと成長した。彼は、成功を収めた多くの公共事業やビジネス・プロジェクトの考案者であり、創設者である。

二〇〇二年、彼は3Dビジュアライゼーションの分野で活躍する会社「キューブのD. V. A.」を共同設立すると、〇九年には、商業用写真撮影と写真販売を専門とする写真代理店「28-300」を共同設立した。一一年、モスクワの「美化や改善」に携わる役人の中で、最も愚かで有害な決断を下した者に贈られるアンチ賞「ガラスのボルト」を創設、同じ年にオンライン出版物「リドゥス」*を立ち上げた。一二年、マクシム・カッツ[22]と共に都市開発振興基金「都市プロジェクト」を設立、ロシアの都市開発の重点を車中心から、公共交通機関や歩行者インフラの開発に資源を投入する近代的なヨーロッパ路線へと転換することを目指した。さらに一九年には、「都市プロジェクト」チームと共に数年前から取り組んでいた著書『市長への一〇〇の助言』を完成させた。

＊　編集とユーザー投稿の両方のコンテンツを持つオンライン定期刊行物。ヴァルラモフが去った後、急速に政府寄りの出版物となっていった。

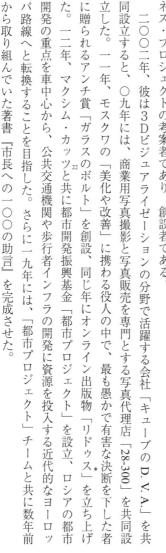

一七年以降、ヴァルラモフは自身のYouTubeチャンネル「ヴァルラモフvarlamov」を積極的に運営している。そこで彼は都市論や政治といった話題、ロシアと世界のニュースなどを中心に発信している。二〇〇〇年代末からは、歴史的なインターネット・プロジェクト「PastVu.com」を展開、これは世界中のさまざまな場所のアーカイブ写真を収集することに特化したプロジェクトである。一八年、歴史遺産保護基金「アテンション！」を設立、同基金はロシアの歴史的建造物や建物の個々の部分、看板、その他都市環境の要素となるものの外観の修復に取り組んでいる。

彼は、ロシアおよび世界各地の反体制派集会のフォトレポートでも知られている。彼は数多くの政治的イベントのオンライン・フォトレポートを作成してきた。〇八年以来、「同意しない者たちの行進」「戦略31」[*1]「憤怒の日」[*2]、選挙不正に反対する集会などを報道している。

＊1　二〇〇九年の夏に開始された、ロシア憲法第31条で保障されている集会の自由を擁護するための全ロシア市民運動。

＊2　野党や運動団体、グループによる、社会的経済的な状況の悪化から市民を守ることを目的としたデモ活動。自由な選挙や地方自治体の権限拡大、汚職官僚の辞職など政治的な要求も掲げられた。

一二年一月、ヴァルラモフはプロジェクト「有権者同盟」（パルホメンコ[42]の一八五頁参照）の共同設立者の一人となった。このプロジェクトの目的は、ロシア市民の選挙権を保護し、一二年ロシア大統領選挙の監視を組織することだった。同年、彼はオムスク市の野党グループの招待を受け、同地の市長予備選挙に参加した。予備選挙では彼は最多票を得て勝利したが、必要な有権者の署名数を集めることができず、候補者として登録されずに終わった。

彼は、一三年～一四年にかけてのキーウの抗議デモを詳細に取材し、現地からのフォトレポートや生放送配信を行った。そして、キーウでの出来事について全部で三〇近くの資料を執筆した。彼の写真は、キーウでの事件を説明するためにロシアとウクライナのメディアによって使用された。ロシアによるクリミア占領と併合が始まった後、ヴァルラモフは「誰がクリミアを占領しているのか」という記事を書き、その記事にシンフェローポリ国際空港を占拠した正体不明の武装集団の写真を添えた。彼がこの記事を投稿した後、青年組織「統一ロシア若き親衛隊」*は、彼がウクライナの市民運動、ユーロマイダンを支持していると非難した。一七年、ヴァルラモフはウクライナ政府の許可なくクリミアを訪問したため、国境侵犯とみなされ、五年間ウクライナへの入国を禁止されたことが明らかとなった。

＊ 統一ロシア党の全ロシア的な青年組織。二〇〇五年に設立され、第二次世界大戦の地下組織として有名な「若き親衛隊」の名前から命名されている。主に親プーチン派の若者の活動グループ。

二三年二月、ヴァルラモフは自身の YouTube チャンネルで次のように語っている。

「ウクライナでミサイルが炸裂する一方で、ロシアで私たちはプロパガンダという別の武器を目にしています。……プロパガンダは、戦争は普通のことだと人々に信じ込ませています。……戦争を断固として受け入れず、一刻も早いロシアの敗北を望む人もいれば、ロシアはすべて正しいことを行っていると信じ、キエフの陥落を待っている人もいます。……家族や友人の間には亀裂が広がり、親は子供たちとコミュニケーションを取ることを止めました。異なる国に住む親戚同士は互いに憎しみ合うようになりました。これもプロパガンダの害毒に冒された結果です」*

＊ https://www.youtube.com/watch?v=TN37hb5mZRo&t=69s

57 イリーナ・シフマン　Ирина Юрьевна Шихман

一九八四年五月十七日生
トムスク出身
「外国エージェント」二〇二二年十一月指定
ジャーナリスト、テレビキャスター

シフマンは高校卒業後、トムスク国立大学ジャーナリズム学部に入学した。ジャーナリストとしてのキャリアを地元でスタートさせ、トムスクのテレビ局「STS-Open TV」にてキャスターを務めた。二〇〇五年にペテルブルクへ移住した彼女は、〇七年から同地のテレビ局「ＳＴＳ」の特派員として働いた。その後、ジャーナリストのセルゲイ・マイオロフ*の誘いで、彼女はモスクワに移り住み、マイオロフのチームのジャーナリストとして七年間働いた。

* 一九七〇年十一月二十四日生。ジャーナリスト、テレビキャスター。

一四年、シフマンはテレビ局「モスクワ24*」で働き始めた。彼女はそこで、モスクワっ子による三分間のモノローグを通してモスクワの全体像を紹介する、自身が企画したコーナー「人々！」を立ち上げた。一五年、彼女はプロジェクト番組「移民たち」を開始し、その番組内で彼女は地方からモスクワにやって来て成功を収めた才能ある人々にインタビューした。この「モスクワ24」での仕事と並行して、彼女はテレビ局「ＮＴＶ」でも働いた。

* 全ロシア国営テレビ・ラジオ放送会社によって二〇一一年に設立された、モスクワ市に本部を置く24時間放送のテレビ局。

一七年、シフマンは自身のYouTubeチャンネル「少し話します? А поговорить?」を開設した。このチャンネルでは彼女がさまざまなゲストに独占インタビューを行っており、とりわけ知識人の間で絶大的な人気を彼女にもたらすこととなった。彼女は、ゲストとの会話の中で、深刻な社会問題や焦眉の政治テーマを提起する。これまで、作家のドミートリー・ブィコフやミュージシャンのボリス・グレベンシシュコフ、女優のタチヤーナ・ラザレヴァ、社会政治活動家のミハイル・ホドルコフスキーなど、ロシアの著名人が多数ゲストとして出演している。彼女のゲストに対する純粋な関心と、率直でざっくばらんな会話は、チャンネルを非常に魅力あるものにしている。また、インタビュー以外に、ドキュメンタリー動画もこのチャンネルで見ることができる。

二〇年、シフマンは、家庭内暴力、ロシアの刑務所、コロナウイルス、憲法改正に関する一連の調査動画を配信した。同年五月、彼女は「沈黙のウイルス:医師は何を語ることを禁じられているのか」という動画で「編集部」賞を受賞した。

二二年六月、彼女のYouTubeチャンネルで「誰が一度でも戦争をとどめたか?」という動画が配信された。彼女はそこで次のような問いを投げかけている。

「反戦キャンペーンは戦争を止められるでしょうか? いいえ、反戦運動が戦争を終わらせることはありません。では、反戦運動の意義とはどこにあるのでしょう?……反戦運動は、人々が新たな視点を表明する、すなわち、自由に考え、語り、行動することができる、その空間を創り出します。……そして、国家体制は、こうした声を封じ込めようと可能な限りのことを行います」*

* https://www.youtube.com/watch?v=ujYB0_GjQM4

58 タチヤーナ・フェリゲンガウエル　Татьяна Владимировна Фельгенгауэр

一九八五年一月六日生
ウズベク・ソビエト社会主義共和国、タシュケント出身
「外国エージェント」二〇二二年一〇月指定
ジャーナリスト

アメリカの『ＴＩＭＥ』誌による「世界で最も影響力のある一〇〇人」（二〇一八年版）の一人に選ばれた。

フェリゲンガウエルの戸籍上の苗字はシャドリナという。* 一九九六年～二〇二二年までモスクワ在住。モスクワの第八七五中高等学校（教師の一人はアレクセイ・ヴェネジクトフ[35]だった）で学ぶ。モスクワ国立教育大学にて政治社会学の学士号を取得した。

＊ 生物学者であり軍事評論家であるパーヴェル・フェリゲンガウエルの継娘。

フェリゲンガウエルはラジオ局「モスクワのこだま」に一八年以上勤務し、副編集長も務めた。

二〇〇五年、彼女は、同ラジオ局のモスクワ送電網事故に関するマリーナ・コロリョヴァ*の番組に特派員として参加した。これが彼女にとっての初出演番組となった。その後、番組「朝の展望」や「少数意見」などのキャスターを務めた。

＊ 一九六〇年四月一日生。ジャーナリスト、ラジオキャスター。

二〇一一年十二月、彼女は、下院選挙後に起こったボロトナヤ広場やサハロフ通りでの不正選挙に対する抗議デモに参加し、ラジオ放送にてそれらの出来事について報道した。

一七年十月二十三日、ナイフを持った男がラジオ局「モスクワのこだま」の建物内に乱入し、フェリゲンガウエルの喉を斬りつけ、男を止めようとした警備員も傷つけた。応急処置を受けた彼女は重体の状態でスクリフォソフスキー緊急医療研究所へ運ばれ、そこで三時間におよぶ手術を受けた。彼女を襲った犯人はラジオ局の警備員に取り押さえられ、警察に引き渡された。犯人は、グルジア（現ジョージア）出身でロシアとイスラエルの国籍を持つボリス・グリッツという四十八歳の男であった。取り調べで彼は、自分にはフェリゲンガウエルと「テレパシー」のようなつながりがあり、彼女に「うるさくつきまとわれていた」と述べた。殺人未遂で男は起訴されたが、翌一八年五月、裁判所はグリッツを精神異常者として責任能力がないとみなし、彼に医学的な強制措置を施す判決を下した。この結果、彼は医療施設に移送されて強制治療に付された。

一九年三月～二〇年一月まで、フェリゲンガウエルはテレビ局「TV Rain」の番組「その意味は？」のキャスターを務めた。また、二〇年六月からは自身のYouTubeチャンネル「タチヤーナ・フェリゲンガウエル Татьяна Фельгенгауэр」を運営している。

二二年一月、「燃え尽き症候群寸前の精神的憔悴」のため、彼女はラジオ局「モスクワのこだま」を退社した。だが、翌二月にロシアによるウクライナ侵略が始まり、三月に「モスクワのこだま」が閉鎖されると、彼女は同ラジオ局に戻り、「モスクワのこだま」のYouTubeチャンネルで放送の司会を務めた（同チャンネルは三月四日に閉鎖）。同年八月より、ドイチェ・ヴェレのYouTubeチャンネルで毎日配信されているロシア語番組「ＤＷニュース」にて、アレクサンドル・プリュシシェフと共に司会を務めた。[47]

二〇二二年十月、司法省はフェリゲンガウエルを「外国エージェント」に指定した。

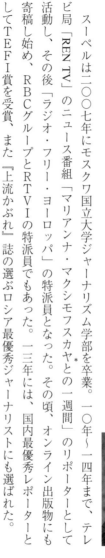

59 ロマン・スーペル　Роман Супер

一九八五年一月十八日生
モスクワ市出身
「外国エージェント」二〇二三年六月指定
ジャーナリスト、映画監督、脚本家

スーペルは二〇〇七年にモスクワ国立大学ジャーナリズム学部を卒業。一〇年〜一四年まで、テレビ局「REN TV」のニュース番組「マリアンナ・マクシモフスカヤ*との一週間」のリポーターとして活動し、その後「ラジオ・フリー・ヨーロッパ」の特派員となった。その頃、オンライン出版物にも寄稿し始め、RBCグループとRTVIの特派員でもあった。一三年には、国内最優秀レポーターとしてTEFI賞を受賞、また『上流かぶれ』誌の選ぶロシア最優秀ジャーナリストにも選ばれた。

＊　一九七〇年四月七日生。ジャーナリスト、テレビ司会者。二〇〇三年〜一四年までテレビ局「REN TV」の副編集長。マクシモフスカヤが企画・司会するニュース番組「マリアンナ・マクシモフスカヤとの一週間」は、ロシアでは数少ない国営テレビ局とは異なる視点を持つ番組と評価され、同番組が一四年に中止になった時にはロシアで最後の独立系ニュース番組の終焉として報道された。

一五年、スーペルは、バタフライ症候群と呼ばれる皮膚の疾患を患う少女ナージャについてのドキュメンタリー映画『指の先に』で脚本家デビュー、オムスクで開催された全国新人映画フェスティバル「ムーブメント」で同作品は、観客賞、最優秀女優賞、才能・人生愛の賞などを受賞した。

一八年、彼の最初の監督作品であるドキュメンタリー映画『キリール・セレブレンニコフが二億一八〇〇万ルーブルをどう使ったか』が公開された。同映画は、著名な映画監督であるセレブレンニコフが国の公金を横領した疑いで逮捕された、いわゆる「セレブレンニコフ事件」についてであり、スーペルとカテリーナ・ゴルデーヴァ[50]は、事件の本質を探り、観客の喝采と文化省の讃辞が一転してどのように逮捕につながったかを解明している。二〇年、スーペルはエドゥアルド・ウスペンスキー*を題材にした映画『これはエディックです 贈られたものと盗まれたものについての物語』を撮った。さらに翌二一年には、サーカスの訓練を受ける十代の若者たちを描いた映画『不良共を大切にせよ』を発表した。

＊ 一九三七年十二月二十二日生、二〇一八年八月十四日没。児童文学作家、劇作家、テレビ司会者。「チエブラーシカ」シリーズの作者。

ロシアによるウクライナ侵略が始まって以降、スーペルは自身のTelegramチャンネルに市井のロシア人が彼宛に送ってくる手紙や写真などを定期的に公開し続け、ロシア国内で沈黙を強いられている人々の代弁者として反戦を訴え続けている。加えて彼自身は、現今のロシア人が置かれている状況を次のように言い表している。

「ロシア人は、絶対的に不確実な環境の中で生きています……人々は戦争にまったくショックを受けています。それは何よりも、戦争が人々の計画を粉々に砕いてしまうからです。学業の計画。仕事の計画。買い物の計画。そして休日の計画を。すべて、もはや何も計画を立てることができません。そして、この不確実性が、とてつもない不安を生み出しています。二番目は弾圧です。しかし、ありがたいことに、この弾圧はまだ社会の全階層に影響を与えるものではなく、この大惨事を表立って議論できる強さを持った人々だけが影響を受けるものです。三番目は、攻撃性です。非常に多くの人々にとって、この感情は今や支配的になっています。少なくとも国民の三分の一は、攻撃性の中で生活していると言っても過言ではありません」

さらに彼は、ロシアから独立したジャーナリズムが消えようとしていた最後の瞬間も次のように回想している。

「正直にいって、(ロシアのメディア業界で)プロパガンダの歯車は(二〇一四年のウクライナ政変とその後のウクライナ紛争よりも)もっと前から加速していたと思います。……テレビでしか知らなかったマクシモフスカヤから電話があり、こう言われました。……一〇年か〇九年のことだったと思います……『私たちはリポーターを探しているの。独立ジャーナリズムの最後の一かけらの証人となって、普通のチームで普通の人たちと働きたいとは思わない?』と。彼女の言葉は正しかったと思います。なぜなら、その時点でもう働く場所がほとんどなかったからです。検閲上の理由から、別の視点を持つことを認めてくれるようなテレビ番組はすでにありませんでした。そう、一四年には(プロパガンダの)歯車の回転はもうかなりの勢いで回っており、ほとんど破壊し尽くされていたのです。……まだテレビ局『TV Rain』が残っていましたが、『TV Rain』は、他のテレビチャンネルのように全国規模の視聴者数を持ったことはありませんでした」*

* https://prosleduet.media/people/interyu-roman-super/

スーペルは、優れた知性と鋭い観察力、そして力強い行動力を有する有能なジャーナリストである。同時に、彼の報道記事は深い人間愛に貫かれており、彼自身の寛容で柔和な人柄がその仕事にも温かい光を投げかけているかのようである。「ソビエト時代からの負の遺産をロシアは清算していくことはできるか」という問いかけに対して、彼は物悲しくも次のように回答している。

「何らかの雪解けは可能だと思うし、きっと起こると思います。一九三七年（スターリンの大粛清最盛期）の後には必ず一九五三年（スターリン死亡年）がやって来ます。しかし、長期的に見て、ロシアで全面的な変化が起こることはないでしょう。私は、国土の歴史的なカルマを信じています。ある意味、ロシアには呪いがかけられています。奇妙に聞こえるかもしれませんが、私はそれを信じています。この呪いについては、チャアダーエフがその著書『哲学書簡』の中で見事に叙述しています。（ロシアで起こっていること）すべてを、プーチンを引きずり下ろすことができなかったロシア国民のせいにしている一部の外国人は、この『哲学書簡』を読んでみてはどうだろうか」

彼は「戦争に慣れることができない」と言う。彼は別のインタビューで、大多数のロシア人が「あなたは戦争に慣れていますか」という問いに慣れていると答えたアンケート結果について、「嫌なことであり、間違っている」と述べつつ、自分の気持ちを率直に次のように語っている。

「いろいろな人がいます。今は戦争以外は何も考えられない人もいます。私もその一人です。今、何か他のことについて報道記事を書いたり、映画を撮ったり、投稿したりすることは、私にはどうしても理解できません」*

＊ https://www.golosameriki.com/a/6623044.html

加えて、次のようにも述べている。

「人々と国家とはまったく別々の惑星です。怪物のプーチンがテレビ画面でロシア人の代表であるかのようにしゃべっていることが、私には非常に残念です。信じてはいけません。この気の狂ったチエキストが、ロシアなのではありません。ロシアとは、そこに住む人々なのです。そして私たちは、戦争を望んでいません」

60 アレクサンドラ・アゲーヴァ　Александра Александровна Агеева

一九八六年三月二十六日生
スヴェルドロフスク出身
「外国エージェント」二〇二三年二月指定
ジャーナリスト

アゲーヴァはヴォロネジ音楽学校で器楽演奏と独唱を専門に学んでいたが、ロストフ・ナ・ドヌに引っ越したためにロストフ文化カレッジへ編入、同カレッジを卒業した。カレッジ在学中に合唱団員としてロストフ国立音楽劇場に入団しており、卒業後もこの劇場で活躍した。

二〇一二年、モスクワへ移り住んだアゲーヴァは、そこで音楽の勉強を続けるつもりだった。しかしながら、当時首都をはじめとするロシアの各都市で激化していた抗議行動とそれに連なる事件の渦に、彼女は巻き込まれていくことになる。彼女は自分のカメラでデモの様子を撮影し始め、編集技術も独学で習得していった。後に高等国立テレビ・ラジオ学院に通い、ディレクターとしての編集技術も学んだ。

アゲーヴァが写真や動画を初めて撮影することになったのは「ホピョール保護」運動*に対してであり、彼女はヴォロネジ、モスクワなどで行われた同運動の集会を記録した。

＊ ヴォロネジ州のニッケル鉱床開発に反対する、環境保護活動家や地元住民による市民運動。

一四年、彼女はオンライン出版物「Grani.ru」*1出版社で働き始めた。同年にウクライナの女性軍人ナディア・サフチェンコがウクライナ東部で捕らえられる事件が起きると、彼女はサフチェンコを支援する集会の取材に取り組むようになった。この頃、彼女は初めて警察に拘束されることになる。その後、ウクライナでの戦争に反対する統一民主主義運動「連帯」の集会やピケの様子を撮影、その他にユーロマイダン参加者[*2]についてのドキュメンタリー・フィルムも制作している。一五年には、反体制派によって三月一日にモスクワで予定されていた市民抗議デモ「春」の準備とそれに関連するメディアイベントを取材、さらにはボリス・ネムツォフやイリヤー・ヤシン[解20]も撮影した。一五年三月一日のデモは、その直前にネムツォフが殺されたためにネムツォフ追悼の大行進となり、主催者はデモ参加者を七万人と推定している。

＊1 二〇〇〇年十二月より発行されている日刊オンライン出版物。反体制派を支持する記事、またロシアや世界の政治的出来事に対する分析記事を掲載している。

＊2 二〇一三年、親ロシア派のヤヌコーヴィチ大統領率いるウクライナ政府は、ウクライナ - EU連合協定の署名を中止する代わりに、ロシアやユーラシア経済連合との結びつきを強化することを決定。このことによって市民の抗議運動が引き起こされ、ヤヌコーヴィチ大統領は失脚することとなった。

アゲーヴァは、モスクワの反体制派活動に関するもっとも劇的な出来事を撮影、記録、報道していくために自身のYouTubeチャンネルを一四年に開設した。その後一五年十二月末には、オレーグ・エランチクと共に新しいオンライン出版物「Sota.vision」[*1]を立ち上げ、独自のメディア活動を開始、エランチクが「Sota.vision」の編集長となり、二〇年春には本格的なマルチメディアの地位を確立した。特派員の地域ネットワークを通じた「Sota.vision」の報道は、多くの反響を呼んだ。同出版物には五〇名ほどのジャーナリストが協力しており、ロシアや近隣諸国の政治的人権的な問題、また抗議行動を主に扱っている。同出版物の特派員はロシア当局から度々迫害を受けており（拘留、罰金、殴打など)、特派員を匿名にして弁護士をつけることで保護をしながらロシア国内からの報道を続けているが、国外に脱出したスタッフの中には刑事訴追の恐れからロシアに帰国できない者もいるという。

＊1　一九九〇年五月二十一日生。ジャーナリスト、社会政治活動家。

＊2　略称SOTA。非政府系オンラインニュースメディア。二〇二二年、アゲーヴァが国外へ移住すると、元従業員が一時的に預かっていた多くのリソースへのアクセス権の返還を拒否、さらに、アゲーヴァなどを管理者から外した後に、一方的にSOTAのテレグラムチャンネルに編集部の分裂に関する声明を掲載した。とはいえ、同年夏には、大手ソーシャルメディア企業の支援により、アゲーヴァ率いるSOTAはリソースを一部回復。アゲーヴァらのSOTAはSota.visionとして、元従業員によって切り分けられたSOTAはsotaprojectとして、異なるロゴを用いてメディア活動を続けている。元従業員らのSOTAは「反骨のSOTAの精神」を引き継いでいるとはあまり思われない。

二一年十一月にはエランチクが、翌二二年二月にはアゲーヴァが司法省により「外国エージェント」に指定された。アゲーヴァは指定を受けた翌三月にロシアを離れた。

続く二三年一月、テレビ局「第一チャンネル」にて、クレムリンのプロパガンディストたちが、いわゆる「フェイクニュース」を広めているとしてアゲーヴァと「Sota.Vision」を非難する詳細な番組が放送された。同年六月、「Sota.Vision」も「外国エージェント」リストに加えられた。

61
ユーリー・ドゥト　Юрий Александрович Дудь

一九八六年十月十一日生
ドイツ民主共和国、ポツダム出身
「外国エージェント」二〇二二年四月指定
ジャーナリスト、ブロガー、テレビ・ラジオキャスター

ドゥトというのはウクライナ系の苗字であり、彼は自らをウクライナにツールを持つロシア人とみなしている。彼のジャーナリストとしてのキャリアはスポーツと結びついており、スポーツニュース、スポーツイベントのリポート、アスリートへのインタビュー、ラジオやテレビのスポーツ番組でのキャスターといった仕事に携わってきた。

ドゥトは十一歳の時からスポーツ記事を書き始めた。二〇〇三年、十七歳だった彼は『イズヴェスチヤ』紙の正規スタッフとなり、二〇〇六年八月まで勤めた。〇六年〜〇七年にかけては『PROsport』誌で働き、その時期は『ヴェドモスチ』紙にも寄稿している。〇八年、モスクワ国立大学ジャーナリズム学部を卒業、一一年〜一二年にかけて、テレビ局「NTV Plus」のスポーツ編集部で特派員兼コメンテーターを務めた。

一一年秋、二十五歳の時にスポーツ専門のポータルサイト「Sports.ru」の編集長に任命され、一八年九月には副CEOに就任した。この時期、並行してドゥトは、テレビチャンネル「ロシア2」*などでスポーツ番組の司会を務めた。一三年〜一五年まで、彼はラジオ局「City FM」でニュース番組「モスクワの朝」の司会を務めた。また、一五年〜一七年まで、テレビ局「マッチTV」で自身が企

画した番組「勝負事崇拝」の司会を務め、そこでロシアの有名なサッカー選手や監督にインタビューを行った。スポーツ評論家や解説者としての成功により、彼はスポーツファンや専門家の間で知られるようになった。しかしながら、彼自身のYouTubeにおける試みは、ドゥトにさらに大きな全国的な名声をもたらすこととなった。

＊　全ロシア国営テレビ・ラジオ放送会社の傘下にあったスポーツテレビ局。二〇〇三年に「Sport」というチャンネル名で放送を開始。一〇年に「ロシア2」に改称。

一七年二月、ドゥトは自身のYouTubeチャンネル「vDud」を立ち上げ、ロシアの各界の著名人とのインタビュー動画の配信を開始した。また、彼はこれまでに一〇本以上のドキュメンタリー動画も制作している。その多くは大きな社会的反響を呼び起こし、SNS上で激しい議論が交わされ、政府寄りのジャーナリストや公人からは批判を浴びせられた。彼のチャンネルは、当局からも動向を注視されている。

一九年四月、彼はドキュメンタリー動画「コルィマ、我々の恐怖の故郷」を公開した。彼はその中で、スターリン弾圧の犠牲者たちによって建設され、「骨の道」とも呼ばれている悪名高いコルィマ・ハイウェイを旅し、地元住民に話を聞いている。ドゥトは、エフィーム・シフリン[＊1]や、セルゲイ・コロリョフ[＊2]の娘ナターリアにインタビューをしている。ドゥトによれば、このドキュメンタリーを制作した理由の一つは、十八歳から二十四歳のロシア人のほぼ半数がスターリン弾圧について一度も聞いたことがないという、全ロシア世論研究センターの調査結果だった。

＊1　一九五六年三月二十五日生。ソ連・ロシアの俳優、コメディアン、監督。彼の父親は弾圧されコルィマに追放された人間だった。

＊2　一九〇六年十二月三十日生［ユリウス暦］、六六年一月十四日没。ソビエトの科学者、宇宙ロケットシステムの設計者、ソビエト連邦首席設計者評議会議長。三八年、虚偽の容疑により逮捕された彼は、コルィマ労働収容所での数カ月間を含む約六年間投獄された。

一九年九月、ドゥトは、〇四年九月一日にベスランの学校で起きた悲劇*に迫ったドキュメンタリー動画「ベスラン 忘れるな」を公開した。このドキュメンタリーで焦点が当てられているのは、起こった惨事の中での国家の役割である。彼自身は冒頭で次のように述べている。

＊　二〇〇四年に、北オセチア共和国のベスラン第一中等学校で、チェチェン共和国独立派を中心とする多国籍の武装集団によって起こされた占拠事件。死亡者三八六人以上（内一八六人が子供）、負傷者七〇〇人以上という犠牲を出す大惨事となった。

「かつて、国家は過ちを犯し、災厄をもたらしました。今、国家は被害を受けたすべての人々に、最大限に配慮を施さなければなりません。こうした配慮によってのみ、国家は人々の許しを得、その後人々の信頼を勝ち取ることができるのです」

このドキュメンタリーは、事件当時の人質、ジャーナリスト、活動家、政府関係者など、事件に直接関わった人々へのインタビューを中心として構成されている。公開後、最初の四日間だけでおよそ一〇〇〇万人がこのドキュメンタリーを視聴した。

二〇年二月、ドキュメンタリー動画「ロシアでＨＩＶは流行っているが、それについては語られていない」が彼の YouTube チャンネルで公開された。彼はこのドキュメンタリーを、ロシアでＨＩＶに冒されて生きる一〇〇万人以上もの人々に捧げている。インタビューの中でドゥトは、自分たちのチームは当初ＨＩＶに罹らない方法を人々に伝えたかったが、もう一つの問題があることに気づいたと語っている。すなわち、「ロシアでＨＩＶに冒されて生きる人々は、常に差別され、避けられ、毛嫌いされている」という事実である。この動画は、公開後最初の五日間でおよそ一二〇〇万回再生された。

二〇年四月、シリコンバレーの実業家たちを描いた三時間七分ものドキュメンタリー動画「世界のＩＴ中心地はどのように形作られているか」が公開された。そこで彼は、シリコンバレーのロシア人実業家八人と対談している。翌二一年十二月には、「なぜロシアで拷問が行われるのか」が公開されている。同動画でドゥトは、拷問を受けた人々や人権活動家、人権団体などを紹介している。公開後わずか二日間で、この動画は二〇〇万以上の再生回数を記録した。

二二年二月、ドゥトはロシアによるウクライナ侵略を公然と非難し、ロシアを離れた。彼は自身のInstagramアカウントで、プーチンの周囲にいる人々に対してロシア大統領に影響を与えるよう求めた。

「プーチンに対して何らかの影響力を持つ人物がまだいるかどうかは知らないが、仮にいるとしよう。彼らが今どのように寝入り、どのように目覚めるのか、目覚めてから寝入るまでの間にどのようなトレーニングをしているのかは知らない。しかし、ローテンベルク[*1]からチムチェンコ[*2]まで、チェメゾフ[*3]からグレフ[*4]まで、アブラモヴィチ[*5]からモルダショフ[*6]まで、クドリン[*7]からエルンストまで、彼ら全員にひとつだけ言っておきたいことがある。今、あなた方の人間としての尊厳が問われているのは、クリミア大橋においてでもＵＥＦＡチャンピオンズリーグで勝利することにおいてでもない。尊厳とは、あなた方の上司に自身の立場を述べ（そしてあなた方の多くは私と同じような立場にある）、まさに今どのような破局が起きているのかを説明することにある[*8]」

＊1　アルカージー・ローテンベルク。実業家、億万長者。オリガルヒの一人。
＊2　ゲンナージー・チムチェンコ。実業家。民間投資グループのヴォルガ・グループのオーナー。
＊3　セルゲイ・チェメゾフ。国営コングロマリットであるロステック・コーポレーションCEO。
＊4　ゲルマン・グレフ。二〇〇七年十一月よりロシアの銀行最大手のスベルバンク会長。
＊5　ロマン・アブラモヴィチ。初代大統領エリツィンの側近であり、オリガルヒの一人。
＊6　アレクセイ・モルダショフ。実業家、億万長者。鉄鋼会社セヴェルスターリの主要株主
＊7　アレクセイ・クドリン。経済学者、政治家。ロシア連邦副首相や財務大臣などを歴任。
＊8　https://www.instagram.com/p/CahYp_iMPZ_/?utm_source=ig_web_copy_link&igshid=MzRlODBiNWFlZA==

二〇二二年四月、ドゥトのYouTubeチャンネルで、ウクライナからの難民を助けるボランティアらの活動を描いたドキュメンタリー「戦争の最中の者」が公開された。同月、司法省はドゥトを「外国エージェント」に指定した。

62　ロマン・アニン　Роман Александрович Анин

一九八六年十二月十六日生
モルダヴィア・ソビエト社会主義共和国、キシニョフ出身
「外国エージェント」二〇二一年八月指定
調査ジャーナリスト

アニンはモスクワ国立大学ジャーナリズム学部在学中に『ノーヴァヤ・ガゼータ』紙に寄稿し始め、二〇〇六年四月からはスポーツ評論家として働き、〇九年から同紙の調査部に異動して、そこで調査部特派員として一八年末までおよそ一〇年間勤務した。

二〇一〇年、モスクワ国立大学を卒業。二〇一一年～一二年にかけては、同大学同学部のサッカーのアマチュアチーム「Jurfak」でプレイした。

彼の調査ジャーナリストとしての能力は突出しており、若い頃から数々の賞を授与されている。

一二年に『ノーヴァヤ・ガゼータ』紙の調査部特派員として「二〇一一年ユリアン・セミョーノフ賞」[*1]を受賞、一三年には国際ジャーナリスト・センター[*2]が運営するナイト財団のナイト国際ジャーナリズムコンクールの勝者となった。一七年には、国際調査報道ジャーナリスト連合の一員として、他の三〇〇人のジャーナリストと共に「パナマ文書」[*3]の調査によってピュリッツァー賞を、一八年には、ロシア軍の縁故主義について発表した記事「祖国の息子たち」によって、オレーシャ・シュマグンと[*4]共に「編集部」賞を受賞した。

＊1　リスクを伴う地政学的ジャーナリズムに与えられるロシアの年次賞。二〇一一年にユリアン・セミ

ヨーノフ文化基金とモスクワ・ジャーナリスト同盟によって創設された。

＊2　アメリカの著名なジャーナリストらが報道の自由度が低い国や報道が存在しない国のジャーナリストを支援するために、一九八四年に設立した非営利の専門組織。

＊3　パナマの法律事務所、モサック・フォンセカによって作成された、租税回避行為に関する一連の機密文書。

＊4　一九八七年八月二十一日生。汚職・組織犯罪研究センター（東欧などで調査報道に携わるメディアと個人リポーターの団体）の協力者。「編集部」賞を四度受賞。

二〇年四月、アニンはシュマグンと共に、調査報道を専門とするロシア語・英語のオンライン出版物「重大な出来事」を立ち上げ、彼はその編集長となった。設立当初は『ノーヴァヤ・ガゼータ』紙と連携した記事などを中心に掲載していたが、その後、ロシアの廃棄物管理改革やプーチンの娘カテリーナ・チホノヴァと元婿キリール・シャマロフについて、*さらには石油流出事故についてや、「誰がナヴァリヌイ[13]狩りをしかけたのか」と題する記事などを発表した。

＊　プーチンの娘とその婿の書簡を調査して、海外での贅沢な暮らしにプーチン一家が湯水のようにお金を使っていかにして数億ドルを浪費しているか、いかにロシアのトップ層とのつながりを利用しているかを明らかにしたもの。これによって、アニンは二〇二一年に欧州報道賞を受賞。

二一年四月、アニンは一六年に『ノーヴァヤ・ガゼータ』紙に掲載された調査記事において、ロシア最大の国営石油会社ロスネフチのトップであるイーゴリ・セチン*の元妻の Instagram の写真を使用したという理由で、私生活干渉事件の証人として捜査委員会の尋問を受けた。

＊　一九六〇年九月七日生。元KGB工作員。プーチンがペテルブルク第一副市長だった時に彼の個人秘書となり、プーチン政権によって台頭したシロヴィキの代表的存在。

二一年、国際調査報道ジャーナリスト連合の最大のプロジェクトの一つである「パンドラのアーカイブ」調査の活動に、ロシアからは「重大な出来事」のジャーナリストらが参加した。*

＊　同活動では、世界のリーダーによる汚職や脱税に関する文書が公開された。

オンライン出版物「重大な出来事」はロシア当局から圧力を受けてきたが、プーチンの家族に関する資料を公開後は特に、同出版物の記者らのソーシャルメディア・アカウントが攻撃された。安全上の理由から本社はラトビアのリガにあるが、所属するジャーナリストはロシア国内の都市で働いている。また、同出版物はクラウドファンディングと寄付システムを通じて調査資金を受け取っている。

二〇二一年四月、ＦＳＢが主導して、何の通達もなく突然、「重大な出来事」編集部のオフィスと編集長アニンの自宅の家宅捜索が行われた。同年八月、アニンと、ラトビアで登録された「重大な出来事」を発行する法人 Istories fonds、さらに同出版物のジャーナリスト五名が、司法省によって「外国エージェント」と指定された。

63
チーホン・ジャトコ　Тихон Викторович Дзядко

一九八七年六月二十三日生
モスクワ市出身
「外国エージェント」二〇二二年一〇月指定
ジャーナリスト、テレビ局「TV Rain」編集長（二〇一九年一二月〜）

ジャトコは反体制派知識人の華麗なる一族に生まれている。父親のヴィクトル・ジャトコ[*1]はソビエト時代の反体制派活動家であり、母親のゾーヤ・スヴェトヴァ[39]も反体制派のジャーナリストである。母方の祖父であるフェリクス・スヴェトフはソビエト時代の反体制派の作家であり、フェリクスの父親のグリゴーリー・フリドリャント[*2]（ジャトコの曾祖父）は著名なマルクス主義の歴史家であったが、一九三七年に銃殺された。ジャトコの母方の祖母であるゾーヤ・クラフマリニコヴァも、ソビエト時代の反体制運動参加者であった。

＊1　一九五五年十月三十一日生、二〇二〇年十月十四日没。ソビエト時代の反体制派知識人。人権活動家、社会政治評論家。
＊2　一八九七年九月二十七日生、一九三七年三月八日没。ソビエト時代の著名な歴史家。モスクワ国立大学歴史学部初代学部長。反革命テロ組織に参加した罪で死刑を宣告され、銃殺された。

ジャトコはロシア国立人文大学文学部で学んだが卒業はせず、十代末からラジオ局「モスクワのこだま」で働き始め、同ラジオ局で二〇〇五年〜一三年まで特派員および番組の司会を務めた。また、オンライン出版物「ポリト・ルー」でも働き、〇七年〜一二年までは、国際組織「国境なき記者団」

のロシア特派員として働いた。一〇年五月～一三年十月まで、長兄フィリップ[*1]と次兄チモフェイ[*2]と共に「ジャトコ3」という週一回の社会政治評論番組を制作、「TV Rain」で放映した。

＊1　一九八二年三月十二日生。作家、教育プロジェクトArzamas（主に文化史に特化した自己教育プラットフォーム）のクリエイター兼編集長。

＊2　一九八五年一月二十三日生。ジャーナリスト、日刊経済新聞『RBC』の編集者。

一四年三月には、彼はロシア政府のクリミア政策に抗議する声明に署名し、翌四月にキーウにて開催された「ウクライナ－ロシア　対話」会議に参加した。一五年八月、「TV Rain」を離れ、ウクライナのテレビ局「インテル[*]」に移った。そこでアメリカの選挙を報道する仕事に従事、ワシントンへ移住した。同仕事を終えた後に「インテル」を辞職、一六年八月からRTVIのニュースキャスターとなった。一八年一月～一九年十二月まで同テレビ局の副編集長を務めている。

＊　ウクライナで最も視聴されているテレビチャンネル。幅広い年齢層に対応したプログラムを提供。

一九年十二月から、ジャトコは「TV Rain」の編集長に就任した。

二二年二月二十四日にロシアによるウクライナ侵略が開始されると、直後の三月一日にはロスコムナゾールによって「TV Rain」のウェブサイトがブロックされた。加えてジャトコ個人の一部のSNSアカウントもブロックされた。さらに彼宛に脅迫状が来るようになるにおよび、ジャトコは妻であるジャーナリストのエカテリーナ・コトリカゼと子供を連れてロシアを離れた。同年十月、ジャトコは司法省により「外国エージェント」として指定された。

二三年二月のBBCとのインタビューで、ジャトコは「この戦争の責任は誰にあるのか、プーチンか、クレムリンか、それともロシアの国家機構に責任があるのか、あるいはより深い意味でロシア人に責任があるのか」と問われた。それに対し彼は、「私は、この戦争を支持し戦争の真実を知ろうとしない人々に共感を抱くことはできません。でも、戦争を支持せず、プーチン政権の二〇年間にわたって彼に抗議してきた何千万人ものロシア市民には共感を抱いています。ですが、残念ながら、長年にわたり、西側とEUは事実上、ロシアにおけるウラジミール・プーチンの恐ろしい行動を容認してきました」と述べ、〇八年のロシアのグルジア侵略に対して西側が制裁を下さなかったことを例に挙げた。また彼は、自分が楽観的すぎるかもしれないと言い訳しながらも、二年か三年、最長でも四年後にはモスクワでまた自由な放送が実現するだろうとし、次のように語っている。

「プーチンが去った後、ロシアの状況は間違いなく改善されると思います。プーチンのロシアよりもひどいものはありません。プーチンの後に来る人々は、国を変革し、西側との交渉を始めなければなりません。それは別のロシアになるでしょう」*

＊ https://www.bbc.com/russian/news-64798678

64　マイケル・ナッキー　Майкл Сидней Наки

一九九三年十二月二十五日生
モスクワ市出身
「外国エージェント」二〇二二年九月指定
ジャーナリスト、政治評論家、ビデオブロガー

ナッキーは父親がアメリカ人で母親がロシア人である。最後にアメリカを訪れたのは、本人の言によると三歳の時で、アメリカでの生活は何も覚えておらず、英語の知識は「ごく普通」、母国語はロシア語である。

二〇一一年～一六年にかけて国立研究大学高等経済学院の社会科学部で学んだ。在学中の一五年一月、トランスペアレンシー・インターナショナル*が主催する学生向けの「反腐敗政策に関する冬期スクール」に参加し、その後、同組織のロシア支社でインターンをした。同年夏、ラジオ局「モスクワのこだま」で二カ月間の研修を受け、一五年～二〇年六月まで同ラジオ局で働き、政治討論以外にも、「ステータス」「なんという日」「少数意見」などの番組の司会をした。同じく一六年には、国立研究大学高等経済学院で政治学の学士号を取得、卒業論文は汚職問題を取り上げている。

＊　汚職に対して取り組む国際非政府組織。一九九三年発足。世界中の汚職を国家別にリスト化した「腐敗認識指数」を毎年発表している。

ナッキーは、ロシアと世界の政治情勢について自分の意見を表明することを恐れないジャーナリストである。ラジオでは自分自身の見解を表明する機会がほとんどないことを不満に思い、彼は一九年

にYouTubeの個人チャンネル「マイケル・ナッキー Майкл Наки」を立ち上げた。同チャンネルで彼は、社会政治的な事柄に関する自らの意見を自由に述べている。二〇年には「モスクワのこだま」を辞め、YouTubeチャンネルやその他ＳＮＳアカウントの運営の方に専念するようになった。

一九年～二三年まで、ラジオ局「モスクワのこだま」の元同僚であるアレクサンドル・プリュシシエフ[47]と共にライブストリーミングを行っていた。その時のゲストにはセルゲイ・グリエフ[*1]、ヴィクトル・シェンデロヴィチ[*2]、アレクセイ・ナヴァリヌイ[13]、ミハイル・ホドルコフスキー、オレーグ・カシン[52]、エカテリーナ・シュリマン[*3]といった人々がいた。

＊1　一九七一年十月二十一日生。経済学者、経済博士、物理数学準博士。
＊2　一九五八年八月十五日生。作家、詩人、ジャーナリスト。
＊3　一九七八年八月十九日生。政治学者、社会政治評論家。

二〇二一年二月、彼は「モスクワのこだま」で共に働いていたニノ・ロセバシュヴィリ[*]と結婚した。彼は彼女との結婚生活について、「ニノの支えのおかげであらゆる困難を乗り越えることができた、信じられないほど幸福を深めることができた」と語っている。同年六月、彼ら二人はジョージアへ移住、ナッキーは「放り出す時が来た！」と題したYouTubeビデオを公開し、自分はロシアを離れるが「憲法上の権利がロシアに戻ってくる」ときに祖国へ帰還すると約束した。

＊　一九九四年五月二十五日生。ジャーナリスト、ラジオキャスター。

同年八月～十二月にかけて、彼はテレビ局「TV Rain」でセルゲイ・グリエフと共に番組「何をなすべきか？」の司会に携わった。反汚職基金のYouTubeチャンネル「誰にでもわかる政治」の司会を務めていたこともある。

二二年三月、内務省はナッキーに対して、ロシア軍に関する故意の虚偽情報を拡散したとする罪で刑事事件を立件、指名手配を行った。この件では、彼と共にロシアによるウクライナ侵略の進展について詳細な報告を行っている、Conflict Intelligence Team[*1]の創設者ルスラン・レヴィエフ[*2]も被告人となっている。同年九月、司法省はナッキーを「外国エージェント」のリストに加えた。翌二三年八月、バスマニー地区裁判所は、ナッキーとレヴィエフに、それぞれ禁固一一年の判決を下した（欠席裁判）。ロシア軍に関する偽情報拡散罪として起訴されたものでは、最も重い判決となり、さらに両者はウェブサイトの管理も五年間禁止された。

＊1　ロシア発の独立した調査組織であり、特にロシア軍の行動についてオープンソースでの調査を行っている。二〇一四年にルスラン・レヴィエフによって設立。

＊2　一九八六年八月二十二日生。プログラマー、社会活動家。

今からおよそ二〇年前の二〇〇四年、本書に登場する人々は〇八年のロシア大統領選が公正なものとなることを切望して「二〇〇八　自由な選択」委員会を立ち上げた。その二年後の〇六年にはロシア国内の主要各都市で大々的な非暴力街頭行進が始まり、さらに二年後の〇八年～一三年にかけては、ボリス・ネムツォフ[解]を中心とするチームによってプーチン政権を糾弾する報告書が立て続けに十本近く発表されている。

ロシア反体制派の闘いは長く、夜明け前の状態がいつまでも続いているかのようである。

彼らの中でも最も強固な意志と楽観性を有し、果敢にロシア当局に立ち向かい、自らの周囲に多くの人々を惹きつけ、野党政治家として最大の目に見える結果を叩き出したアレクセイ・ナヴァリヌイ[13]は、二三年八月に獄中から「私の恐怖と憎悪」という文章を発表した。ナヴァリヌイの真の憎悪の対象は驚くべきことにプーチンではない。彼が憎んでいるのは、一九九〇年代のソ連からロシアへの移行期に政権の座に群がっていた者たちであり、プーチンを中心とする諜報機関出身者を政権内に招き入れた者たちであった。

「私が大いなる憎しみをもって憎んでいるのは彼（裁判官）ではない。矯正収容所の泥棒刑務官でもない。彼らを指図するＦＳＢの将校でもない。驚くだろうが、プーチンでもない。……わが国では、諜報機関出身者が率いる忍び寄るクーデターも、公然たるクーデターも起きていない。彼らは民主改革派を政権から追い出して権力を握ったわけではない。民主改革派自身だ。民主改革派が自分たちで呼んだのだ。自分たちで彼らを招いたのだ。……私は、九〇年代初頭にわが国が手にした歴史的チャンスを安売りし、酒代に費やし、無意味に浪費した連中をどうしようもなく、激しく凶暴に憎む。エリツィンと『ターニャとヴァーリャ[*1]』、チュバイス[*2]、そしてプーチンを権力の座に就かせた、金がすべてだった残りのエリツィン・ファミリーを憎む。私たちが改革派と呼んでいたペテン師たちを憎む。今となっては、彼らが陰謀と自分たちの利益しか思いめぐらしていなかったことは火を見るより明らかだ。『改革政権』のかくも多くの閣僚が億万長者になった国が他にあるだろうか？　まさに愚劣な権威主義的憲法を制定した者を憎む。彼らは何も分からぬ私たちをだまして民主主義的憲法として押しつけたが、その時にはすでに全権を持つ君主としての権限を大統領に与えていたのだ[*3]」

＊1　ボリス・エリツィンの次女であるタチヤーナと、彼女の二番目の夫でエリツィンの報道官を務めたヴァレンチン・ユマシェフのこと。エリツィン・ファミリーと呼ばれる側近グループの中心人物として、一九九〇年代のロシア国政に大きな影響力を及ぼした。

＊2　アナトーリー・チュバイス。一九五五年六月十六日生。政治家、経済学者。エリツィン政権の有力メンバーとして、一九九一年以降政府や国有企業の要職を歴任し、ロシアの民営化改革を担った。

＊3　https://navalny.com/p/6651/

　そして、イリヤー・ヤシン[20]もナヴァリヌイと同様、ロシアによるウクライナ侵略という「狂気」の出発点を一九九〇年代にロシア政権の中枢にいた者たちの選択の内に見出し、そこにある種のロシア現代史の分岐点を見ている。

　「（プーチン）大統領の決断は、人類を第三次世界大戦の淵に危険なまでに追い詰めた。キューバミサイル危機以来、全世界がこれほど核戦争の終末に近づいたことはない……。この狂気（ウクライナ戦争とそこから生ずる核戦争の脅威）の出発点となったのは、幾人かの人間の小心から起こった恐れに過ぎなかった。私は、ボリス・エリツィンの家族について語っている。エリツィンの家族は、身の安全の保証と引き換えに、権力と核のカバンを、文字通り、通りがかりの人間（プーチン）に渡してしまったのだ。『ターニャとヴァーリャ』のささいなエゴイズムは、今、我が国と全世界とを大惨事の崖っぷちに追い詰めている。

まさにこれが、歴史における個人の役割だ」*

＊ https://t.me/yashin_russia/530

ヤシンは、数十年前のほんの数名の個人の選びが、現代起こっている大惨事を引き起こしたとしている。このヤシンの言葉は深く我々の心をも突き刺す。同時にまた、彼の内奥に燃え続けている消えることのない闘志をも感じさせる。

自由と人間の尊厳を熱望して、ロシア当局に対して臆することなく声を上げ、立ち向かう反体制派の人々は、無論のこと聖人ではないし、一人一人異なる考え方と価値観、個性を持つ人間である。しかしながら、彼らがあたかも素手で火を噴く竜に立ち向かうように、しばしばまったく無謀で絶望的と思われる闘いに立ち向かいながら、それでも決して諦めずに起き上がり続ける姿を見る時、私はロシアの公式チャンネルが世界に発信しているロシア像とはまったく異なる、もう一つの「ロシア」を見出す。そして、「歴史における個人の役割」とは何であるかを、繰り返し自分に問いかけずにはいられない。

参考文献

インターネット情報は、二〇二四年三月二十日現在である。日本語資料のみ以下に記す。

クリストファー・アンドルー、オレク・ゴルジェフスキー（福島正光訳）『KGBの内幕（上下）』文藝春秋、一九九三年

永綱憲悟『大統領プーチンと現代ロシア政治』東洋書店、二〇〇二年

小森田秋夫編『現代ロシア法』東京大学出版会、二〇〇三年

小森田秋夫〝ロシアの司法制度と法令用語〟ロシア・東欧法研究のページ http://ruseel.world.coocan.jp/judiciary.htm,（参照 2023-11-11）

アンドレイ・ソルダトフ、イリーナ・ボロガン「ロシアの政治・経済を支配するシロヴィキの実態」『フォーリン・アフェアーズ・リポート』二〇一〇年、No.12

外山太士「ロシアと日本――弁護士制度の違いを超えて」『自由と正義』Vol.63、No.3、二〇一二年三月

小泉悠「【ロシア】米露の養子縁組等を禁じるヤコヴレフ法の成立」『外国の立法』No.254-2、二〇一三年二月

上野俊彦「ロシア連邦の下院選挙制度」『選挙研究』31巻1号、二〇一五年、五六～七〇頁

小泉悠「【ロシア】望ましくない非政府組織の活動を制限する法律」『外国の立法』No.264-1、二〇一五年七月

ノーマン・ポルマー、トーマス・B・アレン（熊木信太郎訳）『スパイ大事典』論創社、二〇一七年

真野森作『ルポ　プーチンの戦争』筑摩選書、二〇一八年

徳永俊介「【ロシア】年金制度改革法の成立」『外国の立法』No.278-1、二〇一九年一月

竹森正孝「ロシア連邦憲法とプーチン改憲案（主要条項比較対照表）」『ロシア・ユーラシアの社会』

No.1051、二〇二〇年七〜八月号、三三一〜五一頁
溝口修平〝二〇二〇年ロシア憲法改正について――権力継承、大統領権限、ナショナリズム――〟公益財団法人日本国際問題研究所 2020-09-14. https://www.jiia.or.jp/,（参照 2024-2-01）
永綱憲悟「二〇二〇年ロシア憲法改正プロセス――プーチン個人統治体制の完成――」『亜細亜大学アジア研究所紀要』第47号、二〇二一年二月
大河原健太郎「【ロシア】ロシア連邦憲法の改正」『外国の立法』No.287-2、二〇二一年五月
齋須直人「[現地報告] ロシアの博士課程の制度についての報告――口頭試問関連の手続きを中心に――」『東方キリスト教世界研究』第5号、二〇二一年、六五〜八九頁
『世界　臨時増刊　ウクライナ侵略戦争』岩波書店、二〇二二年
奈倉有里「無数の橋をかけなおす――ロシアから届く反戦の声――」『新潮』第119巻第5号、新潮社、二〇二二年
鎌倉遊馬「【ロシア】外国の影響下にある者の活動の管理に関する法律」『外国の立法』No.293-1、二〇二二年十月
『現代思想　総特集　ウクライナから問う　歴史・政治・文化』青土社、二〇二二年
小泉悠『ウクライナ戦争』ちくま新書、二〇二二年
キャサリン・ベルトン（藤井清美訳）『プーチン　ロシアを乗っ取ったKGBたち（上下）』日本経済新聞出版、二〇二二年
真野森作『ルポ　プーチンの破滅戦争』ちくま新書、二〇二三年
ダリア・セレンコ（高柳聡子訳）『女の子たちと公的機関』エトセトラブックス、二〇二三年
保坂三四郎『諜報国家ロシア』中公新書、二〇二三年

あとがき

藤崎蒼平

二〇二二年二月二十四日に始まったロシアによるウクライナ侵略に衝撃を受けた私とセリョージャ（セルゲイ・ペトロフ）は、ほぼ一年の月日を費やして本書を書き上げた。さまざまな事情を鑑み、ペンネームで出版することにした。

本書は、ロシアにおいて明確な反体制の姿勢を示している人物、その中でも政治活動家とジャーナリストに焦点を当てて彼らの言動を追い、さらにその背後にあるロシアの特殊な社会状況を解説するものである。主にロシア語のオープンソースを基としている。

取り上げた人物のほとんどはロシア司法省によってすでに「外国エージェント」の烙印を押され、当局の迫害から逃れるために祖国の地を離れることを余儀なくされている。執筆開始時は「外国エージェント」指定を受けている人物は八割ほどだったが、脱稿し校正に入る頃には九割を超えていた。また、生きている活動家として最も多くの頁を割いたアレクセイ・ナヴァリヌイは亡くなり、校正段階で彼の没年と最期を付け加えねばならなかった。さらには、ガルリ・カスパロフが過激主義者とテロリストのリスト入りをした。「外国エージェント」が手がけるあらゆる情報リソースに広告を出すことを全面的に禁ずる法案がプーチンによって署名され（この法律の適用によって五〜八割の収入を失う「外国エージェント」もいるという）、これを受けてアレクセイ・ピヴォヴァロフが自身の「編集部」ブランド（YouTubeチャンネルやTeleglamチャンネル）の法的権利の譲渡を発表した。国外に住む「外国エージェント」に対して著作権および関連権利の報酬の支払いを禁ずる法案も、目下議論されている。本書が書店に並ぶ頃には、おそらく状況はさらに悪くなっているだろう。

私が最初にロシア反体制派の活動家を目にしたのは、鉄格子で囲まれた法廷の被告人席にたたずみながら、カメラに向かって懸命に微笑みかけ、手でハートを作ったりピースする姿であった。たとえ政治的理由で捕まり、何の罪も犯していないとしても、鉄格子の向こうからの微笑やピースは何とも場違いで異様な感じがした。だが、本書を書き上げた今、彼らが必死に何を伝えようとしているのかを、私はうっすらと理解し始めている。

「全体主義国家」とはロシアを指してよく言われる言葉であるが、皮肉なことに、この政治体制はロシアをして「少数主義国家」に行き着かせしめた。特定のごくわずかな少数者の利益が全体の利益よりも優先される国家である。人口の比率からしたらほんの一握りにも満たない少数者が権力を簒奪し続けるために、国境の外側に仮想敵国が作出され、人工的な憎悪感情が国営電波によって流されている。「西側はロシアを憎んで滅ぼそうとしている」というのがロシアのプロパガンダが大音量で発信している世界像であり、プーチン政権が提起している世界観とはまさに憎悪の上に成り立っている。

ロシアの政治犯がカメラの前で悲哀と憤怒を伝えようとするのではなく、恐怖心を押し殺して懸命に指でハートマークを作って必死に微笑もうとするのは、彼らが自分たちが対峙しているものの本質をよく理解しているからである。

本書が、プーチンとその周囲の人々、すなわち、ロシアという国家を乗っ取っているある権力システムを一層厳しく糾弾し、同じくロシア国内に閉じ込められているロシア人にわずかでも救いをもたらすものになるよう願う。本書で述べることができなかった、政治活動家とジャーナリスト以外の反体制派に関しては、他日を期したい。

最後に、この原稿を受け入れ、私とセリョージャの思いに寄り添ってくださった未知谷の飯島徹編集長に、心よりの謝意を表したい。校正をしてくださった伊藤伸恵さんにも厚くお礼を申し上げる。

二〇二四年四月五日

セルゲイ・ペトロフ

二〇二二年二月、私たちの国は恐ろしい戦争を始めました。これは世界に対する、人々に対する、未来に対する最も凶悪な犯罪です。プーチンと彼の側近らがなぜこの犯罪に走ったのか、私には理解できませんし、なぜ多くのロシア人がこの犯罪を支持しているのかも理解できません。しかし、多くの、非常に多くのロシア人がまた戦争に反対しています。彼らの声は今となってはもう聞こえてきません。というのは、ロシアの政治体制が完全に抑圧的なものとなってしまい、人々は立ち上がって抗議することを恐れ、自分の考えていることを口に出して言うことを恐れ、反戦姿勢を示して投獄されることを恐れているからです。そのため、平和を支持して立ち上がる反体制派ロシア人の声は、一層貴重なものとなっています。

本書はまさに彼ら、すなわち「同意しない者たち」について語ったものです。彼らは何百万人ものロシア人の意見を代弁しています。この本が、戦争に反対する数多くの人間がロシアに存在することを世界に知ってもらう一助となるよう、心から願っています。

二〇二四年四月五日

ロシア反体制派の人々

2024年 5 月13日初版印刷
2024年 5 月20日初版発行

著者　藤崎蒼平
　　　セルゲイ・ペトロフ
発行者　飯島徹
発行所　未知谷
東京都千代田区神田猿楽町 2-5-9　〒 101-0064
Tel. 03-5281-3751 / Fax. 03-5281-3752
［振替］ 00130-4-653627

組版　柏木薫
印刷所　モリモト印刷
製本所　牧製本

Publisher Michitani Co, Ltd., Tokyo
Printed in Japan
ISBN 978-4-89642-727-1　C0031